Rolf Friedrich Schuett

Aphorismus – Philosophischer Gehalt
in literarischer Gestalt

Sentenzenschleifer : *Dichter und Denker* in Personalunion

ROLF FRIEDRICH SCHUETT

Aphorismus – Philosophischer Gehalt in literarischer Gestalt

Sentenzenschleifer : *Dichter und Denker* in Personalunion

Books on Demand

Bibliographische Information Der Deutschen Bibliothek:
Die Deutsche Bibliothek verzeichnet diese Publikation in
der Deutschen Nationalbibliographie; detaillierte bibliographische Daten sind im Internet abrufbar über
http://dnb.ddb.de

Herstellung und Verlag :

BoD – Books on Demand, Norderstedt

Gedruckt auf alterungsbeständigem Papier
(holz- und säurefrei)

Umschlaggestaltung : E. L. Schmidt

Printed in Germany

ISBN 978-3-7504-0441-0

INHALT

Für Elke

Sekundärliteratur zum Aphorismus

Gerhard Neumann (Hg.): „Der Aphorismus.
Zur Geschichte, zu den Formen und Möglichkeiten
einer literarischen Gattung", Darmstadt 1976

„Ideenparadiese. Untersuchungen zur Aphoristik von
Lichtenberg, Novalis, Friedrich Schlegel und Goethe",
München 1976

Peter Krupka: „Der polnische Aphorismus",
München 1976

Hans Peter Balmer: „Philosophie der menschlichen
Dinge. Die europäische Moralistik", Bern 1981

Harald Fricke: „Aphorismus", Stuttgart 1984

Gisela Febel: „Aphoristik in Deutschland und Frankreich", Frankfurt/Main 1985

Klaus von Welser: "Die Sprache des Aphorismus",
Frankfurt/M. 1986

Heinz Krüger: „Über den Aphorismus
als philosophische Form", Frankfurt/M. 1988

Werner Helmich: „Der moderne französische Aphorismus", Tübingen 1991

Stefan Fedler: „Der Aphorismus. Begriffsspiel zwischen Philosophie und Poesie", Stuttgart 1992

Paul Geyer / Roland Hagenbüchle: „Das Paradox", Tübingen 1992, Würzburg 2002²

Thomas Stölzel: „Rohe und polierte Gedanken. Studien zur Wirkungsweise aphoristischer Texte", Freiburg 1998

Lada Lubimova: „Struktur und Funktion des Aphorismus : eine textlinguistische Studie", Bremen 1998

Robert Zimmer: „Die europäischen Moralisten", Hamburg 1999

Michael Esders: „Begriffs-Gesten. Philosophie als Kurze Prosa von Friedrich Schlegel bis Adorno", Frankfurt/Main 2000

Rüdiger Zymner: „Aphorismus", In: Kleine literarische Formen in Einzeldarstellungen, Stuttgart 2002

Friedemann Spicker: „Kurze Geschichte des deutschen Aphorismus", Tübingen 2007

8

Kurzgeschichte des Aphorismus

Subjektiver Lektürebericht

Aphorismen sind kurze geistreiche Sätze, prägnant konzis formulierte Bonmots, isolierbar vieldeutige, s(pr)achpointierte Mikroprosa zwischen Bild und Begriff, Gefühl und Gedanke, Metapher und Metaphysik. Sie sind oft heruntergekommen zu seichten Gesinnungssprüchen und windigen Wortspielwitzeleien und sollten doch rehabilitiert werden als streng philosophischer Gehalt in literarischer Gestalt. Aber Aphorismen, länger als drei Sätze, bleiben als „Aufzeichnungen" oder „Essays" hier unberücksichtigt.

Was Traditionswert des klassischen Altertums genannt wird, sind wohl zu einem Gutteil lateinisch-griechische Sentenzensammlungen (Gnomologien).

Hippokrates wollte mit seinen empiristischen Heilregeln kurieren, *Heraklit* mit dialektischem Rätselspruch den gesunden Menschenverstand verwirren. „Das Leben ist eine Komödie für Denkende und eine Tragödie für alle, die fühlen." (Hippokrates)

Tacitus und *Seneca* schrieben zwar gar keine Aphorismen, förderten aber das konzise Stilideal.

Fr. Bacons „Novum Organum" rechtfertigte theoretisch vorweg, was B. *Gracians* „Handorakel" aphoristisch praktizierte, als er empiristische „traditio per aphorismos" gegen alle scholastische „traditio methodica" verteidigte.

9

„Manche mögen lieber die Ersten in der zweiten Klasse als die Zweiten in der ersten sein." „Viele verlieren ihren Verstand deshalb nicht, weil sie keinen haben." „Das Gute, wenn kurz, ist doppelt gut; und selbst das Schlimme, wenn wenig, ist nicht so schlimm." „Einigen macht ihr Posten Ehre, Andere ihm." (Baltasar Gracian)

Der Antijesuit *B. Pascal* schrieb Aphorismen, um Nichtchristen zu Christen zu machen, indem er die Religion gegen jeden cartesianischen Rationalismus rational verteidigte. (Der Bremer Protestant *Rudolf A. Schröder* schrieb für Christen und hörte auf, welche zu schreiben, als er begann, ein Christ zu werden, während *Chestertons* Aphorismen immer geistreicher wurden, je katholischer er selbst wurde.) „Die Menschen sind so notwendig Toren, dass es auf eine andere Art töricht wäre, kein Tor zu sein." „Nichts ist der Vernunft so angemessen wie dies Nichtanerkennen der Vernunft." „Durch den Raum erfasst mich das Weltall und verschlingt mich wie einen Punkt, durch das Denken erfasse ich es." (B. Pascal)

Der Herzog *Larochefoucauld*, Frondeur gegen den Hofadel von Versailles, schrieb wenig genug, um nie Überdruss zu bereiten. Hätte er mehr geschrieben, hätte sein Thema, die Eigenliebe unter allen Tugendmasken, dafür nicht ausgereicht. Die Französischen Moralisten haben oft mehr Sach- als Sprachpointen, der Sprachwitz steht im Dienst der satirischen Reduktionspsychologie : *Dies* behauptet es zu sein, doch *das* ist es wirklich.
„Heuchelei ist eine Huldigung des Lasters an die Tugend." „Lieber sagt man Schlechtes von sich selbst als gar nichts." „Oft tut man Gutes, um ungestraft Böses tun zu können." (La Rochefoucauld)

Der kränkelnde und jungverstorbene Offizier *Vauvenargues* verfasste weniger Aphorismen über das

Laster in allen Tugenden als umgekehrt Euphorismen über die Tugend in den Lastern, und verteidigte nackte Gefühle gegen bloße Gedanken. Er stellte Affekt über Intellekt und Herz über Kopf. „Wir entdecken in uns selbst, was andere uns verbergen, und erkennen in anderen, was wir vor uns selber verbergen." „Große Gedanken kommen von Herzen." „Aphorismen sind die Einfälle der Philosophen." „Hochmut tröstet die Schwachen." „Wir denken nicht so gut, wie wir handeln." (Vauvenargues, Luc de Clapier)

J. de La Bruyère beschrieb die „Charaktere" in Aphorismen und schrieb Aphorismen als Typen-Porträts in der Nachfolge Theophrasts. Der Konservative übersah dabei nicht das Elend der Bauern. „Man will das ganze Glück des Geliebten ausmachen - ist das unmöglich, sein ganzes Unglück." „Der Weise meidet zuweilen die Menschen, aus Furcht, sich zu langweilen." „Man muss schon jeglichen Geistes bar sein, wenn Liebe, Bosheit und Not ihn nicht wecken." (Jean de La Bruyère)

„Krieg den Palästen, Friede den Hütten!" Der uneheliche *Chamfort* wurde ganz zu Recht bewundert von so unterschiedlichen Geistern wie Lichtenberg, Schlegel, Schopenhauer und Nietzsche. In der Revolution biss er die adlige Hand, die ihn gefüttert hatte, und die Bürger bedankten sich, indem sie ihn in den Selbstmord trieben. Hatte er nur die Ressentiments seiner vom Adel enttäuschten Mutter aphoristisch vollstreckt? Larochefoucauld verteidigte die schlechte Gesellschaft gegen die grausame Natur, Chamfort aber die menschliche und die grüne Natur gegen die gute Gesellschaft, sah in uns aber zugleich weniger Naturwesen als Sozialprodukte.
„Der Adel, sagen die Adligen, sei eine Zwischenstufe zwischen König und Volk, Ja, so wie der Jagdhund eine Zwischenstufe ist zwischen dem Jäger und dem Hasen." „Man glaubt nicht, wie geistreich man sein muss, um

11

niemals lächerlich zu werden." „Der Philosoph, der seine Leidenschaften ausrotten will, gleicht dem Chemiker, der sein Feuer löscht." „Das Geld ist sehr schätzenswert, wenn man es verachtet." (Nicolas Chamfort)

Montesquieu hatte seine republikanische Gewaltenteilung aus der „Germania" des Tacitus. Aphorismen schrieb er, ohne es zu wollen, als er nachgelassene „Pensées" über den „Geist der Gesetze" schrieb wie Canetti über „Masse und Macht".
„Der Krieg des Spartacus war der legitimste, der je unternommen wurde." „Wie ich in meinem Unglück auf die Götter vertraute, fürchte ich sie in meinem Glück." „Die freien Nationen sind zivilisiert, die in Sklaverei lebenden kultiviert." (Montesquieu)

Jouberts reizvolle Aphorismen der ‚Carnets' sind oft gar keine, sondern anregende Aperçus über les sciences et les beaux arts : „Sternbilder". Den konzisen stenographoristischen Stil hat er ausdrücklich gerechtfertigt als „Wurfgeschoß des Geistes".
„Die Welt sehen heißt, über Richter zu richten." „Der Geistreiche ist der Wahrheit sehr nahe." „Gott will, dass wir selbst seine Feinde lieben." „Lehren heißt zweimal lernen." (Joseph Joubert)

Théodore Jouffroy ist mit seinem „Grünen Heft" leider so gut wie nicht mehr bekannt.
„Man müsste Truppen an die Grenze des Todes verlegen, wenn die Unsterblichkeit bewiesen wäre, sonst würde die Armee der Lebenden desertieren." „Die Sinne nehmen die Welt beim Schwanz, die Vernunft beim Kopf, die Mitte entgleitet immer." „Trösten heißt, an den Egoismus erinnern."

Der Revolutionsflüchtling *Rivarol* ist trotz Ernst Jüngers Lob lesenswert bis heute.

„Die Liebe ist ein Raub der Natur an der Gesellschaft."
„Wir leben in einer Zeit, wo Unscheinbarkeit mehr schützt als das Gesetz und sicherer macht als Unschuld."
„Ein Buch, das man stützt, ist ein Buch, das fällt."

Die frühdeutsche Larochefoucauld-Rezeption bei Knigge, Lavater und Ehrmann z.b. ist heute wohl nur noch literaturwissenschaftlich interessant.

Lichtenbergs posthume Sudelbücher enthalten etwa 2000 gleichzeitig literarische und wissenschaftliche Aphorismen, die oft Satiren sind. Der Biedermeier-Forscher Fritz Sengle schrieb im Vorwort zu seiner eher sehr schmalen Lichtenberg-Auswahl: „Die Edelsteine verbergen sich auch hier in großen Massen geringeren Gesteins. Eine noch schärfere Auswahl wäre denkbar." (Stuttgart 1980) Das gilt ähnlich für die meisten übrigen Aphoristiker, deren Volltrefferquote weit entfernt von einhundert Prozent liegt.
„Wenn die Menschen plötzlich tugendhaft würden, so müssten viele tausende verhungern." „Wir, der Schwanz der Welt, wissen nicht, was der Kopf vorhat." „Es lässt sich ohne sonderlich viel Witz so schreiben, dass ein anderer sehr viel haben muss, es zu verstehen." „Zeit urbar machen." „Neue Irrtümer erfinden." (G. Chr. Lichtenberg)

J. G. Seume schrieb die politisch progressivste Aphoristik seiner Zeit. Dass diese politische Brisanz republikanischer Privilegienschelte zuweilen über eine mangelnde sprachliche Konzision hinwegtäuscht, verbindet ihn mit dem linken *Jochmann*.
„Wo keine Sklaven sind, kann kein Tyrann entstehen."
„Wer nichts fürchtet, kann leicht ein Bösewicht werden, aber wer zu viel fürchtet, wird sicher ein Sklave." „Die Gesellschaft gesteht uns oft zu viel zu, das tut sie aber für das Zuviel, das sie uns genommen hat." (J. G. Seume)

Was gut ist an *Goethes* „Maximen und Reflexionen", stammt oft nicht von ihm, und was von ihm stammt, ist zu oft unerwartet banal.
„Die christliche Religion ist eine intentionierte politische Religion, die, verfehlt, nachher moralisch geworden ist." „Innerhalb einer Epoche gibt es keinen Standpunkt, eine Epoche zu betrachten." „Man weicht der Welt nicht sicherer aus als durch die Kunst, und man verknüpft sich nicht sicherer mit ihr als durch die Kunst." „Alles wahre Aperçu kommt aus einer Folge und bringt Folge. Es ist Mittelglied einer großen aufsteigenden Kette." (J. W. Goethe)

Der „Demokritos" von *Karl Julius Weber* ist oft ein recht spitzes aphoristisches Zitatfeuerwerk.

Fr. Schlegels romantische Ironie ist Metaphysik der Metapher und Metapher für Metaphysik. Bei den Romantikern haben die metaphoristischen Selbstbezüglichkeiten und unendlich reflektierten Spiegelkabinette häufig zu große Textlänge, die die Pointe zerredet. *Novalis* schrieb „Blüthenstaub": „Wer nicht sucht, wird bald nicht mehr gesucht." „Wir suchen überall das Unbedingte und finden immer nur Dinge." "Jeder Satz muss einen selbständigen Charakter haben - ein selbständiges Individuum, Hülle eines witzigen Einfalls sein." „Manche Leute hängen wohl darum so an der Natur, weil sie als verzogne Kinder, sich vor dem Vater fürchten und zu der Mutter ihre Zuflucht nehmen." „Den Satz des Widerspruchs zu vernichten, ist vielleicht die höchste Aufgabe der höhern Logik." (Fr. Hardenberg) „Witzige Einfälle sind die Sprüchwörter des gebildeten Menschen." „Ein Fragment muss gleich einem kleinen Kunstwerk von der umgebenden Welt ganz abgesondert und in sich selbst vollendet sein wie ein Igel." „Der Witz ist das Prinzip und Organ der Universalphilosophie." (Friedrich Schlegel)

Die „Chrestomathien" aus Werken *Jean Pauls* sollten auch gegen Frickes gattungstheoretische Bedenken wieder aufgelegt und die ungedruckten sechs Aphorismenkonvolute endlich herausgegeben werden nach 200 Jahren : Ein Skandal. Seine Aphorismen verbinden Poesie und Philosophie wie Idylle und Satire auf vorbildliche Weise, auch im Roman. „Sprachkürze gibt Denkweite." „Man hat die Furcht nur, um hoffen zu können." „Die meisten reden origineller als sie schreiben." „Ein Buch ist für das Volk ein Stück Kirche oder Religion." „Der erste Bettler nach einer Feuersbrunst bekommt am meisten." (Jean Paul Richter)

F. Hebbel schrieb pointiertere Tagebücher als der weichere Goethe-Epigone *Grillparzer*: „Einfälle sind die Läuse der Vernunft." „Die Welt will nicht Heil, sondern einen Heiland." „Mit Blitzen kann man die Welt erleuchten, aber keinen Ofen heizen." „Eigensinn ist das wohlfeinste Surrogat für Charakter." (Friedrich Hebbel) „Das Gesetz straft das Verbrechen, die Natur die Ungeschicklichkeit." „Was der Staat dem Verhungernden gibt, muss er dem Hungernden nehmen." „Wenn jemand meinte, die Bäume wären da, um den Himmel zu stützen, so müssten sie ihm alle zu kurz vorkommen." (Franz Grillparzer)

H. Heines Aphorismen sind Pariser Esprit auf Deutsch, oft witzig verpuffende Gags ohne weiterentwickelbare Vieldeutigkeit und Verweisungsvermögen. „Luther erschütterte Deutschland - aber Francis Drake beruhigte es wieder : er gab uns die Kartoffel." „Die Toren meinen, um das Kapitol anzugreifen, müsse man zuerst die Gänse angreifen." „Die Gesellschaft ist immer Republik - die einzelnen streben immer empor, und die Gesamtheit drängt sie zurück." (H. Heine)

Schopenhauer war eher Essayist als Aphoristiker und verachtete die Konzision um jeden Preis als witzlose Spielerei auf Kosten des Gedankens. Seine "Aphorismen zur Lebensweisheit" sind alles, auch alles Gute, aber keine Aphorismen, es sei denn, man zitiere daraus besonders pointierte Sentenzen. „Die unbestimmte Sehnsucht und Langeweile sind einander verwandt." „Was dem Herzen widerstrebt, lässt der Kopf nicht ein." „Der Tod versöhnt den Neid ganz, das Alter schon halb." „Man lernt nur dann und wann etwas; aber man vergisst den ganzen Tag." (Arthur Schopenhauer)

Nietzsche schrieb die bisher klügsten Philosophorismen, obwohl der selbstgefällig pathetische Verkünderton des Pastorensohns häufig nur peinlich wirkt. Die aggressive Entlarvungspsychologie ist ein reflexiver Fortschritt hinaus über die Moralpsychologie von Larochefoucauld und Chamfort. Seine weitschweifige Redseligkeit widerstreitet aber oft seinem eigenen Drang zur lakonischen Prägnanz. „Kein Sieger glaubt an den Zufall." „Die Strafe hat den Zweck, den zu bessern, welcher straft." „Freigiebigkeit ist bei Reichen nur eine Art Schüchternheit." „Jedes Wort ist ein Vorurteil." „Der Asket macht aus der Tugend eine Not." „Der hat keinen Geist, der ihn sucht." (Friedrich Nietzsche)

Seine adlige Bewunderin *Marie von Ebner-Eschenbach* ist die einzige Frau unter den Großen der Gattung. Von ihren 500 entwicklungsfähig schlichten Aphorismen mit Widerhaken wirkt etwa jeder dritte als Treffer, und diese Quote ist überraschend hoch. „Wenn man ein Seher ist, muss man kein Beobachter sein." „Die glücklichen Sklaven sind die erbittertsten Feinde der Freiheit." „Die Welt gehört jenen, die sie haben wollen, und wird von jenen geschmäht, denen sie gehören sollte." (Marie von Ebner-Eschenbach)

16

Vor lauter Angst, die Wahrheiten den Pointen zu opfern, opfern sie die Pointen leicht ihren Binsenweisheiten: *Raabe, Klinger, Feuchtersleben, Gutzkow, Gött* und *Hauptmann*, wie viele andere der zweiten Garde im 19. und frühen 20. Jahrhundert. „Es fällt immer ein erste Schneeflocke, was für ein Gewimmel später kommen mag." „Es tötet nichts so sicher als das Leben." „Die Menschen sind nur allzu häufig imstande, wenn das Lebendige unter den Toten erscheint, das erstere für ein Gespenst zu halten." (Wilhelm Raabe) „Jeder wahre Gedanke trägt das Universum in sich, und keiner spricht es aus." „Der vollendete Schein lässt sich nur durch das Sein erzielen." „Dichter, welche sich in Sentenzen und Betrachtungen zu ergehen lieben, haben meist ein reicheres, inneres Leben, aber nicht die Kraft, es zu gestalten." (Ernst von Feuchtersleben) „Bitter ist es, das heute zu müssen, was man gestern noch wollen konnte." „Es ist ein glückliches Gefühl, für einen Hass, den wir bis dahin nur instinktmäßig nährten, plötzlich einen triftigen Grund zu haben." „Ein ganzes Unglück verdrießt uns nicht so sehr wie ein nur zur Hälfte eingetroffenes Glück." (Karl Gutzkow) „Materie ist die Hartnäckigkeit der kleinsten Lebewesen." „Wer zu spät kommt, sieht nach der Uhr." „Wer rudert, sieht den Grund nicht." „Lachen ist Ausdruck der gekitzelten Eitelkeit." (Wilhelm Busch) „Was man der Handlung gibt, nimmt man den Charakteren." „Wahrheiten dürfen nicht dicht beieinanderstehen, sonst verbrennen sie." „Man darf nicht das Gras wachsen hören, sonst wird man taub." (G. Hauptmann) „In tausend Sklaven stecken 999 Sklavenhalter!" „Man glaubt zu glauben, aber auch zu unglauben." „Am feinsten lügt das Plausible." (Emil Gött)

An der Zeitenwende kann vor allem *Emanuel Wertheimer* überzeugen mit hoher Volltrefferquote. „Geist ist die Jugend des Alters." „Wer älter aussehen will, als er ist, suche jünger zu erscheinen!" „Erst wenn man alt wird, verstünde man so recht jung zu sein."

Karl Kraus hat sehr gute bösartige und viele andere Aphorismen geschrieben, die häufig schlechter sind als sein Ruf. Die Umkehrung von Sprichwörtern und Redewendungen ist oft zu billige Mechanik und der Sinn für verletzende Schärfe manchmal eher angestrengt als scharfsinnig. Er träumt vom reinen und harten Wort, er will die verhurte Sprache der Presse wieder unschuldig machen. Frauen finden, dass sein Frauenlob nach Männerphantasien stinkt. Sein Intimfeind *Anton Kuh* gehört aus dem Schatten von Kraus heraus in eine Anthologie des Erstbesten unter den zweitbesten Aphoristikern.
„Das Familienleben ist ein Eingriff ins Privatleben." „Der längste Atem gehört zum Aphorismus." „Nicht alles, was totgeschwiegen wird, lebt." „Er zwang sie, ihr zuwillen zu sein." „Eine der verbreitetsten Krankheiten ist die Diagnose." „Meine Sprache ist die Allerweltshure, die ich zur Jungfrau mache." „Zu allen Dingen lasse man sich Zeit, nur nicht zu den ewigen."
„Die Medizin : Geld her und Leben!" (Karl Kraus)

E. Canetti steht zu seinem später bekämpften Idol Kraus beinahe wie der positive Vauvenargues zu seinem negativen Vorbild Larochefoucauld. Aber bei ihm geht es nicht gegen die Phrasenpresse, sondern um jeden Preis mit Chinesen und Tieren gegen den Tod und jedes System. Gedankenexperimente liebt der Chemiker wie der Physiker Lichtenberg, aber die Ideen sind oft genug originell und witzlos oder witziger und weniger originell.
„Manches merkt man sich bloß, weil es mit nichts zusammenhängt." „Er hat die herzlosen Augen eines über alles Geliebten." „Die großen Aphoristiker lesen sich so, als ob sie alle einander gut gekannt hätten." „Die Photographie hat das Ebenbild zerstört." „Man kann nicht atmen, es ist alles voll Sieg." (Elias Canetti)

Aphoristischer Antitotalitarismus : Die Polen haben politische Gnomik erst scharf und zur bittersten Sklavensprache gemacht. *Stanislaw J. Lec* schrieb die besten unter den kürzesten Aphorismen des 20. Jhs. Manches lässt sich heute nach fünfzig Jahren nicht kürzer, aber raffinierter fassen, denn jede Reflexionsstufe wirkt ja vor der nächsthöheren wieder naiv. „Jede präzise Definition der Welt müsste ein Paradox sein." „Ein Volltreffer : keinen Menschen treffen." „Falsche Propheten erfüllen ihre Prophezeiungen selbst." „Die Herausforderung will herausgefordert werden." „Dummheit befreit nicht vom Denken." „Wann kam das Ziel selbst zum Ziel?" „Auch zum Zögern muss man sich entschließen." „Nicht sein, sondern denken, denken, denken!" „Es braucht große Geduld, sie zu lernen." (Stanislaw Jerzy Lec)

W. Brudzinski, oft der bessere Seume, blieb zu unbekannt mit „Roter Katz" und „Katzenjammer". „Nachricht : Ich warne vor Scylla. Charybdis." „Oft gehen zwei Idioten eine Vernunftehe ein." „Begehe Fehler, die Zukunft haben!" „Ich kapituliere - aus Furcht vor dem Sieg." (Wieslaw Brudzinski) „Bedenke, bevor du denkst" versammelt eine recht bauchbare Auswahl polnischer Aphoristiker: „Welt : Die Selbstverteidigung Gottes gegen das Nichts." „Tod: Welt minus Individuum." (Stefan Napierski) „Am treuesten ist der Hund, auf den der Mensch kommt." „Bekannter : ein Mensch, den wir gut genug kennen, um etwas von ihm auszuleihen, aber nicht gut genug, ihm etwas auszuleihen." (Julian Tuwim) „Thesen sehen oft aus wie Synthesen." „Schablonen siegen immer." „Liebe ist ein Sakrileg auf Gegenseitigkeit." „Auch Dummheit ist eine Art, seinen Verstand zu gebrauchen". (Karol Irzykowski) „Nur der Selbstgenügsame ist frei." „Wer die Sonne lieben will, muss sein wie die Sonne." „Wenn jedes Denken nur Überbau ist, ist es am besten, nicht zu denken." „Glück ist ein Synonym für rücksichtslose Anpassung." (Stanislaw Brzozowski)

19

P. Valérys „Rhumbs" enthalten nicht weniger scharfe Bonmots als scharfsinnige Beobachtungen, vieles aber ist kotextuell wirklich zu wenig isoliert und zu essayistisch weitschweifig, ähnlich wie bei W. *Benjamin* und bei dem Schweizer *Ludwig Hohl*. Valéry ist der einzige französische Aphoristiker dieses Jahrhunderts von Rang, und es ist sehr unverständlich, warum Franzosen seit J. Joubert den aphoristischen Staffelstab nie wieder ganz an sich gerissen haben. Sogar Paul *Valérys* vielgerühmte „Cahiers" sind nicht alles gleichwertige Gedankenexperimente. Die Auswahl der „Windstriche" könnte noch schärfer getroffen werden wie Lichtenbergs „Sudelbücher", um mal den qualitativen Kernbestand herauszustellen. Hebbels Tagebücher ergaben „Läuse der Vernunft". "Denken! Das heißt den Faden verlieren." „Selbst wenn er fragt, ist der Geist Antwort." „In sehr kurzen Texten erreicht die Wirkung des geringsten Details die Größenordnung der Gesamtwirkung." „Die Sprache hat das Denken nie zu Gesicht bekommen." (Paul Valéry)

Hofmannsthal schrieb so wenige gutpointierte Saillies wie seine Freunde *Schröder* und *Schnitzler*, dessen innerhalb der Komödien pointierte Bonmots nicht immer ganz auf eigenen Füßen stehen könnten.

„Wenn der Hass feige wird, geht er maskiert in Gesellschaft und nennt sich Gerechtigkeit." „Der Trotz ist die einzige Stärke der Schwachen - und eine Schwäche mehr." „Es ist keine Höflichkeit, einem Lahmen den Stock tragen zu wollen." „Schüttle ein Aphorisma, so fällt eine Lüge heraus und eine Banalität bleibt übrig."
(Arthur Schnitzler)
„Tun ist sich aufgeben." „Die Anekdoten des Chamfort sind reizend, aber dass er sie alle aufschreiben konnte, degradiert ihn." „Wir haben keine neuere Literatur. Wir haben Goethe und Ansätze." (Hugo von Hofmannsthal)
„Magna Mater : (auf deutsch) des Teufels Großmutter." „Ästh-Ethik." (Rudolf Alexander Schröder)

Chr. Morgenstern ist als Aphoristiker nicht nur an den „Galgenliedern" zu messen und in seinen (anthroposophischen) „Stufen" auch zu entdecken. „Alles Denken ist Zurechtmachen." „Der Duft der Dinge ist die Sehnsucht, die sie uns nach sich erwecken." „Man kann wohl sagen, dass das Geschlecht zwei Drittel aller möglichen Geistigkeit auffrisst." (Christian Morgenstern)

Es lohnt sich ja, aus Adornos dichtgewebten Essays die konzis geschliffenen Reflexionen herauszupräparieren, um sie nun zu Aphorismen zu isolieren. Seine Essays bestehen fast ganz aus Aphorismen. „Wahr sind nur die Gedanken, die sich selbst nicht verstehen." „Bei vielen Menschen ist es bereits eine Unverschämtheit, wenn sie Ich sagen." „Der Splitter in deinem Auge ist das beste Vergrößerungsglas." (Theodor Adorno)

Adornos Lob der individuellen Petitessen ist eine philosophische Rechtfertigung des Aphorismus, den er selbst weniger praktiziert hat als sein Schüler *H. Schweppenhäuser*, dessen oft etwas überanstrengte Reflexionen den Meister gelegentlich fast überbieten. Aber er schrieb philosophische, Adorno als der Erbe Nietzsches, Benjamins und Valérys nur literarische. „Zu der Zeit, als die Kinder noch Schutzengel hatten, waren die Lehrer ihre Schutzteufel." „Die Kultur ist das Alibi der Barbarei, das diese schon nicht mehr nötig hat." „Kultur ist etwas wie die Verabredung der Beteiligten zu verschweigen, dass sie keine ist." (Hermann Schweppenhäuser)

Hans Kudszus in seiner Nähe zu Adorno ist verbesserungswürdig nur dort, wo er mit Banalitäten nicht immer ganz auf dem Reflexionsniveau seiner Zeit ist. Der spätere Kudszus wurde dialektischer. „Wenn wir uns verstehen, müssen wir uns falsch ausgedrückt haben." „In der Schwermut entdeckt das Denken seine Sinnlichkeit." „Wenn wir die letzte Maske ablegen, verlieren wir unser Gesicht." (Hans Kudszus)

21

Noch weniger konzis pointierte Aphorismen als *Benjamin*, Adornos spiritus rector, in seiner „Einbahnstraße" hat Bloch in den „Spuren" geschrieben. „Der Ausdruck der Leute, die sich in Gemäldegalerien bewegen, zeigt eine schlecht verhehlte Enttäuschung darüber, dass dort nur Bilder hängen." „Glücklich sein heißt, ohne Schrecken seiner selbst inne zu werden." „Der Blick ist die Neige des Menschen." (Walter Benjamin)

Bei der wie bei Leibniz zu überfragmentierten Schreibweise *Wittgensteins* läge das etwas näher. „Nur wenn man noch viel verrückter denkt als die Philosophen, kann man ihre Probleme lösen." „Der Gruß der Philosophen unter einander sollte sein: Lass Dir Zeit! „Beim Philosophieren muss man ins alte Chaos hinabsteigen, und sich dort wohlfühlen." (Ludwig Wittgenstein)

Vom irischen Sozialisten *G. B. Shaw* gilt, was von Heine gesagt war, und vieles, was damals mit dem Kopf durch die Wand gesagt war, rennte heute offene Türen ein, Gott sei Dank für die Realität und schade für den Aphorismus. Seine Aperçus wären zu exzerpieren wie die seines christlichen Gegenspielers Chesterton.

Wenn es im 20. Jahrhundert einen aphoristischen Nachfolger Pascals gibt, dann nicht den Protestanten Schröder, sondern den Katholiken *Chesterton*, bei dem christliche Apologie gerade nicht auf Kosten der aphoristischen Würze und Pointe geht. „Der wahre Glanz der Jugend liegt darin, dass sie ganzen Weltraum für sich hat, um die Beine auszustrecken." „Über welche anderen Dinge als über ernste Dinge kann man denn Scherze machen?" „Das Leben ist zu erhaben, um genossen zu werden." (Gilbert K. Chesterton)

Chestertons geheimer katholischer Zwilling ist der sehr feine Kolumbianer Nicolas *Gómez Dávila*:

„Der höchste Aristokrat ist nicht der Feudalherr auf seinem Schloss, sondern der kontemplative Mönch in seiner Zelle." „Das einzig Sinnvolle ist, Gott mit unseren Gebeten starrsinnig zu belästigen." „Die wahre Lektüre ist Flucht. Die andere Beruf." „Die Synthese sollten wir Gott überlassen." (Nicolas Gómez Dávila) Kirchenkritiker *Deschners* linke Gesinnung ersetzt nicht immer das aphoristische Können. Auch der deutsch schreibende Tscheche *Gabriel Laub* verblüfft durch allerlei Mittelmäßiges unter pointiert Gelungenem. Der aphoristische Narziss streicht nicht gern, und dieses Nebeneinander von Raffinade und Simpliziade ist bei Aphoristikern häufig zu finden. Kurz : Linksliberale sind oft politisch sympathischer, aber Konservative aphoristisch stringenter.
„Vorsicht - auf einer Kugel ist alles abschüssig!" „Geist ist imitierbar, Mut nicht." „Sicher an der Erlösung ist nur der Erlös daraus." „Demut ist nur eine Form von Rache." (Karlheinz Deschner)
„Gibt es heute noch Gründe, gründlich zu sein?" „Feige sind die anderen. Ich bin besonnen." „Theorien werden aus praktischen Gründen erfunden." (Gabriel Laub)
„Die Selbstbedienung hat die Selbstbeherrschung als soziale Tugend abgelöst." „Der dritte Weg ist die Sackgasse." „Das einzige Privileg des Alters: die sozialen Sanktionen greifen nicht mehr." (Johannes Gross)

Hans Arndt und *Hans Kasper* waren vor der APO von 1968 ja politisch genug, heute wirken sie oft harmlos prätentiös, und vieles ist eher gutartig als gut. Das Beste sollte, wie bei vielen zweitrangigen Aphoristikern, in ein Taschenbüchlein zusammengezogen werden, um es vor nur Gutgemeintem noch zu retten. „Die Niederlage der Großen sind ihre Nachfahren." „Nonkonformismus ist die maulende Abhängigkeit von den herrschenden Thesen." „Es ist ein Missverständnis, die Gedankenfreiheit bis zur Unabhängigkeit vom Verstande voranzutreiben." (Hans Kasper)

Nicht nur Aphorismen wären zu kürzen, sondern auch und vor allem die Aphorismensammlungen. Aphoristiker zweiter Güte haben nicht nur zweitklassige geschrieben, sondern zu wenige gute unter zu vielen minderen. Ihre jeweils besten Sprüche wären da behutsam auszuwählen, um sie gegen ihre Verfasser zu verteidigen. Nur so gibt es Überlebenschancen für das Beste der Zweitbesten, etwa auf der Kippe zwischen Tradition und Moderne: „Grundsätze hat jeder dort, wo er Herr ist." „Reife muss nicht gleich in Säure übergehen." „Wenn die Menschen sich nicht aushalten, unterhalten sie sich miteinander." (Richard Schaukal) „Gerechtigkeit ist nur in der Hölle; im Himmel ist Gnade, und auf Erden ist das Kreuz." „Es sind immer nur die Schwachen, welche die Schwachen verachten." „Von Gott verlassen ist man auch bei Gott." (Gertrud von Le Fort) „Dem Staat gehört die Straße, aber nichts weiter." „Das Antlitz der Natur ist der Mensch." „Nur das Werk ist Glück - alles andere ist Reizung." (Georg Kaiser) „Nichtstun mehrt den Frieden der Welt." „Das Werdende hat immer den Anschein des Gesetzlosen." „Der Beweis fügt einer Wahrheit nichts hinzu." (Friedrich Jünger) „Sie reden von Brüderlichkeit, schaffen's aber nur bis zur Kumpanei." „Ein gefallener Apfel liegt leichter als ein Wurm, der ihn zu Fall gebracht hat." „Nicht weil es dort Sonne gibt, reizt mich der Süden, sondern weil es dort angenehm ist, im Schatten zu sitzen." (Martin Kessel) „Wir sollten aus keinem Gedanken mehr machen, als er aus uns macht." „Wer ganz Ohr ist, hört nicht." „Es ist leichter, zehn praktische Gedanken zu fassen, als einen theoretischen, und wiegt auch dementsprechend weniger." (Moritz Heimann)

Ausnahmen sind Musils ambivalente Aphorismuseinstellung und auch Kafkas „Bildaphorismus". Im Alter hat Musil ihn weniger erfolgreich praktiziert als theoretisch gerechtfertigt für Romanfragmente.

„Aphorismen sollte nur einer schreiben, der große Zusammenhänge vor sich sieht." „Der moderne Mensch ist feig, aber er lässt sich gern zum Heroismus zwingen." „Nicht das Genie ist 100 Jahre seiner Zeit voraus, sondern der Durchschnittsmensch ist um 100 Jahre hinter ihr zurück." (Robert Musil) „Der Weg ist nur ein Zögern." „Wer sucht, findet nicht, aber wer nicht sucht, wird gefunden." „Wer glaubt, kann keine Wunder erleben. Bei Tag sieht man keine Sterne." „Psychologie ist Ungeduld." (Franz Kafka)

Zwischen Weimar und Bonn überzeugen nur *Felix Pollak* und *Werner Kraft* mehr als Sprüchemacher wie *Bertram, Werfel, Benz, Strauß, Margolius*.

Sein Vorbild Vauvenargues hat *Wilhelm von Scholz* nicht lange davor bewahrt, sich politisch zu kompromittieren, wenn er nicht nur Gefühle vor Gedanken schützte, sondern auch das Blut vor dem Kopf.

Joachim Günther ist wohl der bessere *Erich Brock*, und beide sind Verächter der billigen Effekthascherei und des leeren Aperçus, hier zu Recht, dort oft nur aus Ressentiment : Oft feinste Beobachtungen, aber dann zu oft humanistisch zerredet.
„Mein Körper steckt eher in mir als ich in ihm." „Ein sehr gesundes Alter hat auch etwas Obszönes." „Das Auge ist auch ein Organ zur Verhinderung von Erkenntnis." (Joachim Günther)
„Wenn man mit dem Widerspruch spielt, wird man leichtsinnig wie ein Anatomiediener mit dem Leichengift." „Meistens brauchen die Glücklichen keine Religion. Früher sah man darin einen Einwand gegen das Glück, heute einen gegen die Religion." (Erich Brock)

Tucholskys „Schnipsel" sind die witzigeren Aphorismen eines Heine des 20 Jahrhunderts, aber auch voll „linker Melancholie" wie bei Erich Kästner, Walter Benjamin hat es eingeklagt.

„Nie geraten die Deutschen so außer sich, wie wenn sie zu sich kommen wollen." „Jeder historische Roman vermittelt ein ausgezeichnetes Bild von der Epoche des Verfassers." „Wegen ungünstiger Witterung fand die deutsche Revolution in der Musik statt." (Kurt Tucholsky)

H. v. Doderers Wörterbuch „Repertorium" ist aphoristischer als der oft übervertrackte „Innere Erdteil" von Albert Paris Gütersloh : Die schlechten ins Töpfchen, die guten ins Köpfchen. Er überragt andere Österreicher wie H. Eisenreich und Hans Lohberger. „Jeder Mensch, der nur seinen Charakter realisiert, ist dämonisch." „Die Dummheit spielt leben." „Jederzeit besuchsfähig zu sein, dies ist das comme-il-faut der Intelligenz." „Leben. Im Grunde : es wird uns ein fremder Hut gesetzt auf einen Kopf, den wir noch gar nicht haben."
„Schreiben : Über dem Abgrund schweben, gehalten nur von der Grammatik." „Für den überwiegenden Teil der Menschen ist die Musik ein angenehmes Mittel, ihre eigene Plattheit zu pathetisieren." (Heimito von Doderer)

Der Schweizer *Hans Albrecht Moser* verweist seine Landsleute Hohl, Broch und Rychner auf ihre Plätze. Hohls Eskapismen wirken oft hohl, aber auch Moser zerredet manche möglichen Pointen.
„Krankheit und Schwäche machen treu." „Wir können reden, mit wem wir wollen, wir meinen immer einen anderen." „Armut entblößt uns von den Mitteln, unseren Charakter zu verbergen." (Moser)

„Das teuflische Wörterbuch" von *A. Bierce* ist witziger, aber dafür wohl philosophisch etwas gehaltloser. Es enthält gute Bösartigkeiten und böse Gutartigkeiten nebeneinander wie feine Sottisen.
„Sanftmut : Ungewöhnliche Geduld bei der Planung einer wirklich lohnenden Rache." „Anders : Auch nicht besser." „Selbstsüchtig: Bar der Rücksicht auf die Selbstsucht anderer." „Beifall : Echo auf eine Platitude." (Ambroise Bierce)

Die Sarkasmen von *Oscar Wilde*, englischer Larochefoucauld des 20. Jahrhunderts, sind nicht bloß glatte Sahnebonmots, sondern originäre Salonaphorismen, als es schon gar keine Salons mehr gab, und triftiger als ihr ressentimentgeladener Ruf. „Nur Heiliges verdient es, berührt zu werden." „Zeit ist Geldverschwendung." „In dieser Welt gibt es nur zwei Tragödien. Die eine ist, nicht zu bekommen, was man möchte, und die andere ist, es zu bekommen." „Demokratie ist nichts anderes als das Niederknüppeln des Volkes durch das Volk für das Volk." (Oscar Wilde)

Zu viele Aphorismen von *Peter Hille* sind so harmlos gütig wie die von *Margolius.* Der vergessene *Heinrich Waggerl* wirkt noch ergiebiger: „Sogar das Wasser im Kruge meint, es müsse ein Loch im Bach hinterlassen haben, als es geschöpft wurde." „Heutzutage hat keiner genug, weil jeder zu viel hat." „Auf dem Markt der Welt kann jeder billig kaufen, der sich mit dem Unbezahlbaren begnügt." (H. Waggerl)

Aus *Schnurres* „Schattenphotograph" wären die Aphorismen zu exerpieren, ebenso das Beste von kabarettnäheren Sentenzenschleifern wie *Schneyder, Hassenkamp, Lembke, Rolfs* und anderen.

Der pointierte Stil des Individualisten *Ludwig Marcuse* macht manche seiner Essays fast zu Aneinanderreihungen von scharf(sinnig)en Aphorismen.

Cioran pflegt gerade von notorischen Optimisten leicht überschätzt zu werden in seinem charmantem Kokettieren mit schwärzester Melancholie. „Skepsis ist die Eleganz der Angst." „Ein Buch ist ein aufgeschobener Selbstmord." „Existieren ist ein Plagiat." „Grauen ist Zukunftsgedächtnis." (E. M. Cioran)

Der naturwissenschaftskritische Biochemiker *Erwin Chargaff* ist am Chemiker Canetti zu messen. „Vielseitig ist eintönig." „Allende fällt, Kupfer steigt." „Die Falle macht die Ratte." „Ohne Sklaven keine Freiheit." „Nicht jeder Mist ist ein Dünger." (E. Chargaff)

Renard konnte seine Tagebuchgedanken für seinen Geschmack nie kurz genug machen, für Sartre war er aber immer zu kurz angebunden wie ein Bauer. „Das indiskrete Schweigen der Diplomaten." „Ein Mann von Charakter hat keinen guten." „Den Rosen ist das Blut zu Kopf gestiegen." „Überall sein und in einem stillen Winkel." „Sterne. Bei Gott brennt Licht." (Jules Renard)

J. von der Wense ist ein zu wenig beachteter Aphoristiker, der allerdings recht selten pointiert: „Das Dunkel illustriert den Ton." „Die Erde ist ein Stern. Wir leben im Himmel." „Aus China kam die Weisheit. China besitzt die größte Militärliteratur." „Nach oben streben wir. Die Tiefe strebt nach uns." (Jürgen v.d. Wense)

Beim Slowenen *Z. Petan* ist linker Sarkasmus etwas zu oft vermischt mit nur witzelnd Gewitztem. „Glück wird meist von Unglücklichen verkauft." „Ich kenne einen Gott, der für Honorar als Teufel arbeitet." „In der Wüste ist schon ein Unkraut eine Oase."

Ob Kafkas „Bildaphorismus" in the long run eine fruchtbare Alternative zum „Begriffsaphorismus" von Kraus darstellt, sei hier offen gelassen.

Die Zunahme von allerlei „Mischformen" an den Gattungsgrenzen spart sich zu oft die Arbeit des Verdichtens und geht auf Kosten der konzisen Prägnanz. Lichtenberg wollte mit der Nadelspitze weisen, wo er bisher nur mit dem Stock gezeigt hatte.

Anders als zünftige Forscher würden ja Leser Aphorismen nicht gern beschränken auf das, was eine „Autorintention" selbst so deklariert hat, sondern auch aus Gesamtwerken gepflückte „Chrestomathien" vor dem Vergessen und Überlesen retten wollen. „The best of X" wird immer so subjektiv sein wie die Aphorismen selbst, aber fast allen würde es gut tun, stärker gesiebt zu werden. Der Leser muss streichen, wo der Narzissmus der Autoren zurückschreckte. Das Buch „Wer gut abschneidet, kastriert" schlägt am Beispiel von Joubert, Seume, Schlegel, Nietzsche und Kraus einige hochkondensierte Kurzanthologien vor.

In vielen Büchern schlummern ja versteckte Einzelsätze, die gut auch ohne ihren Kontext auf eigenen Füßen stehen könnten und die es behutsam herauszulösen gälte, bevor das Buch zu Recht dem Vergessen überantwortet würde. Den Ausschlag geben sollte allein die Qualität, Originalität und Brillanz dieser isolierbaren Einzelpassagen. Jeder Leser kann sein eigenes Florilegium anlegen, aber auch berufene Fachleute sich an diesem verdienstvollen Rettungswerk beteiligen mit geschultem Blick für hochwertigere Sentenzraritäten. So ließen sich bessere Bücher aus hunderten von Büchern zusammenstellen, immer höher kondensierte Extrakte und Exzerpte, wie sie sich Jean Paul schon erschuf. Die Bibliotheken der Welt mündeten dann in künstliche „Gnomologien", erzprofessionell oder amateurdilettantisch komponiert. Selbst belanglose fiktionale Texte enthalten gelegentlich kostbare nichtfiktionale Silberrippen, die ihre zu Staub zerfallenden Mumien überleben könnten. Und jede Textlektüre sollte auch eine Jagd und Fahndung nach solch dekontextualisablen und aphorismierbaren Singularitäten sein. Alles Schreiben ist aphoristisch, schrieb Derrida etwas übertrieben, aber das wäre wahr, wenn er nicht so viele schlechte Aphorismen enthielte, von denen der Text zu befreien wäre, um die Goldkörnchen aus Schuttbergen herauszuwaschen. Wenigstens jeder Essay sollte eine strukturelle Konstellation aus triftigen Aphorismen sein, wenn auch mehr und anderes als jede seiner Einzelsentenzen. Der ideale Essay besteht nicht aus Sätzen, sondern aus Aphorismen, deren jeder wieder ein besonders kurzer Essay ist, und manche Aufsätze und Abhandlungen ließen sich auch als essayistische Fundgruben dafür gebrauchen. Ein höherstufiger Essay besteht fast ganz aus aphoristischen Essays, wie manche Texte Adornos dem sehr nahe kommen. Würde dieses Stilideal als Spiel ernst genommen, würden weniger Bücher geschrieben als gelesen. Die Anzahl der Bücher würde schrumpfen, d.h. die Zahl der guten steigen, kommt es doch weniger auf einen Gattungspurismus an als auf die Bonmotqualität.

Gegenwartsaphoristik noch lebender Autoren, die durch etwas erhöhte prozentuale Volltrefferquoten auffallen, sollte später einmal ausgewertet werden. Als bedeutendster gilt nun *Elazar Benyoetz*, der in seiner Sprachmystik vielleicht etwas zu vieles wörtlich nimmt, nicht nur das Wort Gottes. Interessant wäre, was anerkannte Schriftgelehrte zu diesen neuen Anwärtern von „Apophthegmata Patrum" sagen. „Humor - Leichtsinn der Schwermut." „Denken - Scheinwerfen." „Alle Siege werden davongetragen." „An Gott glauben - auf seine Unsterblichkeit verzichten." „Spruchreif - widerspruchwert." „Glänzend - scheinbar."

Franz Czernin bietet permutative Satzvariationen, die oft Zufallsgeneratoren von Computern zu entstammen scheinen. Nicht bei allen mechanischen Begriffskombinationen lässt sich Gescheites denken, und der Autor könnte selber stärker aussieben.

Phänomenologie des Geistreichen
Auch ein Weg zum EinSpruch

Seit ich zusammenhängende Texte zu lesen gelernt habe, hatte ich ein Vergnügen daran, mir aus diesen kohärenten Texten einzelne Sätze herauszuschreiben, die aus irgendwelchen Gründen mir besonders bemerkenswert erschienen, Sätze, deren jeder auch auf eigenen Füßen stehen konnte und nicht nur in seinem Kontext sinnvoll war. Je älter ich nun wurde, desto raffinierter wurden diese vielen Exzerptsätze. Irgendwann hatte ich so etwas wie eine Anthologie beisammen vom Umfang eines Buches ganz aus interessanten Bücherzitaten.

Ich entdeckte, dass in vielen Büchern Sätze stehen, die unter Bergen von Sprachschutt hervorleuchten wie Goldkörnchen, die herauszuwaschen sind und erst dadurch ihren wahren Wert gewinnen. Schon der Gymnasiast unterschied zwischen Büchern, die auffallend viele oder auffällig wenige solcher Solitäre und Singularitäten enthalten. Besonders aus den Essays ließen sich sprachliche Orchideen herauspflücken, die gar keinen Schaden dadurch erlitten.

Irgendwann begann in der Schulzeit der Jagdeifer auf solches Wild. Das mussten keine ausnehmend gelungenen Aphorismen aus Aphorismenbänden sein; Essays waren oft trächtiger. Jedoch Aphorismenbände sollten eigentlich die höchste Volltrefferquote auf engstem Raum haben, hatten sie leider aber allzu häufig nicht.

31

Meine frühe Entdeckung : Explizite Aphorismen, die von ihren Autoren auch ganz so gedacht waren, sind leider oft belangloser als so manche originellen Buchzitate, die niemals als Aphorismen konzipiert wurden, sich aber leicht aus Buchzusammenhängen herauslösen lassen, ohne viel zu verlieren. Im Gegenteil wären sie innerhalb des Buches schneller vergessen oder überlesen worden. Bei mir siegte die Leserintention ganz über apho-essentielle „Autor-intention" der (str)engeren Literaturwissenschaft.

In unzähligen Werken schlummern für mich köstliche Einzelsätze, die von Autoren nie als Aphorismen gemeint waren, aber von Lesern bequem dazu gemacht werden können : durch den bloßen Zauberakt der Exzerpte. Viele Zitatsammlungen aus der griechischen oder lateinischen Antike waren gedankenreicher als manche neuzeitlichen Aphorismenbände, fand ich.

Und das entschied. Originelle Ideen in sprachlicher Brillanz, kondensiert auf den Umfang eines bis höchstens dreier Sätze, waren für mich von früh auf gute Aphorismen, doch allzu viele *echte* Aphorismen genügten umgekehrt nicht dieser Definition. Diese Sätze folgten in eigenen „Blütenlesen" *auf*einander, doch nicht *aus*einander. Jeder konnte auch für sich stehen und verblüffte mich durch eine hinreißende Ausdrucksweise und/oder einen originellen Gedanken. Sie hatten alle nur gemeinsam, dass sie mir „geistreich" vorkamen, und das änderte sich gelegentlich mit dem Lebensalter : kurz und bündig, kompakt und gedrungen wie lateinische Sentenzen, prägnant pointiert, tief oder satirisch, witzig oder rätselhaft. Jeder Gedanke brauchte nur einen einzigen Satz, nicht mehr einen ganzen Absatz oder gar Aufsatz.

Der Student merkte bald, dass nicht schwerfällige Deutsche, sondern leichtfüßige Franzosen die frühen Meister dieses Stils waren. Das *Bonmot*, nun mit oder ohne Kontextsituation, war ihre Domäne, der sprachgewordene Pariser Esprit, nicht der tiefe deutsche Geist. Mir blieb gleichgültig, ob ein Autor Aphorismen schreiben wollte oder nicht. Ich nenne schon ausreichend geistvolle Einzelsätze so, sprachliche Solisten, originell in der Sache oder Sprache, auch und gerade aus Essays geklaubte Goldzitate.

Die französischen Moralisten des 17. Jahrhunderts schienen mir auf die französischen Aufklärer des 18. Jahrhunderts ja bereits hinzusteuern : Deutete der spitze Salonkritiker Larochefoucauld nicht schon auf den Revolutionssarkastiker Chamfort voraus, der für die *romantische Ironie* entdeckt wurde von einem systemfeindlichen Bruchstückeschreiber wie Schlegel, der seinerseits einen Hegel gegen sich auf den Plan rief, einen philosophischen Riesen, der die Fragmente der frühromantischen Nachsokratiker durch dialektische Überbietung entschärfen wollte, indem er die ganze moralistische *Aufklärung* mit ihren unplatonischen Ideen in einen systematischen *Idealismus* „aufhob": rettete, widerlegte und zugleich systematisierte. Der Ausgang des Kampfes zwischen den aphoristischen Davids und den systematischen Goliaths scheint mir offen bis heute.

(Nebenbei :Die populäre Systemfeindschaft gehört fast zur Definition des Aphorismus, aber vor einem zehnbändigen „System der Philosophie" des Phänomenologen Hermann Schmitz verkommen doch viele Aphorismen zu nur albernem Zwergengefuchtel.

33

Den genuinen Aphorismus, den Feind aller Systeme, habe ich für mich nicht entdeckt, indem ich erklärte Aphoristiker las, sondern im Gegenteil einen der größten Systematiker, in einem Universitätsseminar. Ich las Hegel und notierte mir da unzählige Selbst-wider-Sprüche aus seinen Schriften. Er verstand alles und jedes in der Welt nur von einem geistigen Bezugssystem her und fühlte sich von aphoristischer Fragmentalität und *frühromantischer Ironie* der Schlegel und Novalis zutiefst irritiert und herausgefordert. Er denunzierte sie als frivole Spielzeuge, hypersubjektiv, eitel, bösartig, wichtigtuerisch, nicht Fisch, nicht Fleisch. Hegel erkannte, dass die Neuzeit das Recht auf emanzipierte Subjektivität zu Recht verteidigte und dass man sie nicht einfach durch substantiellere Traditionen wieder beseitigen könne. Sein System ist eine Hierarchie dialektischer Paradoxe, ein „Universalwitz" von sinnigen Witzen, deren ernster Sinn permanent ineinandergleitet.

Ich sah ihn die romantische Subjektivität der Kunst und die griechische Objektivität der Wissenschaft verbinden, um das Beste aus Tradition und Neuzeit zu retten. Ein gewaltiges Projekt, wie mir schien, und er tat es unüberbietbar. So wurde er geistreicher als die aufgeklärten Franzosen und ihre deutschromantischen Lehrlinge. Nietzsche hielt Hegel für den geistreichsten unter den Schriftstellern, die auf keinen Fall geistreich sein wollten. Kurz : Hegel erfand in meinen Augen seine Dialektik (wieder), um die aphoristischen „Brennnesseln" wie Schlegel und Novalis durch Überholung zu neutralisieren.

Dialektik wie Aphoristik suchen die „Einheit der Widersprüche", die mystische „Verbindung von Verbindung und Trennung". Adorno hat dann im 20. Jahrhundert diese systemsprengenden Aphorismen aus Hegels vermeintlichem „Zwangssystem" wieder befreit – mit Hilfe des spätromantisch frankophilen Aphoristikers und Moralisten Nietzsche.

Der Physiker Lichtenberg hatte in diesem geistesgeschichtlichen Szenario das Verdienst, die französische Aufklärung auch ins Deutsche zu übersetzen und philosophische Lebensweisheit über Naturwissenschaft hinaus als guten Witz an der Ursache zu verstehen, indem er wissenschaftliche Hypothesen als Esprit verstand, als plötzliche Einsicht in bisher übersehene Ähnlichkeiten zwischen unvereinbarsten Sachverhalten. Dafür gibt es keine übertragbare Methode, sondern nur intuitives Naturtalent, also gewitzte Einbildungskraft plus rationaler Urteilskraft in ausgeklügelten Gedankenexperimenten.

Für mich war der Aphorismus von Anfang an keine randständige Literaturgattung, sondern spätestens um 1800 ins Zentrum der Geistesgeschichte gerückt – ausgerechnet durch den Supersystematiker Hegel, der deutsche Reformation, französische Aufklärung und Französische Revolution als gutes Recht auf emanzipierte Subjektivität verteidigte, aber die allem Objektiven wie Affektiven „entfremdete Subjektivität" des erzmodernen, ironisch schwebenden *Individualismus* dann durch höchst paradoxale Re-integration systematisch bekämpfte.

Als Schlegel seinen Chamfort entdeckte, entdeckte Hegel diesen Schlegel und schuf seine idealistische Dialektik über Kants „kopernikanische Wende" hinaus, die Gerhard Neumann in seinen „Ideenparadiesen" (1976) zum Startschuss einer transzendental deutschen Moralistik erklärt hat. Hegel wollte die aphoristische Höllenmaschine ja nicht entfernen, sondern sie zum dialektischen Motor des Erkenntnisfortschritts erheben : Aphorismen als missachtete, aber notwendige Arbeitssklaven des Weltgeistes? Nur das war für mich eines der Hauptmotive seines Idealismus. „Tiefer Geist" schluckt leeren Esprit? Hegel pries als Fortschritt die ganz „entfremdete Bildung" der Aufklärung, das „geistige Tierreich" ihres „zerreißenden Sprechens", die französischen Bonmots gegen alles und jeden, gegen alle substanzielle Tradition. Er verteidigte „unendliches Recht der zweifelhaften Subjektivität", aber gegens nur „eitle Individuum" der *romantischen Selbstironie*. Die unsystematische Aphoristik aus diesem systematischen Sklavendienst für Gesellschaftssysteme zu befreien, war für mich eines der Hauptmotive von Adornos Philosophie der „negativen Dialektik", der „Kritischen Theorie" seiner „Minima Moralia".

Noch Wittgenstein lernte von Karl Kraus seine atomistischen „Elementarsätze". Eine marginalisierte Literaturgattung wurde zum philosophischen Treibsatz und zur „Phänomenologie des Geistreichen".

Das wurde zum Initialzünder für meine Beschäftigung mit dem Aphorismus, als Leser wie als Autor. Die Dialektik ist Hegels Versuch, die Einseitigkeiten von wissenschaftlichem Objektivismus und frühromantischem Subjektivismus zu überwinden, die in seiner Dialektik eine hochspannungsreich fruchtbare Synthese eingehen sollten. Ich verstand immer den Aphorismus als philosophischen Gehalt in poetischer Gestalt, als Gegensatz-Einheit von existenziellem „Bild" (à la Kafka) und essenziellem „Begriff" (à la Kraus), vielleicht bei Lichtenberg und Nietzsche modellhaft erreicht. Das geht für mich weit hinaus über den bloßen Feuilletonaphorismus, der zwischen seichten Gesinnungssprüchen und windigen Wortspielwitzeleien bis heute oszilliert.

Ich versuchte zu zeigen, wie wenig peripher der Aphorismus für die Geistesgeschichte (wie für mich) einmal gewesen ist. Um 1800 herum gewann die deutschsprachige Philosophie zwischen Kant und Hegel die Weltmeisterschaft, und der unscheinbar kleine Aphorismus spielte dabei eine zentrale Rolle als geistiger Katalysator und lebenswichtiges Spurenelement. Dieser Höhepunkt wurde weltweit seither nie wieder erreicht.

Aphoristische Enzyklopädie
der Künste und Wissenschaften?

Geisteswissenschaftler wollen nichts davon wissen, dass Moralisten viel geistreicher waren. Deren Elementar(ur)teilchen waren häufig elegantere Formeln als die der *Naturwissenschaftler*.

Unberechenbare Moralisten zählen auf Menschen, die von unzähligen *Mathematiker*n gezählt werden.

In der *Rechtswissenschaft* fällen sie oft die richtigeren Urteilssprüche und Freisprüche.

Die aphoristischen Privatproduzenten, deren schmales Angebot die Nachfrage noch übersteigt, denken in ihrem Kurzwarenhandel ökonomischer als die weitschweifigsten *Wirtschaftswissenschaftler*.

In viel Zeit geschrieben, in wenig Zeit gelesen: Die Aphorismen sind kleine *Geschichtsphilosophie*n, in denen (Großen) noch manchmal etwas geschieht.

Moralisten waren schon *Anthropologen*, als es noch gar keine gab und denen auch nichts Unmenschliches fremd ist.

Aphoristiker sind wahre *Ethnologen*, für die das wilde Denken heißgelaufener Gesellschaften in der milden Gedankenlosigkeit kalter Sozietäten liegt.

Soziologen sind asoziale Herdentiere, die partout nicht den Ungeselligkeitstrieb von Aphoristikern verstehen, welche die schlichte Unschlichtbarkeit des Konflikts zwischen Individuum und Allgemeinheit auf griffigste Begriffe bringen.

Aphoristiker waren schon immer die Psychologen für *Psychologen* und *Tiefenpsychologen*, bevor es die gab.

Der *Pädagoge* traktiert die Dummheit vor dem Wissen, der Moralist die höhere Unwissenheit nach allem Wissen. Der eine denkt zu lehren, der andere lehrt zu denken.

Theologen fußen auf Jesu „Logien", den Sprüchen der Väter oder Salomonis. Die biblische Spruchweisheit erlebt ihre aphoristischen Kontrafakturen bis heute.

Aphoristiker sind lebendiger als *Lebensphilosophen*, die gar nicht vitaler sind als Biologen, und denken existenzminimaler als *Existenzphilosophen,* die ja gar nicht existieren oder nur existieren und sonst gar nichts. Sie sind oft die besseren *Phänomenologen*: Sie kommen zur Sache selbst oder zur Sprache, sie schauen aufs Wesen der Sache, also aufs Unwesen, das sie treibt, und lassen nur alles Wesentliche weg.

Sie sind *dekonstruktivistischer,* weil sie alle binären Oppositionen zum Tanzen bringen und nichts ausschließen als gängige Ausschlussverfahren. Nichts ist konventioneller als das *postmoderne* Spiel mit Konventionen, die erst aphoristisch durchbrochen werden. Die *(De-)Konstruktivisten* machen, was sie gar nicht können, also ihre mangelhafte Subjektivität zur höheren Objektivität. – Der dekonstruktive Aphorismus ist konstruiert wie eine sprachliche Höllenmaschine.

Moralistik, *ordinary language philosophy* in literary form, hatte den *linguistic turn* schon avant la lèttre vollzogen, und analysierte die „mores", Sitten und

39

Sprachgebräuche der Epochen, als es die *analytische & psychoanalytische Philosophie* noch gar nicht gab.

Aphoristik ist auch eine „bestimmte Negation", verteidigt Einzelheiten gegen ihre Einheit und treibt *Kritische Gesellschaftstheorie*, die auch praktische Maximen des Handel(n)s in Maximen reflektiert.

Moralisten waren stets bessere praktische Philosophen und *Moralphilosophen*, da sie das Normale an seinen eigenen Normen maßen, statt uns Mores zu lehren. Der Aphorismus ist *ästhetisch* als ein philosophischer Gehalt in literarischer Gestalt, als sinnlicher Sinn, als „sinnliches Scheinen" (Hegel) der platonischen Ideen, als wahrnehmbare Wahrheit bewährter Unwahrheiten. Aphoristik wendet die *Logik* logisch gegen sich selbst durch „impliziten Schluss" (Klaus v. Welser) oder stimulierende Paradoxien und Antinomien.

„Ein Haufen aufs Geratewohl hingeschütteter Dinge ist die schönste Weltordnung." (um 500 v. Christus) *Heraklits* dialektische Rätselsprüche ergänzen *Demokrits* kosmologischen Atomismus. Sophistischer Subjektivismus und sokratischer Individualismus des bewussten Nichtwissens führten zu platonischen Ideen und deren paradoxem Verhältnis zu bloßen „Doxai".

Lapidar pointierte Sentenzen des römischen Stoikers *Seneca* bereiteten das aphoristische Stilideal vor.

Der mittelalterliche Universalienstreit zwischen Realismus und Nominalismus ließe sich aphoristisch (sic et non) gegen scholastische Summentheologie führen in „Sentenzenkommentaren". Die unio mystica zwischen Unvereinbarem wurde bei *Nikolaus von Kues* zur witzfähigen „coincidentia oppositorum".

Bloch lobte *Sebastian Francks* geschichtsbiblischen „Paradoxa" als frühprotestantische Proto-Aphorismen.

Die „Essais" des Moralisten *Montaigne* begründen die Individual-Renaissance des antiken Skeptizismus.

Francis Bacon führt 1620 den Forschungsaphorismus gegen die deduktionsmethodische Summenscholastik ein.

„Die *morale provisoire* des Descartes formuliert sich bereits in Maximen." (Rüdiger Bubner, 1976)

Um 1670 rebellieren *Pascals* „Pensées sur la réligion" gegen naturwissenschaftliche Aufklärungsmonopole. Er spielt den aphoristischen „esprit de finesse" gegen wissenschaftlichen „esprit de géométrie" aus.

1714 propagiert *Leibniz* die aphoristischen Monaden seiner infinitesimalen Differenziale. „Monaden haben keine Fenster" zu anderen Spiegeln des Alls. Jede aphoristische „Monade" reflektiert perspektivisch alle übrigen in „prästabilierter Harmonie".

Kants praktische Vernunft besteht aus Maximen, aus hypothetischen Klugheitsregeln, die auf imperativische Generalisierbarkeit hin überprüft werden, ob sie wie Naturgesetze gelten. „Anthropologie in pragmatischer Hinsicht" untersuchte die gewitzte „Assoziation heterogener Vorstellungen der Einbildungskraft" als „gemeinsame Wurzel von Verstand und Sinnlichkeit". Deren gedankenexperimentelle Paradoxe führten seit Bacon zu fruchtbaren wissenschaftlichen Hypothesen. „Sinnlichkeit und Verstand müssen vermittels der transzendentalen Einbildungskraft notwendig zusammenhängen." (KrV, Leipzig 1971, S. 214)

41

„Das Vermögen der Assoziation Vereinbarung fremdartiger Vorstellungen der Begriffe durch den Verstand ist der schöpferische Witz" „Witz hascht nach Einfällen, Urteilskraft strebt nach Einsichten."

Kants Kritiker, Fichtes Lehrer *Maimon* wandte ein, Vernunft sei das Vermögen, zu jedem seinen jeweiligen Grund zu finden, die Imagination aber die Gabe, die Kette der Gründe aller Gründe ad infinitum zu ergänzen und die Bedingungen aller Bedingungen bis zum allerersten Unbedingten zu vervollständigen, zum vollkommenen Ganzen als bloßer Vollkommenheitsidee, der kein erfahrbares Objekt entspreche. Dieses unendliche Ganze wird in jedem romantischen Fragment nur versinnbildlicht und ironisch angedeutet als Ding an sich. In Kants dialektischen Antinomien nun gerate die Vernunft in Widerspruch nicht mit sich, sondern mit dieser „produktiven Einbildungskraft" der Perfektionsideen auf allen Gebieten. Das griff Fichte dankbar auf und ersetzte Kants reine Vernunft durch schöpferische Phantasie, will man Novalis glauben.

Kants „kopernikanische Wende" läutet dann auch das aphoristische Jahrzehnt einer „Transzendentalmoralistik" (G. Neumann) ein. Der transzendentale Subjektivismus historisierte zum ästhetischen Individualismus des „magischen Idealismus" in den ironischen Paradoxen und Selbstparodien der Frühromantiker *Novalis* und *Fr. Schlegel*, die in jedem endlichen Fragment immer schon das unendlich Absolute andeuten. Dabei waren die naturphilosophischen Fragmente wohl eher naturästhetische Analogien und überzeugen so wenig wie *Schellings* spekulative Polaritäten und Potenzen. Der Romantiker sagt etwas Bedingtes und lässt ironisch durchblicken, dass er damit Unbedingtes meint.

„Der Witz ist das Prinzip und Organ der Universalphilosophie." „Die eigentliche Form der Universalphilosophie sind Fragmente ... Aphorismen als Notizen der innern Symphilosophie." „Poesie und Philosophie sollen vereinigt sein." *(Friedrich von Schlegel)*
„Wir *suchen* überall das Unbedingte und *finden* immer nur Dinge." „Jeder Satz muß einen selbständigen
Charakter haben – ein selbständiges Individuum, Hülle eines witzigen Einfalls sein." *(Novalis)* Und jedes
einzelne Fragment als witzige „Einheit des Entgegengesetzten" bildet bei den Frühromantikern eine indi-
rekte „Allegorie" des absoluten Systems. Jeder Satz
habe seinen Gegensatz in sich selbst, jedes Urteil sei
über sein Gegenteil mit sich selbst logisch zusam-
mengeschlossen, jedes Ich habe sein Nicht-Ich in sich.
Der junge Schlegel der ironistischen Paradoxien hängt
mit dem alten katholischen Schlegel zusammen durch
die Fragmente der „Philosophischen Lehrjahre" aus:
Kritische Ausgabe, Band 18/19.

„Diese Form, die Ironie, hat zum Anführer Friedrich
von Schlegel. Das Subjekt weiß sich in sich als das
Absolute, alles andere ist ihm eitel: alle Bestimmungen, die es sich vom Rechten, Guten macht, weiß es
auch wieder zu zerstören. Alles kann es sich vormachen; es ist aber nur Eitles, Heuchelei und Frechheit.
Die Ironie wie ihre Meisterschaft über alles dieses; es
ist ihr Ernst mit nichts es ist ein Spiel mit allen Formen ... Die Dialektik ist das Letzte, um sich zu erheben und zu erhalten ... weder Poesie noch Philosophie." (Hegel : „Vorlesungen über die Geschichte der
Philosophie", Frankfurt 1871, Werke Band 20, S. 416
ff.) „Die Marotte des Selbstdenkens ist, daß jeder
Abgeschmackteres hervorbringt als ein anderer ... Die
Extravaganz der Subjektivität wird häufig Verrücktheit; bleibt sie im Gedanken, so ist sie im Wirbel des

reflektierenden Verstandes befangen, der immer gegen sich negativ ist." (Hegel, a.a.O., S. 418)

Die dialektische Identität-im-Selbstwiderspruch gerät da zum aphoristischen Paradox oder zum Weltsystem. *Hegel* versuchte dann vergeblich, diese fragmentierten Ideen wieder einzufangen, systematisch zu zähmen und dialektisch zu überbieten. Der Geistesphilosoph wurde später aber eher vom einzelwissenschaftlichen Empirismus, marxistischen Materialismus und existenzialistischen Individualismus verdrängt als vom sentenziösen Esprit. Das änderte sich noch nicht unter Schopenhauers moralistischem Voluntarismus, sondern erst unter Nietzsches überfragmentierter Macht- und Lebensphilosophie, die Geist durch Esprit ersetzt.

„Der Philosoph vergesse nie, daß er eine Kunst treibt und keine Wissenschaft." *(A. Schopenhauer)*
„Mit der Vollständigkeit fällt auch die systematische Anordnung weg, die Langeweile ... Vielleicht sollte jeder Schriftsteller eine gewisse Spur der Verwandtschaft mit jenem Lapidarstil tragen, der ja aller ihrer Ahnherr ist", schrieb Schopenhauer, der ja eine Sentenz nach der anderen systematisch verkettete. („Über Schriftstellerei und Stil", Parerga, B II)

John Stewart Mills „induktive Logik" ließ 1836 die aphoristische Lebensweltweisheit neben der wissenschaftlichen Objektivierung als gleichwertig gelten.

Kierkegaards dialektische Theologie war individualistischer Einspruch gegen Hegels objektiven Allgemeinheitsgeist und machte Existenz moralistisch.

Dilthey rehabilitierte im „Leben Schleiermachers"

auch Schlegels frühromantische Fragmente in geistes-
wissenschaftlicher Spannung zwischen dem idiogra-
phischem Verstehen und nomothetischen Erklären.

H. Cohens logischer Neukantianismus sah das Reale à
la Leibniz nur als Idee des unendlich Kleinen.

Wittgensteins logischer Atomismus in Fragmenten
sollte die „entfremdete Subjektivität" der solipsistischen „Privatsprachen" ja überkompensieren. Was
nicht der Fall ist, das in Logik und Physik „Unaussprechliche", „zeigt" sich nur indirekt im Fragment.

Auch *Jaspers'* „Existenzvergewisserung" in „Chiffren
der Transzendenz" funktionierten eher aphoristisch als
argumentativ kohärent oder gar visionär prophetisch.
(Aphorismen argumentieren nicht, denn Gründe bleiben laut Hegel der Sache äußerlich und lassen sich für
alles finden, auch und gerade für Unwahrheiten.)

Erst *Adornos* „negative Dialektik" gegen Hegels voreilige Versöhnungssynthesen verbanden Marx, Schopenhauer, Nietzsche und Freud zu rationaler Kritik der
instrumentellen Vernunft und zu aphoristischer Kritik
geistiger und sozialer Zwangssysteme, die der rechte
Heidegger und der linke Sartre gerechtfertigt hatten.
„Verschwindet heute das Subjekt, so nehmen es die
Aphorismen es schwer, dass „das Verschwindende
selbst als wesentlich zu betrachten" sei. Sie insistieren
in Opposition zu Hegels Verfahren und gleichwohl in
Konsequenz seines Gedankens auf der Negativität."
(Th. W. *Adorno* im Vorwort zu „Minima moralia")

Der Aphorismus „setzt die eingeschliffene und auch
nützliche Ansicht vom Sachverhalt in Frage. Er
möchte etwas von der Deformation wiedergutmachen,

welche der herrschaftliche Geist dem Gedachten antut. Er zielt auf die Negation abschlußhaften Denkens … benennt das Prinzip dessen, was die Prinzipien negiert … Das aphoristische Denken war von jeher nonkonformistisch. Darum ist es bei den offiziellen Wissenschaften und der Philosophie in Verruf geraten, ist als unverbindlich, unverantwortlich, feuilletonistisch diffamiert worden." (Vorwort zu Heinz Krüger: „Über den Aphorismus als philosophische Form", 1957)

Ähnlich gebaut wie Adornos Begriff des begriffsstutzigen „Nichtidentischen" ist *Schopenhauers* Begriff vom Witz als einer „Inkongruenz von Anschauung und Denken". Eine konkrete Anschauung falle unter einen Allgemeinbegriff, dem sie gleichwohl satirisch widerspreche, und diese Differenz wirke lächerlich und werde weggelacht.

Der poststrukturalistische Dekonstruktivist *Jacques Derrida* schrieb 1979 gegen alle logozentrischen Bezugssysteme : „Toute écriture est aphoristique."

„Der Schock des drohenden und gerade noch abgefangenen Durchbruchs in primitive Gegenwart gibt es auch … bei jedem kapierten Witz, … und so pflegt es sich auch beim bloß zündenden Aphorismus zu verhalten." (*Herm. Schmitz*, Brief vom 18. 08. 1993)

Für *Nietzsche* „macht die aphoristische Form Schwierigkeit: sie liegt darin, daß man die Form heute nicht schwer genug nimmt." („Genealogie der Moral") „Der Aphorismus, die Sentenz, in denen ich als der erste unter Deutschen Meister bin, sind die Formen der ‚Ewigkeit'; mein Ehrgeiz ist, in zehn Sätzen zu sagen, … was jeder andere in einem Buch *nicht* sagt."

(„Götzendämmerung", Nr. 51) „Der Wille zum System ist Mangel an Rechtschaffenheit ... Die tiefsten und unerschöpflichsten Bücher werden wohl immer etwas von dem aphoristischen und plötzlichen Charakter von Pascals Pensées haben." „Larochefoucauld, La Bruyère ... Vauvenargues, Chamfort ... sie enthalten mehr wirkliche Gedanken als alle Bücher deutscher Philosophen zusammen; Gedanken von der Art, die Gedanken macht." („Der Wanderer und sein Schatten", Nr. 214) „Von der Kunst aus kann man dann leichter in eine wirklich befreiende philosophische Wissenschaft übergehen." „Die Kunst ist mehr wert als die Wahrheit."

Kultur- und Humanwissenschaften sind in moralistischer „Menschenkunde" immer gut aufgehoben.

Eine gnomische Enzyklopädie der Künste und Wissenschaften umfasst Aphorismen aus und zu (fast) allen Einzeldisziplinen : Poetische Kommentare zu ihren Methoden und Resultaten, philosophisch reflektiert. Die einstige Funktion des Forschungsaphorismus gegen Scholastiksysteme wich poetischem Kommentar zum naturwissenschaftlichen Technik- Industrialismus und geistreichen Reflexionen zu Geisteswissenschaften in Philosophie, Psychologie, Soziologe, Medientheorien, Pädagogik, Theologie, Kultur- und Kommuniaktionswissenschaften, Ökonomie und Ökologie, Staat und Politik, Recht und Moral, Kunst und Ästhetik, Technologien ...

Philosophische Rhetorik

Heraklit, der Dunkle, machte geschliffene Widersinnsprüche. Die Sophisten verkauften rhetorische Kunstgriffe, die Streitgespräche zu gewinnen. Sie entwickelten und entlarvten Paradoxe, Aporien, Antinomien, Fangfragen, Fehlschlüsse, Scherzrätsel und "stärkten die schwächere Seite". Aufklärung relativierte absolut. Plato hielt fest, wie Sokrates die Kunst der dummen Fragen erfand, um Mitmenschen zum Geständnis zu bewegen, dass sie nicht wissen, was sie reden und tun. Die philosophischen Anekdoten des Diogenes Laertius bewahrten die dummen Sprüche der Epikureer und Stoiker, Skeptiker und Kyniker auf. Sophisten lassen jeden sich vor dem Anspruch blamieren, wunders etwas zu wissen und zu können. Aristoteles bewahrt resistent gesunden Menschenverstand, der Realist beobachtet die Natur. Die Logik der Urteilsformen ist heute ein Spezialfall der Mathematik geworden. Die römischen Stoiker Cicero und Seneca schrieben glänzende Partien wie Plutarch. Descartes formuliert so 'klar und deutlich', wie er denkt; das „Ego cogito" brillierte. Spinozas „Ethik" ist voller paralogischer Formeln, Thesen als Sentenzenfeuerwerk. David Humes „Prinzipien der Moral" sind glänzende englische Kunstprosa im Gefolge von Francis Bacons taciteisch funkelnden 'Essays', den Vorläufern der 'Essais' von Montaigne. Das "Lob der Torheit" des Humanisten Erasmus ist Glanzsophistik. Nur seine Jugendschriften bis zu den drei „Kritiken" haben die von Kant schweren Herzens geopferte stilistische Rokokoeleganz Wielands ("Aristipp"). Fichtes rhetorisches Talent ist noch zu genießen in den "Reden an die deutsche Nation" und in der "Bestimmung des Menschen". Schellings Naturphilosophie ist Kunstphilosophie, nicht nur in den Aphorismen eine 'ästhetische Theorie'. Hegel hatte mehr Esprit, als ihm lieb war, erkannte Nietzsche : Er war der geistreichste der deutschen Philosophen – wider Willen. Der frühe Marx bis zur „Deutschen Ideologie" bevorzugte konzise Diktion und schlagende Rhetorik, doch die späteren ökonomischen Werke sind nicht mehr geistreich wie Hegel. Schopenhauer und Nietzsche sind die stilistischen Goethes der deutschen Philosophie, fern des universitären Gelehrtenjargons. Kierkegaard war ein guter philosophischer Schriftsteller und erst recht gar kein fachgelehrter Theologe. Martin Heideggers philosophische „*Etymologik*" ist in ihren besseren Partien von magischer Suggestion und ergibt neuen Sinn durch fast mechanische Wortverdrehungen und Wortspiele. Blochs alttestamentarischer Expressionismus hat eher deutschbarocke Gewitterwucht als aphoristische Eleganz. Der Stil von Jaspers wirkt nüchtern solide, beeindruckt durch unauffälligere Mittel wie Parataxe und Weglassen von Artikeln, sogar durch aphoristische Wucht. Aber auch das wird bisweilen Manier wie bei Bloch und ermüdet. Sartre schreibt filigran elegant, wo er wie Descartes denkt, aber er denkt plump, wenn er wie Heidegger schreibt. Das kunstvolle Ausspinnen der Mammutsätze bringt dialektische Kabinettstücke zustande.

Th. Adorno in seinen besten Partien bringt auf dem engsten Raum eines Schachtelsatzes eine kunstvoll verkürzte Montage eleganter Aphorismen, Dialektik als Konstellation nachromantischer Fragmente.

Aphoristische Existenz
oder existenzphilosophische Aphoristik ?

Wenn der Existenzphilosoph die menschliche Existenz noch vor jeder Essenz ansiedelt, will er damit sagen, dass ich meine nackte Existenz benutze, um mir mein Wesen selbst zu schaffen, statt es mir von Gott oder Welt vorzeichnen zu lassen. Was ich bin, sei ein autonomes Produkt der Tatsache, dass ich da bin. Nach Kant ist Existenz eine bloße „Position" und kein Teil der Essentials einer Sache. Wenn die Natur und die Gesellschaft mich in meinem Wesen bestimme, bin nach Sartre gleichwohl ich es, der sie selbst dazu bestimme, mich zu bestimmen, dieses oder jenes zu sein. In dieser philosophischen Konzeption ist die Existenz keine Realisierung einer vorgegebenen Essenz wie in den theologischen Entwürfen der mittelalterlichen Scholastiker, sondern das Wesen des Menschen sei Verwirklichung seines Seins, also Selbstverwirklichung seines Daseins. Der Mensch ist für Existenzphilosophen das einzige Wesen, das sich selbst definiere. Er sei da, um seinen nächsthöheren Gattungsbegriff von sich und der Welt selbst zu bestimmen samt der spezifischen Differenz zu seinen Artgenossen, definitio fit per genus proximum et differentiam specificam. Es ist bemerkenswert, dass weder Heidegger noch Jaspers und Sartre diese Definition von Definition benutzen, wenn sie davon sprechen, der Mensch entwerfe seine Wesensbestimmungen selbst in aller Freiheit. Mich je selbst zu bestimmen und zu entwerfen heißt ja, mich selbst abzugrenzen von allem, was ich nicht je selbst bin, und nichts anderes tut die Definition. Wir werden aber die Existenzphilosophie besser verstehen, wenn wir explizieren, was im Selbstentwurf des menschlichen Wesens eigentlich verborgen ist. Ich kann mich nicht selbst in meinem Sosein bestimmen, ohne die Allgemeinheit zu bestimmen, die mich mit anderen verbindet, und zugleich die Besonderheit zu bestimmen, die mich von ihnen trennt. Natürlich können andere mich dazu bestimmen, ihnen Bestimmungen beizulegen, aber in jedem Falle sei ich es, der sie dazu bestimmt, mich in meinem Wesen zu bestimmen. So bleibt der Mensch Herr seines Schicksals, das ihn versklavt, und der Regisseur all dessen, was ihm von außen wie ein Zufall oder ein Missgeschick zuzustoßen scheint. Ich stimme mit niemandem überein, lasse mich nicht überstimmen und über mich bestimmen, sondern bestimme selbst über mein Schicksal nach Sartre. Jeder definiert sein Wesen selbst kraft dessen, dass er existiert. De-finitio heißt auf Deutsch: Selbstbestimmung und auf Griechisch: Aphorismus. Im Aphorismus sage ich anderen auf den Kopf zu, was mich mit ihnen verbindet und was mich von ihnen trennt, von diesem und jenem. Beispiel : Der Mensch ist ein vernunftbegabtes Lebewesen, homo animal rationale. Er gehört zur Gattung der Lebewesen, und was ihn von anderen Lebewesen trennt, ist seine Vernunftbegabung, nicht seine Vernunft. (Die Begabtenförderung steckt bis heute in den Kinderschuhen.) Aphorismen sind Definitionen, aber nicht jede Definition ist aphoristisch : „Der Mensch ist ein erleuchtetes Arbeitstier oder ein Lebewesen, das sich seine Vernunftbegabung selbst nicht glaubt." Sein Wesen ist kein Objekt für ihn, das ihm gegenübersteht, sondern ein Pro-jekt, das ihm bevorsteht (in seiner Realisierung). Im Affekt transzendiere ich meinen Defekt, der in meiner Konfektion besteht. Mein Wesen sei gar nicht das, was ich immer schon gewesen bin, sondern was ich zu sein vorhabe. Der Existenzialist macht viel Wesens (und Aufhebens) von sich wie der Hegelianer. Aphorismen sind

De-finitionen als Antidefinitionen. Sie sagen etwas so treffend, dass sie den Nagel auf dem Kopf des anderen treffen. Was die Menschen zusammengefügt haben, will der Aphorismus scheiden, und was sie geschieden haben, will er zusammenfügen. Manchmal wandelt der Aphoristiker einen Einfall durch „Lullische Kunst" mechanisch so lange ab, bis das permutativ so Entstandene etwas ist, bei dem er sich etwas Originelles denken kann, von dem er sich gern überraschen lässt. Durch welche literarischen Kunstgriffe kommt produktionstechnisch die aphoristische Pointe zustande, und wie wirkt sie auf den Leser und Hörer? Können Paradoxien wieder die neuen „Paradigmen" (Thomas Kuhn) liefern zu den festgefahrenen Paradogmen des jeweiligen Wissenschaftsbetriebs wie im 18. Jahrhundert der französischen Salons und bei Lichtenberg. Sind die systematisch antisystematischen Aphorismen die zenbuddhistischen „Koans" (Fälle) des Westens?

Adorno sah das einzig Wahre bekanntlich darin, durch Allgemeinbegriffe und ihre individuelle Konstellation das Individuelle vor den Übergriffen der Allgemeinbegriffe zu bewahren. Sein abtrünniger Schüler Habermas wollte die Individuen auch vor der Gleichschaltung durch ihre Oberbegriffe schützen, aber eher dadurch, dass die begriffliche Allgemeingültigkeit erst aus „freier Verständigung" der Individuen hervorgehe und ihnen nicht durch überlegenen Verstand von oben verordnet werde.

Ich will aufhören, bloßer Gegenstand deiner Begriffe zu sein, durch die du mich mit ungeliebten anderen Menschen in einen Topf wirfst. Also mache ich mir einen Begriff von dem Begriff, den du dir von mir (und meinem Begriff) machst. Das Individuum macht durch eigene Begriffe seinen Allgemeinbegriff zu einer bloß unverbindlichen Absonderlichkeit und sich selbst durch die Originalität seines gedanklichen Beitrags zum Gemeinplatz von Übermorgen.

Das Individuum widersteht nämlich dem Verstand seiner Klassenfeinde nicht dadurch, dass es blinde Kontingenz und unausschöpfliches Sein außerhalb des Bewusstseins ist. Das Individuum ist bloßes Sein für das Bewusstsein seiner Gegner, und es muss zu Bewusstsein kommen, um das Bewusstsein seiner Feinde zu einem bloßen Sein herabzusetzen. Der eine Begriff von vielen Individuen muss das eine Individuum über seinen vielen Begriffen werden. Das Individuum hört auf, Objekt des Begriffs zu sein, wenn es diesen Begriff begreift. Es muss seine Individualität gerade darin haben, nicht nur einen Begriff sich zu machen von seinen eigenen Begriffen, sondern auch einen Begriff sich zu machen von dem Begriff, den andere sich von ihm und seinem Begriff machen. Bei Habermas setzen sich Leute weniger zusammen, um sich auseinanderzusetzen, sondern ihre ganze Auseinandersetzung ist eher ein Mittel, sich zusammensetzen zu dürfen. Individualität sollte weniger Begriffsstutzigkeit sein als in der Originalität eigener Begrifflichkeit liegen, mit der die übergriffigen Begriffe anderer begriffen und angegriffen werden.

Das Sein ist Bewusstsein, lautet ein alter metaphysischer Grundsatz. Wenn das nicht nur ein idealistischer Gemeinplatz sein soll, müssen wir hinzufügen, dass mein Sein eben nicht aufgehen soll in dem Bewusstsein, das andere von ihm gewinnen wollen, sondern in dem Bewusstsein, das ich von dem Bewusstsein anderer haben muss, um es zu einem bloßen Sein unter anderen machen zu können oder zu einer bloßen Modifikation dieses Seins. Wer seinen Oberbegriff zu einem blinden Faktum und Fatum entmächtigt, kann das nicht, ohne Begriff von seinem Begriff zu sein und nicht selbst ein blindes Faktum unter dem Begriff zu bleiben. Ehe Individuen sich darauf einigen, was sie begrifflich gemeinsam haben wollen, muss jedes Individuum ein Individuum erst einmal werden, und das wird es nicht, ohne anderen Individuen das Recht zu bestreiten, begrifflich für es mitzusprechen. Die Unverwechselbarkeit und Unaustauschbarkeit des Individuums liegt in seiner ganz besonderen Begrifflichkeit, in der Faktizität seiner Begrifflichkeit, nicht im factum brutum seiner empirischen Existenz. Das begriffene Individuum muss *individueller Begriff* werden, um mehr zu sein als immergleiches Objekt seiner Oberbegriffe. Seine Besonderheit muss darin bestehen, die Oberbegriffe seiner Herren als allgemeine Absonderlichkeiten begreifen zu können, also in der Allgemeingültigkeit von Morgen. Die aphoristische Existenz ist ein vorzügliches Beispiel solcher Möglichkeit zu sein, indem man denkt. „Nicht sein, sondern denken, denken, denken!" *(Stanislaw J. Lec)*

Der Aphorismus tut so, als gebe er der Allgemeinheit recht, aber durch die Art, wie er dem Kaiser gibt, was des Kaisers (nicht) ist, widerspricht er ihm und gibt Gott, was Gottes ist. Das Subjekt widerspricht dem objektiven Geist und erhebt den objektiven Anspruch, darin nur eine subjektive Anmaßung zu sehen. Das Absonderliche des Begriffs liegt eben darin, nur das Immer-gleiche zu sein, und dieses Immer-gleiche besteht einzig darin, die Individuen zu immer gleichen Exemplaren dieses Begriffs zu machen. Das Individuum hört auf, immer-gleiches Belegexemplar seines Oberbegriffs zu sein, wenn es seinen Begriff als immer-gleichen Angriff auf immer neue Individuen begreift und nicht verzeiht. Individualität ist nichts als begrifflicher Angriff auf die immer-gleiche Art des Begriffs, neue Individuen als immer-gleiche sonderzubehandeln.

Homo est animal rationale : Der Mensch ist das Wesen, das weiterdenken kann – und lieber nachdenkt, was andere vorgedacht haben. Wer denkt weiter als seine Vorgänger, Mitmenschen und Nachfolger, wer denkt weiter, als er selbst lebt? Denken heißt um- und weiterdenken, ein Gedanke ist Bestimmung eines Bestimmbaren. Selbstbestimmung ist mehr als bloße Mitbestimmung. – Dieser selbstbestimmte Mensch denkt selbst, und er denkt selbst weiter. Wer Ursprung von Gedanken ist, denkt originell. Selbstbestimmung heißt, sich selbst zu definieren und sich nicht nur definieren zu lassen. Der Mensch ist das Wesen, das sich selbst definiert? Definitionen, sind sie ihre eigenen Antidefinitionen? Wer sich definiert, bestimmt selbst, was ihn mit der Allgemeinheit verbindet und von konkurrierenden Artgenossen trennt, was er mit Seinesgleichen gemeinsam hat und was er mit ihnen nicht teilt. Der Artgenosse ist Mitstreiter und Rivale. Ehe alles in Agonie versinkt, ist der Agon auszurufen, ein Wettkampf der Ideen und ein Preisausschreiben der Einfälle. Wer die Binsenweisheiten von Gestern und Vorgestern verwirft, ist etwas ganz Besonderes, wenn er schon heute die Binsenweisheiten von Morgen und Übermorgen verkünden kann und künftige Gemeinplätze voraussieht. Wer die Allgemeinverbindlichkeit von Heute aufkündigt, ohne die möglichen Allgemeingültigkeiten von Morgen vorwegzunehmen, ist noch nichts Besonderes, sondern nur ein Absonderung. Ich komme zu mir, wenn ich zur Sache komme u. u. Ich komme zu mir und zur

Sache, indem ich das Wesen der Dinge neu bestimme, zu denen ich selbst gehöre. Wesensbestimmung der Welt ist Selbstbestimmung u. u. Wer das Wesen der Welt selbst bestimmt, ohne sich selbst darin zu bestimmen, hat sich nur verdinglicht, indem er die Dinge definiert, aber wer sich selbst in Bezug auf die Dinge definiert, ohne diese Dinge zu bestimmen, denkt subjektiv. Ein Mensch ist ja ein Wesen, das nicht nur Objekt von Begriffen ist, sondern auch sich selbst macht, indem es sich einen Begriff von Objekten macht – und von sich selbst, d.h. von dem Begriff, den andere sich von ihm machen, wie von dem Begriff, den er sich von anderen macht, indem er sich selbst zu einem Menschen macht. Selbstbestimmung ist Selbstgesetzgebung. Ein Mensch bestimmt sich selbst, indem er sein allgemeines Gesetz sich selbst gibt, indem er keinem antut, was allen verhasst sein muss. Er kann alles tun, was er auch noch selbstwiderspruchsfrei tun könnte, sobald es alle täten.

Jedes Individuum ist vollbegreiflich als eine ganz besondere Konstellation von Allgemeinbegriffen, wie jeder Allgemeinbegriff eine Konstellation von besonderen Objekten und Objektmerkmalen ist. Selbstbestimmung ist Selbstdefinition durch Angabe der nächsthöheren Gattung und der spezifischen Differenz zu anderen Artbegriffen. Was verbindet mich mit Meinesgleichen, und was teile ich nicht mit ihnen? Mich definieren heißt auch, jene zu definieren, die mich definieren. Selbstbestimmung ist selbst keine bloße Stimmung, wie Heidegger will.

Sie findet ihre eigene Stimme wieder, ohne sich bei Abstimmungen überstimmen zu lassen. Wer übereinstimmt, ist schon überstimmt, wenn er die verlorene Stimme erhebt. Denken ist Nachdenken

durch Weiterdenken und Weiterdenken durch Um-
denken. Die Ausnahme von der alten Regel bestätige
die bessere Regel von Morgen. Es geht mit Depressionen gegen Repressionen, aber das Regressive ist
nicht das Progressive. Der philosophische Zweifel
muss gewiss durch psychische Verzweiflung führen.
Wer nicht depressiv an sich verzweifelt, an seinem
Unvermögen, die alte Welt zu übertreffen, ist seiner
eigensten Unterlegenheit nicht überlegen durch eigene
Überlegungen. Menschen bestimmen mich dazu, mich
selbst zu bestimmen, und ich bestimme mich dazu,
andere zu bestimmen. Ich bestimme mich dazu, Dinge
zu bestimmen, die mich dazu bestimmen, mich selbst
zu bestimmen, statt nur mitzubestimmen. Der Mensch
sei das Wesen, das sein eigenes Wesen erfinde, sagen
die französischen Existenzialisten, und sein eigenes
Wesen entdecke, sagen die deutschen Existenzphilosophen. Wesensbestimmungen sind Definitionen, und
die lateinische Definition ist griechisch ein Aphorismus, de-finire ein *apo-horizein*. Sind Aphoristiker
also die wahren Existenzphilosophen, ohne dass die
Existenzialisten nun die wahren Aphoristiker sein
müssten?

Gnomologisches Denken

Der Nominalist Adorno sah das Ganze als das Unwahre, weil er es nur als das Begriffliche kannte. Das wahre Ganze aber ist kein allesverschlingender begrifflicher Umfang, sondern nach *Hermann Schmitz* eine „vorbegriffliche Intension", die vom 'nachleuchtenden' Verstand nur begrifflich eingeholt, aber nicht erzeugt und den Einzelheiten aufgezwungen werde.

Bei Adorno ist die Identität begrifflich und die Differenz sinnlich, bei Schmitz umgekehrt die Differenz rational und die Vereinigung von Teilen zu einem Ganzen affektiv. Die Ratio ist für Schmitz das Vermögen der eindeutigen Unterschiede und für Adorno das ihrer zwangsweisen Vereinigung; das amorph Diffuse sieht Adorno im Detail und Schmitz umgekehrt im Ganzen. Das sollte festgehalten werden, um jene totalisierende Verwirrung zu vermeiden, die der Dialektiker Adorno vom Intellekt fürchtet und der Phänomenologe Schmitz vom Affekt erhofft. Eine aphoristische unterscheidet sich von einer regelrechten Definition dadurch, daß die spezifischen Differenzen zu unvereinbaren Wesensbestimmungen werden und das „genus proximum" zum Ort ihrer paradoxen spielerischen Identifizierung. Das Nächsthöhere der Gattung wird zum Weithergeholten und das artbildende Differenzieren zur Unverträglichkeit nicht mit anderen, sondern mit sich selbst. Das aphoristische Generalisieren ist die Vereinigung von Unvereinbarem unter einen paradoxen Oberbegriff und das aphoristische Spezifizieren eine Selbstaufteilung des Einfachen durch Unvereinbarkeitsbeschluß. Ist also das menschliche Bewußtsein eine potentielle Aphorismensammlung?

Was bleibt von philosophischen Methoden übrig im Hinblick auf den Aphorismus? Bei jeder philosophischen Strömung und Disziplin sind die antagonistischen Grundbegriffe zu finden, deren unlösbare Konfliktspannung oft nur vom Aphorismus gegen die explizite Intention der Philosophie festgehalten wird.

Gerhard Neumann zeigte 1976, daß die deutschsprachige Aphoristik um 1800 entstand und kulminierte, als Kants 'zweite Kopernikanische Wende' die transzendentale Subjektivität hinter allem objektiven Anschein entdeckt hatte. Ich sehe die Erde subjektiv als unbewegt und muß sie doch objektiv als bewegt denken, hatte Kopernikus gesagt. Ich sehe alles objektiv und muß es doch als subjektiv denken, drehte Kant seinen Kopernikus wieder um. Ich bin mir meiner selbst bewußt und muß mich doch unbewußt bestimmt denken, sagte Freud in einer gleichsam dritten kopernikanischen Wende, die dem unbewußt Objektiven abermals Recht gibt gegen den subjektiven Anschein.

Dieses Oszillieren zwischen affektivem Anschein und objektiver Realität oder umgekehrt zwischen objektivem Anschein und subjektiver Realität, ohne eins gegen das andere auszuspielen, ist das Thema des Aphorismus, der auf höchst subjektive Weise etwas nicht weniger Objektives aussagen will oder umgekehrt. Kant wollte Humes Empirismus, der die aphoristischen impressions and ideas aufeinander und nicht auseinander folgen sah, verbinden mit dem pointillistischen Rationalismus eines Leibniz, der eine 'prästabilierte Harmonie' der 'fensterlosen Monaden' im Kopf des Aphoristikers postuliert. Aber die Maxime vereinigt nicht die sinnliche Mannigfaltigkeit mit der rationalen Einheit, sondern lebt von deren Konflikt zwischen Erscheinung urtd Ding-an-sich, Natur und Freiheit. Der jeweils ganze

Gegenstand und die Natur als das Ganze aller Gegenstände werden erst ganz erfaßt von einem System potentiell unendlich vieler und unendlich kleiner Gnome, die das System immer wieder sprengen. Gnome ist *und* sind nie vollzählig.

Salomon Maimon verschob, ohne es zu wollen, Kants Kritizismus zu Fichtes Subjektivismus, der zur Früh-romantik führte, indem er Kants *transzendentale Ästhetik* mit Leibniz zu „Differentialen der Sinnlichkeit" rationalisierte, die der positivistische Baconist Lichtenberg dann aphoristisch interpretierte als infinitesimale Annäherung an die regulative Idee der erschöpfenden Ganzheit aller Aspekte eines Gegenstandes. Aphorismen sind keine „synthetischen Urteile a priori", die es für Maimon nicht gibt, sondern demonstrieren die aporetische Unlösbarkeit des Konflikts zwischen den apriorischen Vernunftwahrheiten und aposteriorischen Tatsachenwahrheiten ohne Synthese. − Fichtes Lehre von der Einbildungskraft als „gemeinsame Wurzel von Verstand und Sinnlichkeit" zerbrach an seinen Widersprüchen von Ich und Nicht-Ich : Novalis und Schlegel machten aus der Not dieser Widersprüche dann die Tugend ihrer fragmentierten Gegen-Sätze. Schellings „System des transzendentalen Idealismus" von 1800 sprach nicht von Fragmenten, beschrieb aber gut frühromantisch die Kunst als 'Organon der Philosophie' und lieferte mit der Philosophie als Kunst und der Kunst als Philosophie eine Theorie des frühromantischen Aphorismus.

Er ist der elementare „Protokollsatz" der Positivisten, eine Einzelbeobachtung, die im „Basissatz" allerdings immer schon Theorie impliziert, die sie nie ganz verifiziert. Der Kritische Rationalist sollte den Aphorismus schätzen als falsifizierbar formulierte Arbeitshypothese, die ein 'piece-meal engineering step by step' erlaubt, mit infinitesimalem Progressus ad infinitum, den der Romantiker Fichte nach Kant als einzige Form der Ganzheit ewig anstrebte und den der Anti-Aphoristiker Hegel als 'schlechte Unendlichkeit' perhorreszierte. — Die 'Analytische Philosophie' hat diesen 'Basissatz' noch nicht entdeckt, weil er ihr Instrumentarium oft überfordert und doch ihr übersichtlich ideales Forschungsobjekt wäre, an dessen Eleganz sie sich bis zur Unergiebigkeit die Zähne ausbeißen könnte. Apo-horismen sind analytische De-finitionen, die einerseits linguistische Begriffsanalysen geradezu herausfordern, andererseits aber auch selber analytischer philosophieren als die Strukturlinguisten selber.

Aphoristiker sind auch Hermeneutiker, die ihrerseits hermeneutisch verstehbar sind, weil der Aphorismus ganze Wissenssysteme voraussetzt, mit denen er nur spielt, deren Quintessenz er zusammenfaßt oder als Ausnahme in Frage stellt. Er ist ein Rätsel mit mehrdeutiger Lösung und braucht nach Nietzsche jene 'Kunst der Auslegung', die er selber in Bezug auf Bezugssysteme darstellt. Der hermeneutische Zirkel bedeutet dann, daß das Verstehen eines Aphorismus das Vorverständnis ganzer Wissenssysteme voraussetzt, auf die aber umgekehrt erst von diesem Aphorismus aus ein neues Licht fällt. Er ist der Schlüssel für ganze Systeme, ohne deren Verständnis er selber unverständlich bleibt.

In dem 1994 erschienenen Buch über „Neue Grundlagen der Erkenntnistheorie" hat der Kieler Neophänomenologe *Hermann Schmitz* zum ersten Mal einen gemeinsamen begrifflichen Nenner gefunden zwischen dem Witz und der Anthropologie. Schmitz spricht nicht vom Aphorismus, aber wer den von ihm in Analogie zum Sachverhalt beschriebenen „Witzverhalt" als Gegenstand auch und gerade des aphoristischen Denkens begreift, hat auf anspruchsvoller philosophischer Ebene den alten Kreis zwischen humanistischer Menschenkunde und pointierter Sentenzen-kunst endlich wieder geschlossen. Die gemeinsame Grundlage sowohl des aphoristischen Witzverhalts wie der personalen Situation des Menschen sieht Schmitz in dem von ihm neuentdeckten Typ des „instabilen Mannigfaltigen", das „unstimmig oszilliert" zwischen der „chaotischen" (hinsichtlich Identität und Verschiedenheit unentschiedenen) Vielfalt und der zahlfähig eindeutigen „numerischen Mannigfaltigkeit", d.h. in der Terminologie des Phänomenologen zwischen der „personalen Regression" zu „primitiver Gegenwart" und der „personalen Emanzipation" zu „entfalteter Gegenwart", zwischen „leiblicher Ergriffenheit" und besonnener Begrifflichkeit, also vulgo schwankt zwischen Gefühl und Gedanke. Wer diese ebenso präzisen wie geschmeidigen Kategorien mal fruchtbar machen will für eine Theorie des aphoristischen Denkens, muß die vieldeutig kurze 'Gnome' (griech. ‚Erkenntnis') als etwas beschreiben, das der menschlichen Subjektivität und Biographie besonders angemessen ist. Wir werden zu zeigen versuchen, daß Schmitz die Subjektivität und das Bewußtsein nicht anders beschreibt, als der Aphorismus zu beschreiben wäre – als bevorzugter Ort für etwas, das als ein und dasselbe doch „von sich selbst verschieden" ist und in aller Vielspältigkeit doch nur dasselbe Phänomen ist.

Der Aphorismus vereinigt wie das Bewußtsein, wie die Lebensgeschichte jedes Menschen viele unvereinbare Dinge, ohne sie in einen Einheitsbrei aufzulösen, und unterscheidet unverträgliche Dinge genau, ohne disparat in sie zu zerfallen. Auch das Leben und sein Bewußtsein umspannen inkompatible Bestimmungen, die es nicht in diverse Bestandteile zerreißen, weil es unentschieden bleibt zwischen scharfsinniger Unterscheidung und zugleich affektiver Verwirrung der Differenzen. – Mein Sein und Bewußtsein ist eine Identität unstimmiger Selbstdifferenzen und wie der zündende Witz eine erlebte Identität von Identität und Selbstverschiedenheit in 'widerspruchsfrei unendlichfacher Unentschiedenheit' zwischen numerischer Entschiedenheit und entschiedener Unentschiedenheit (des Chaotischen in individuierender „leiblicher Enge") – Irritation in Permanenz.

Der Aphorismus kann auch von der unlösbaren Spannung leben zu einer Wissenssoziologie, die wie die „Frankfurter Schule" das Wissen, *daß* alles Wissen gesellschaftlich bedingt sei, nicht selber soziogen relativieren kann. Die 'Kritische Theorie' hat wenigstens in der Version Adornos dem Aphorismus ohnehin eine zentrale philosophische und ideologiekritische Funktion gern zugebilligt, als ideales Medium, jede Vernunftkritik rational zu formulieren und den unschlichtbaren Konflikt zwischen Sein und Bewußtsein auszuhalten, zwischen Natur und Geist, Allgemeinheit und Einzelheit, Gefühl und Gedanke. Gerhard Neumanns Vorwort zur Aufsatzsammlung „Der Aphorismus" zeigte das 1976. Adornos „Negative Dialektik" von 1966 läßt sich lesen als Theorie der aphoristischen Antithetik, die Hegels synthetische Systeme systematisch sprengt.

Husserl war alles andere als ein Aphoristiker, aber jeder Aphorismus ist eine Wesens- oder Unwesensschau, welche hinter den objektiven Einsichten die subjektiven Absichten als 'Intentionen' entdeckt und die 'erkenntnisleitenden Interessen' in ihrem Konflikt mit allgemeingültigen Erkenntnissen darstellt. Die phänomenologische Aphoristik zwischen Anschauung und Abstraktion begreift das Anschauliche, indem sie das

Un-Wesen der Dinge anschaut. Aphorismen haben psychologische Genesen und doch 'noematische' Geltung als „Sätze an sich". Sie können die Wesensanalysen des frühen Husserl leisten und zugleich in ihrer Partikularität eine ganze Lebenswelt aufblitzen lassen für die transzendentale (Inter-)Subjektivität des späten E. Husserl. Sie sind die real existierenden Widersprüche zwischen der unkonstruierten Evidenz des anschaulich unmittelbar Gegebenen und der Stringenz des logisch Exakten.

Die Arbeit des Kieler Neophänomenologen Hermann Schmitz über „Neue Grundlagen der Erkenntnistheorie" zeigte 1994, daß der aphoristische 'Witzverhalt' sogar zum Leitfaden der Anthropologie aufrücken kann, weil er grundexemplarisch die 'instabile' Unentschiedenheit zwischen 'numerischer Entschiedenheit' und 'chaotischer Unentschiedenheit' symbolisiert, die die labile Struktur der 'personalen Situation' zwischen Affektivität und Objektivität, zwischen Betroffenheit und Besonnenheit charakterisiere : Phänomenologie als die Theorie des Aphorismus, der durch alle Konstruktionen hindurch 'zurück zu den Sachen' geht, indem er zum Witz an der Sache kommt. Ist der Aphoristiker, wo er das 'begrifflich Vermeinte durch originäre Anschauung erfüllt', sogar noch der bessere Phänomenologe?

Gegen naturwissenschaftliche Objektivität ging es von Husserl zu Heidegger. Auch unter den Existenzphilosophen gibt es keine Aphoristiker, aber Sartre gilt als der „Fichte des 20. Jahrhunderts", und Fichte war nicht zufällig der Theoretiker der frühromantischen Fragmente von Novalis und Schlegel. Das 'universalpoetische' Programm einer subjektiven Freiheit von und zu allem wird vom Existentialisten Sartre moralisch und politisch zuendegedacht. Der Aphorismus gestaltet in immer neuen Anläufen die Unversöhnlichkeit zwischen existentieller Freiheit von allen Fakten und objektiver „Stellung des Menschen im Kosmos", zwischen dem situierten Engagement und der universellen Erkenntnis.

Schopenhauer gestaltete den ewigen Konflikt zwischen subjektivem „Weltwillen" und objektivem „Weltauge", aber erst Nietzsche feilte jene „Aphorismen zur Lebensweisheit", die bei seinem Lehrer noch ausgewachsene Essays waren.

Auch die 'Dekonstruktivisten' Lyotard, Baudrillard, Derrida, Foucault, Le Man u.a. haben trotz aller Anknüpfung bei Nietzsche bisher keine Aphorismen geschrieben. Während die Postmodernen wie Derrida die „différance" weg vom 'Logozentrismus' betreiben als Gegensatz und 'Aufschub' der rasanten modernen Rationalisierung zugleich, konzentrieren Aphorismen die aporetischen Erzdifferenzen zwischen allgemeiner Vernunft und ganz besonderer Abweichung davon. Von der Hermeneutik bis zur Postmoderne begünstigt der Wahrheitsanspruch der Rhetorik auch und gerade den Aphorismus, der vom Sprach-Apriori lebt.

Wenn die „Kritik der kommunikativen Vernunft" von Habermas eine *ideale Kommunikationsgemeinschaft* beschwört, setzt der Aphorismus auf einen realen Einzelgänger. Wenn die „Transzendentalpragmatik" seines Freundes Apel den argumentativen Konsens sucht, findet der Aphoristiker lediglich seinen ideellen Dissens. Habermas sieht am Ausgangspunkt die vielen verschiedenen Standpunkte, denen eine Einigung fehle; der Aphoristiker sieht überall die Einstimmigkeit, der umgekehrt die „postmoderne" Abweichung des Paradigmenbruchs fehlt.

Seine 'autopoetische' Selbstbezüglichkeit lebt laut Systemtheoretiker Luhmann von der Spannung zwischen der Umweltkomplexität und der kulturellen Komplexitätsreduktion. Der Aphorismus ist diese Differenz zwischen Identität und Differenz, seine Rasanz schiebt die Rasanz der Moderne auf, die er zugleich bestens ausdrückt. Er war ein Schibboleth der Dandys wie Wilde und Baudelaire, und der Dandy war der elitäre Vorläufer der inzwischen popularisierten postmodernen Coolness, die sich von Projekten, Objekten und Affekten nicht mehr überwältigen läßt, sondern spielerisch alles ergreifen und unergriffen (oder hysterisch) wieder fallenlassen kann.

Wenn Paul Feyerabend ‚wider den Methodenzwang‘ polemisiert, bekommt auch Bacons 'traditio per aphorismos' eine Chance. Und wenn Odo Marquard nach Joachim Ritter die Traditionsverluste philosophisch und ästhetisch kompensiert, dann war die Aphoristik immer etwas wie deren traditionelle Überkompensation. Die 'Gnome', griechisch : das Erkenntnis(vermögen), entscheidet sich nicht mit Plato für die Idea und gegen die Doxa, sondern flackert instabil zwischen parmenideischem Sein und heraklitischem Werden, zwischen Leib und Seele, Begriff und Objekt, also zwischen Element und Menge, Subjekt und Objekt, Vernunft und Leidenschaft.

„Ich denke, also bin ich", und wer denkt mehr als ein Aphoristiker, der den Konflikt zwischen res cogitans und res corporea eher schürt als schlichtet. Ich denke, sobald ich nicht bin, sagte Lacan. Ist das Unbewußte strukturiert wie ein Aphorismus — der sich dem Unbewußten ja stets kurz überlassen hat? Liebe und Geld regieren die Welt : Materielle und sexuelle Motive, die das Untere gegen den Überbau zur Geltung bringen, waren dem Aphorismus sehr früh selbstverständlich, aber er führt nicht den Leib auf die Seele zurück oder den Geist auf die Natur, sondern hält den Konflikt aus zwischen Konflikt und Harmonie von Leben und Idee. Die *unio mystica* und den differenzierenden Scharfsinn spielt er nicht gegeneinander aus, sondern reizt beides aneinander hervor.

Auf der Schwelle zur Neuzeit versteht Cusanus jedes Ding als durchaus aphoristisch interpretierbaren Zusammenfall der Gegensätze. Die „Paradoxa" des lutherischen Mystikers Sebastian Franck sind ebensolche Aphorismen wie so viele barocke „Sinnsprüche" des Cherubinischen Wandersmanns Angelus Silesius.

Hegel hat eine Phänomenologie des Geistreichen an wenigstens drei Stellen seiner „Phänomenologie des Geistes" vorgeführt, an antiken Skeptikern, an französischen Salons des 18. Jahrhunderts und an der frühromantisch „schönen Seele". Der Skeptiker „läßt den unwesentlichen Inhalt in seinem Bewußtsein verschwinden, aber eben darin ist es das Bewußtsein eines unwesentlichen; es spricht dies Verschwinden aus, aber das Aussprechen i s t; es spricht die Nichtigkeit des Sehens und Hörens usf. aus, aber es sieht, hört usf. selbst ... Sein Tun und seine Worte widersprechen sich immer." Das „zerreißende Urteilen ... ist daher das Wahre und unbezwingbar, während es alles überwältigt." „Die geistreiche Sprache" macht das Selbst „zum geistigen, wahrhaft allgemeingültigen". − Die „moralische Genialität" der frühromantischen Fragmente ist für den Heuchler Hegel nur „niederträchtige Heuchelei", Novalis' Gnomik sei „zur Verrücktheit zerrüttet, und zerfließt in sehnsüchtiger Schwindsucht."

Aphorismen sind induktiv gewonnene und dann experimentell überverallgemeinerte Regelausnahmen, von denen deduktiv auf andere Einzelfälle geschlossen wird, die gewöhnlich nicht darunter subsumiert werden. Die Aphorismustheoretiker Bacon, Lichtenberg, Stuart Mill und Adorno waren bei aller Verschiedenheit nicht zufällig nominalistische Induktivisten. Der Aphorismus assoziiert nichts Nächstliegendes, sondern nur Entlegenes und dissoziiert dadurch das gewöhnlich automatisch Assoziierte.

Als implizit deduktiver Schluß aus induktiv gewonnenen Urteilen ist er nicht selten ein Analogieschluß von der metaphorischen Ähnlichkeit verschiedener Dinge in einigen Punkten auf eine ebenso wahrscheinliche wie bisher übersehene Ähnlichkeit auch in anderen Punkten. Analogien sind Ähnlichkeiten und Unterschiede zugleich.

Viele aphoristische Urteile subsumieren unter einen Begriff Objekte, die durch Analogien verbunden werden, während ihre Unterschiede zu bloßen spezifischen Artdifferenzen herabgesetzt werden und ihren Allgemeinbegriff doch zugleich transzendieren. Einige Aphorismen füllen kumulativ stetig ein Paradigma, andere wechseln es sprunghaft und regen nach Thomas S. Kuhn (1976) „außerordentliche Forschungen" an.

Nicolai Hartmanns 'Aporetik' kann als Aphoristik überleben : „Sie vergleicht, prüft, sondiert das Gegebene, stellt die in ihm enthaltenen Unstimmigkeiten fest und gibt ihnen die Schärfe der Paradoxie, die allem Widerstreit im Tatsächlichen anhaftet ... Sie schreitet vom Gegebenen zum Aufgegebenen."

Nach Gottlob Frege hat ein Satz seinen Sinn in einem Gedanken und seine Bedeutung in seinem Wahrheitswert wahr oder falsch (oder auch ganz unentschieden). Aphorismen sind Sätze, die als Gedanken auch Sinn haben, wenn sie falsch sind, und auch sinnlos sein können, wenn sie wahr sind.

Wenn Geist darin besteht, das zu kombinieren, was der common sense für unvereinbar hält, und dort Unverträglichkeit zu sehen, wo gewöhnlich ein Einheitsbrei in einen Topf geworfen wird, dann sind *Exogamie und Inzesttabu* zwischen Vorstellungen nur die zwei Seiten derselben Medaille. Aphoristik ist logisch eine Umgruppierung von Klassen und Unterklassen.

Wo von Exogamie und Inzesttabu zwischen Vorstellungen gesprochen wird, ist es nicht ganz abwegig, an so etwas wie eine Psychoanalyse des Geistes zu denken. Auch im Aphorismus ist das metaphorische *tertium comparationis* der väterliche Dritte im Bunde, der die inzestuösen Mutter-Kind-Symbiosen zwischen Vorstellungen auflöst und exogamische Tauscherweiterungen und damit fruchtbarere Mischungen ermöglicht, die Neues bringen. Dieser kluge „Satz" ist ein emanzipierender „Meta-Sprung" (Watzlawick) aus steril übervertrauten Inzestsymbiosen der Repräsentationen; dieser geistige Vater des Neuen schiebt sich zwischen inzüchtig verklammerte Gedanken und macht sie wieder frei für unerprobte sprachfamiliäre Allianzen. Aphorismen bleiben nicht in der Familie, sie heiraten stets in die Fremde, immer auf der Suche nach *goldener Mischung*. Eine gutsortierte Aphorismensammlung ist ein Bild der Allgemeinheit, die nicht an Inzucht verblödet, und so wird Kastrationsangst zur psychologischen Wurzel des Aphorismus.

Mutter und Kind sind in ihrer frühen Dualunion nicht mehr miteinander identisch und noch nicht numerisch entschieden voneinander verschieden, sondern bezüglich Identität und Differenz noch bestimmbar unbestimmt. Das Kind ist „zu Ende geboren", wenn Mutter und Kind eindeutig als zwei ganz getrennte Personen abzählbar, also 'umkehrbar eindeutig aufeinander abbildbar' sind, wenn also das Menschenkind von Mutter Natur erst leiblich und dann auch seelisch und geistig abgenabelt ist. Der 'Witz bei der Sache' liegt darin, daß der erwachsene Geist an Frau Welt nachahmt, was er in der Kindheit an der Mutter erlebt hat, sich nämlich zugleich mit Mutter Natur immer noch eins und doch ihren Brüsten immer schon entwöhnt zu fühlen. Noch im Mutterleib geborgen und zugleich schon von der Mutter geboren, in aller Entwöhnung noch nicht ganz frei von ihr, aber bei aller Abhängigkeit doch auch schon ganz abgenabelt, verbunden *und* entbunden, ist es eine Selbständigkeit an der langen Leine und eine Symbiose inmitten der Trennung.

Diese Identität von der Identifikation und der Ausdifferenzierung zwischen Mutter und Kind kann später als 'Witz an der Sache' weggelacht werden. Die Mutter ist gleichsam der Ur-Regressor und der Vater der Ur-Emanzipator in diesen Relationen, zwischen beiden flackert das Gefühl des Menschenkindes in jeder Entwicklungsphase seiner Biographie. Die nach außen zum Vater oder zu den Geschwistern meist abgrenz-bare und zugleich „binnendiffus" strukturierte Mutter-Kind-Zweieinheit ist ontogenetisch das prototypische Urbild dessen, was der Kieler Neophänomenologe Hermann Schmitz ganz brauchbar als „chaotische Mannigfaltigkeit" ontologisiert hat, und der erst 1994 von ihm eingeführte Typ der „instabilen Mannigfaltigkeit" wirkt wie abstrahiert vom lebenslangen Schillern zwischen der 'chaotischen' Mutter-Kind-Dyade und der eindeutigen Abnabelung des Menschenkindes von Mutter Natur zu zwei numerisch selbständigen und deutlich voneinander unterscheidbaren Personen. Der große Unterschied zwischen Mutter und Kind noch vor dem kleinen Unterschied der Geschlechter ist Entscheidung zum Abschied von der mütterlichen Scheide, erst buchstäblich und dann nur noch metaphorisch verstanden. Was Schmitz immer wieder beschreibt als plötzlich regressiven Absturz aus der emanzipiert gestalteten Gegenwart des Besonnenen in die „primitive Gegenwart" einer „leiblichen Enge" im „affektiven Betroffensein" von „atmosphärisch ergossenen Gefühlen", hat ihr ursprüngliches psychoanalysierbares *fundamentum in re* hier in der Regression zur frühen Mutter-Kind-Symbiose, und umgekehrt läßt diese und ihr Verhältnis zur erwachsenen Selbständigkeit sich mit Hilfe jener präzisen und zugleich geschmeidigen phänomenologischen Kategorien und Mannigfaltigkeitstypen angemessener beschreiben als bisher üblich. − Daß dabei der Vater gleichsam der Ur-Emanzipator und die (frühkindliche) Mutter der Ur-Regressor der „personalen Situation" des Menschen ist, geht über den fruchtbaren und umfassenden Ansatz von Schmitz, ohne den Rahmen dieses Begriffssystems aber zu sprengen, allerdings schon hinaus. Um die „personale Situation" der Lebensgeschichte als „instabile Mannigfaltigkeit" zwischen „Regression" und „Emanzipation" zu charakterisieren, greift H. Schmitz nicht zufällig zurück auf den *Witzverhalt,* der mehrere unvereinbare Vorstellungen bis zur verblüffenden Verwirrung vermischt und sie im Kapieren oder Rätselraten zugleich sauber voneinander unterscheidet.

Niemals zuvor war eine Anthropologie am Leitfaden des Witzes entwickelt worden, obwohl 'Menschenwitz' früher ein Synonym für menschlichen Geist oder gesunden Menschenverstand gewesen war und Wissen, Weisheit und Gewitztheit vereinigte. Hier entsteht eine Anthropologie der 'Unstimmigkeit', sowohl dieses als auch nicht dieses und zugleich weder dieses noch jenes sein zu können und zu müssen.

„Der Witz ist die sozialste aller auf Lustgewinn zielenden seelischen Leistungen ... ein entwickeltes Spiel." „Mit der Erweckung des bewußten Denkinteresses ist in der Regel die Wirkung des Witzes unmöglich gemacht. Hierin liegt ein wichtiger Unterschied von Witz und Rätsel." (S. Freud) „Die Abfuhrtheorie scheitert an den sinnigen Witzen, die zum Denken herausfordern und trotzdem Lust schenken", z.B. unabgelachte Lust zum Weiterdenken. (Schmitz: „Der unerschöpfliche Gegenstand", Bonn 1990, S. 167)

Die Psychologie, die Wilhelm Dilthey zur Grundlage der Geisteswissenschaften und Theodor Litt in seinem Gefolge zur Grundphilosophie machte, habe ich dann zur Psychoanalyse verschärft, statt mit Heidegger zu einer 'Daseinsanalytik' abzuschwächen.

„Dieser esprit beschränkt sich in oberflächlichen Naturen auf das Kombinieren einander fernliegender Vorstellungen, wird aber in geistreichen Männern ... durch das Zusammenfassen des vom Verstand Getrennten zu einer genialen Form des Vernünftigen ... Aber die tiefen, geistreichen Gedanken ... werden nicht zu *einem* allgemeinen Gedanken, aus dem Begriff der Sache entwickelt, sondern nur wie Blitze hingeschleudert." (Hegel : „Enzyklopädie", § 394)

An sich ist alles ganz anders, als es uns erscheint, und es wird uns etwas vorgemacht. Noch Nietzsche ist Metaphysiker, soweit er Entlarvungspsychologe ist, der Gründe als Hintergründe und Abgründe aufdeckt, wenn er zur Sache kommt und ihre Urursache sucht. Philosophia prima fragt nach dem ens qua(ternus) ens : Was ist wirklich und was scheint nur so? Die aphoristische Metaphysik ist eine Methode, die traditionellen Fragen der Metaphysik unsystematisch und doch sehr begründet anzugehen, indem das Verhältnis zwischen empirischer und rationaler Wahrheit problematisch wird. – Die *Metaphoristik* entlarvt die (vor)letzten Gründe als abgründige Hintergründe und das wahre Wesen hinter dem schönen Schein der Fassadenphänomene. Jeder Spruch erhebt Ein-Spruch einer Lebenserfahrung gegen rationelle Konstruktionen wie Wider-Spruch des rationalen Denkens gegen jeden empirischen Augenschein. Aber sie leitet nicht alles aus einem Prinzip ab, auf das sie alles zurückführt, sondern aus dem Metaprinzip, die Prinzipienfrage zu problematisieren, ohne deshalb die Prinzipienlosigkeit zu legitimieren. Diese Metaphorismen haben die Metaphysiken hinter sich, aber nicht so, wie der Positivismus sie hinter sich gebracht und 'erledigt' hat in doppelter Bedeutung, sondern nehmen alle meta-physischen Bestimmungen – samt deren Verhältnis zur physischen Welt – noch einmal metaphorisch, ohne deshalb nur eine weitere Metametaphysik darzustellen. Metaphoristik ist keine positivistische und physikalische, sondern metaphysische Metaphysikkritik, soweit sie eine rationale Vernunftkritik ist, welche die vermeintliche „Unbefangenheit der Lebenserfahrung" (H. Schmitz), die gegen die verités de raison gewöhnlich aufgeboten wird, selber der Befangenheit überführt. Nicht jeder Aphorismus ist metaphysisch, aber die es sind, setzen die unverträglichsten metaphysischen Gegensatzpaare paradox in eins und scheiden sie zugleich scharf voneinander. Der Metaphorismus sucht den springenden Punkt, wo unvereinbare Grundbestimmungen in all ihrer Distinktion verwirrend zusammenfallen und in all ihrer Verwechselbarkeit doch auch wieder präzis unaustauschbar sind. Sie fließen zusammen, ohne aufzuhören, strikt getrennt zu sein, und bleiben jeder für sich, ohne aufzuhören, ganz eins zu sein. Die Metaphoristik schafft keine neuen metaphysischen Terminologien und Gegenstände, sondern ist als Ideologiekritik eine besondere Art, die überlieferten aufeinander und auf ihre a(nti)-metaphysischen Pendants zu beziehen. Wie es einen Witz bei der Sache gibt, so auch einen an der Urursache oder prima causa.

Gerhard Neumann hat 1976 in den „Ideenparadiesen" die Geburt des deutschen Aphorismus aus dem Geist von Kants „Revolution der Denkungsart" abgeleitet: Nach Kopernikus geht die Sonne subjektiv auf, während die Erde sich objektiv um sie dreht; nach Kant sieht etwas objektiv aus und ist in Wirklichkeit subjektiv. Man könnte nach Freud hinzufügen, daß der Mensch (selbst)bewußt scheint und doch unbewußt bestimmt ist. Jean Paul hat die *rezessiv* und *produktiv* von subjektiven und objektiven Tatsachen „entfremdete Subjektivität" (H. Schmitz) von Schlegel und Novalis anders als ein Hegel nicht in staatsfrommen Systemen „aufgehoben", sondern in unsystematischen Aphorismen, die in Romanen verknüpft wurden, deren Helden Aphoristiker sind und die subjektive und objektive Tatsachen wie moralische und religiöse Normen gegen Jenaer Frühromantiker pointieren, nachdem Jean Paul die Exzesse ihres Meisters in „Clavis Fichteana" (1800) schon theoretisch wegkritisiert hatte.

Verlieren Einzelwissenschaftler sich in langatmigen Einzelheiten, behalten Aphoristiker stets die schnellere Übersicht, und werfen Weltanschauungen alles in einen Topf, entdecken Sentenzenschleifer den Teufel im Detail. Die „unthematisch tragenden Lebenswelten" sind längst tote Wissenssysteme, und das „vorwissenschaftlich unausdrückliche Hintergrundswissen" wurden die vordergründigen Dummheiten im Allnächtlichen von Sonn- und Alltagsforschern. Die unlösbare Spannung zwischen technischer Wissenschaftswelt und natürlichem Alltagsleben zündet, wenn überhaupt, dann nur noch in kurzen Geistesblitzen. Die ersten Aphoristiker waren *Mediziner* erst des Körpers, dann des Volkskörpers, und verschreiben Geisteskranken noch heute vergoldete Diätpillen.

Es gibt kein Individuum, bei dem die Natur sich nichts gedacht hätte, und der Schöpfer selbst oder durch die Natur hindurch setzt keine Automaten in die Welt, sondern vielversprechende Hoffnungen, die allerdings so frei sind, sich begraben und zu Automaten machen zu können. Ich bin nicht so frei, nicht geboren worden zu sein und nicht sterben zu müssen, aber so frei, um herauszufinden, welche Affekte mir noch Spielraum geben, sie zu beantworten.

Ich denke, also bin ich, sollte der Arbeitssklave sagen − Descartes hatte Recht und kommentierte damit Buddha: Ich bin, was ich denke. Ich denke nur, daß ich denke, geben Witzbolde zu bedenken, und die meisten Gedanken sind in der Tat nur Formen, sich gesellschaftliche Imperative zu eigen zu machen und sie für eigene Gedanken zu halten und auszugeben.

Ich selber glaube es zu sein, der denkt, aber allzu oft ist es nur die Gesellschaft, die in mir und durch mich hindurch denkt. Wer dieses gedankenlose Denken zurückweist, das sich durch ihn hindurch vollzieht, droht in eine andere Falle zu tappen, nämlich in den Eigensinn, der sich leicht zu dem Wahn versteigt, gegen alle Welt Recht zu haben. Zwischen der Scylla des einsamen Wahns und der Charybdis der gesellschaftlichen Wahrheit muß das eigene Denken hindurchsteuern, wenn es nicht stranden will entweder an Konfusion oder an Konvention. Der Schwache ist am stärksten allein, und selbst die Starken werden in der Gemeinschaft gemeinsam schwach. Ich bin, was ich denke, und daher so frei und so gut wie meine Gedanken – wenn ich nur will. Die Philosophie, die der Arbeitssklave braucht, ist nicht der Materialismus, der kollektive Bedingungen an seine Befreiung knüpft, sondern der Idealismus, der ihn nicht auf seine materielle Lage reduziert, die es gleichwohl genau zu analysieren gilt. „Dasselbe nämlich sind Sein und Denken." Der Spruch des Parmenides läßt sich auch lesen als : Mein Sein ist mein Denken, und das Denken des Seins ist das Sein des Denkers.

Die Hand ersetzt nicht den Kopf, aber das Denken kann gesellschaftliche Aktivität überflüssig machen. Sartres Aktionismus tut keinem Leser weh, sondern kommt nur seiner eingefleischten Neigung entgegen, sich blind in Unternehmungen zu stürzen und zu hoffen, daß ihm dabei die Gründe für diese Happenings schon einfallen werden. Das Denken verhindert nur das unbedachte Handeln, das bereut zu werden pflegt, und aus richtigen Gedanken folgt ganz von selbst ein richtiges Handeln, über das man sich keine Gedanken machen muß. Sage mir, was du denkst, und ich sage dir, wer du bist. Ich denke aus einer Gesinnung heraus, die Kant „Denkungsart" nannte. Die Sonderstellung des Menschen im Kosmos besteht in der Sonderstellung des Kosmos im Menschen, die wir Denken nennen, eine Form des Bewußtseins, die seine Abhängigkeit vom Unbewußten reflektieren und durch Reflexion schrittweise eindämmen sollte.

Denken war auch und gerade den Philosophen bis noch vor einem Jahrhundert das Anthropologikum schlechthin: Der Mensch ist das Wesen, das denken kann, animal rationale, also nur Mensch, soweit er denkt und nicht nur nachdenkt, was ihm vorgedacht und vorgemacht wird. Er hat selber zu denken, aber nach logischen Gesetzen und Regeln, die er dabei nicht neu erfinden muß und darf. Seit offenkundig nicht alle Menschen von dieser Fähigkeit Gebrauch machen und gleichwohl nicht vom Menschsein ausgeschlossen werden sollen, lag es mehr als nahe, das spezifisch Menschliche nicht in einem Vermögen zu suchen, das nur Berufsphilosophen zu beherrschen glauben, sondern in Verhaltensweisen, die auch bei Denkfaulpelzen und Dummköpfen regelmäßig anzutreffen sind, wie etwa die Lachlust, die Teamarbeitswut oder der aufrechte Gang zur eigenen Urne.

Kant sah im Denken nur eine Sache der formalen Logik von möglichen Dingen, Hegel hingegen eine Sache der objektiven Erkenntnis von wirklichen Dingen. Ein Denken, das nicht in sprachlich fixierbaren Gedanken kulminiert und darin zur Ruhe kommt, ist ein bloßes Sinn(ier)en. Für Plato war nicht schon die subjektive Meinung (Doxa), sondern erst die reine Idee ein wirklicher Gedanke. Platonisch an dieser Idee war ihre Weigerung, sich nach realen und konkreten Dingen zu richten. Ein Gedanke ist ein logisch geordneter und kommunizierbarer Einfall, der kein Zufall ist, sondern eine kultivierbare Empfänglichkeit voraussetzt und eine günstige Stimmung. Nicht jeder kommt auf eigene Gedanken, die letztlich immer Auswege aus heiklen Lebenssituationen vorschlagen, aber was da auf Gedanken kommt, ist kein bloßes Naturtalent, das der eine hat und der andere nicht, sondern die Kultivierung einer Disposition und Disziplin. Denken ist reine Verstandestätigkeit und nicht selber jene sinnliche Rezeptivität, die sie allerdings voraussetzt, wie Kant unverlierbar erkannt hatte.

„Denk daran und vergiß das nicht", sagen wir, aber das Gedächtnis ist kein Reservoir von wirklichen, sondern ein Rohstofflager für mögliche Gedanken. Das *Andenken*, das Heidegger meint, ist ein Gedenken und kein Nachdenken, das der Wirklichkeit hinterherdenkt. Präposita zeichnen das Feld des Bedenkenswerten oder des Bedenklichen vor : Wer sich alles Erdenkliche ausdenkt, betont das Innovative der geistigen Erfindung, und wer umdenkt, betont den Richtungswechsel der geistigen Bemühung.

Denken, lateinisch *co(a)gitare*, heißt wörtlich : zusammentreiben, was auseinanderlaufen will, also das Geschiedene (wieder)vereinigen. Der Mensch ist nur frei, soweit seine Gedanken frei sind, über den Rest der Welt hat er nicht halb soviel Macht.

Denken ist die geistige Tätigkeit schlechthin und war das Wesen des Menschen, bevor gedankenlose Menschen die Philosophie okkupierten. Wer nicht denken kann oder es sich leichter machen will und trotzdem Anerkennung als Mensch sucht, findet die Auszeichnung seiner Gattung vor Tieren und Pflanzen z.B. im gesellschaftlichen Handeln oder in anderem geisttötenden Zeitvertreib. Jahrhundertelang war der Mensch Geist vom Geiste Gottes, dann trieb die Aufklärung mit den Geistern den Geist selber aus und entdeckte das Sein, welches das Bewußtsein so bestimmt, daß es zu keinem menschlichen Selbstbewußtsein kommen kann. Marx bestimmte den Arbeiter als einen Menschen, der durch seine Arbeit bestimmt ist, aber genau dazu sollte der Arbeiter sich selber nicht bestimmen. Der *homo oeco-*

nomicus ist ja eine Erfindung von Arbeitstieren, die gern alle Menschen in ihre Fabrikhallen einsperren würden, aber ein jeder Arbeiter, der nachdenkt, wird deshalb nicht Geisteswissenschaftler.

Seit Hegels Tod ist auch die Geistesphilosophie tot. Niemand spricht mehr vom Geist, sondern nur noch von Weingeist oder von Geisteswissenschaften, die sich mit allem Möglichen beschäftigen, nur nicht mit dem Geist, weder mit den Volksgeistern noch mit dem Geist Gottes. Hegels „Weltgeist zu Pferde" wich ja einem ebenso zeitlosen wie geist- und witzlosen Zeitgeist, der nur manipulieren will.

Für Kant war Geist das belebende Prinzip schlechthin. Ein Mann von Geist belebte eine Gesellschaft durch seinen Witz, indem er ihre „produktive Einbildungskraft" durch „ästhetische Ideen" in gesunde Bewegung setzte. Eine Philosophie, die den Geist nicht rehabilitiert, verliert den Menschen an die Naturwissenschaften – oder Schlimmeres. Geist kann heute nicht mehr das Band sein, das die überfragmentierten Einzelwissenschaften noch einmal wieder theologisch oder metaphysisch verklammert. Wer sich von den Naturwissenschaften noch etwas erhofft, schmeichelt sich gern mit der geisteswissenschaftlichen Kompetenz, ihr humane Ziele zu setzen und ihren kapitalistischen Wildwuchs demokratisch zu zivilisieren, aber das ist nicht erst seit dem Ende des Sozialismus obsolet geworden. Faktisch werden die Naturwissenschaften sich noch unabsehbar ausweiten, aber geistig sollte der Industriearbeiter, der ihre technischen Anwendungen betreibt, längst über sie hinaus sein. Geist ist heute eher in der Natur als in deren Wissenschaften zu suchen, aber nun nicht als Waldgeist, sondern als Naturtalent. Er ist nicht das Vermögen der Berechnung und Planung, aber auch nicht die Begeisterung derer, die aus der Not, davon einfach nichts zu verstehen, eine Tugend machen. Geist ist ursprünglich das, was der Kieler Phänomenologe Hermann Schmitz als Wesen des Gefühls beschrieben hat: eine unpersönliche Macht, die den Menschen leibhaftig überwältigt und ihm die Fassung raubt. Über wen der Geist kommt, welcher auch immer, der ist erregt und bewegt und ekstatisch außer sich, aber menschlicher Geist wird auch die Kraft genannt, diesem Er-greifenden durch Be-greifen standzuhalten. Der Mensch hat Geist, heißt es, sofern er den Geist, der ihn leibhaftig ergreift, seinerseits be-greift und damit bannt – etwa durch Esprit.

Die geistige Tätigkeit fängt damit an, von Realität sich bestürzen zu lassen und dann sich zu besinnen, um den Sturz abzufangen. Der Geist, der aus einem gewohnten Bezugssystem herausreißt, ist Geist, der in ein neues Bezugssystem eingliedert – in ein und demselben Drahtseilakt, der deshalb wie alles Geistige eine luftige Angelegenheit ist. Was Hermann Schmitz dualistisch als Betroffenheit und Besonnenheit antagonistisch trennt, war im Terminus Geist immer zusammengedacht. Geist ist nicht nur Gedankenklärung, sondern nichts als jene Gefühlsverwirrung selbst, aus der er sich selber befreit. Mein Scharfsinn kann trennen zwischen mir und anderem, aber soweit ich von Sinnen bin, kann ich es nicht, und für Hegel war Geist die Einheit dieser beiden gegenläufigen Tendenzen von Gefühlsverwirrung durch andere und der gedanklichen Distanzierung des anderen. Eine Philosophie des Geistes ist heute nicht deshalb verpönt, weil sie die seit Hegels Enzyklopädie durchemanzipierten empirischen und positivistischen Wissenschaften nicht mehr anders zurückholen kann als unter das Dach der staatlichen Forschungspolitik, sondern weil sie zwei hoffnungslos unzeitgemäße Größen zusammendenken müßte : das Absolute, den Geist Gottes, und jene Menschen, die Geist haben.

Geist ist das, was dem Menschenwitz einfällt, wenn der Geist ihn anfällt. Hebräisch „Ruach", griechisch „Pneuma" wie lateinisch „Spiritus" (spirare) heißt Hauch und Atem. Gott blies dem Lehm Lebensodem ein, der menschlichen Natur seinen Geist. Ein jeder Verfasser von geistigen Werken hat die Fassung zurückgewonnen, wenn der Geist ihn überkommt und ihm die Besinnung rauben will. Also wird Geist durch Geist gebannt und ausgetrieben, und der begreifende Gedanke hat das ergreifende Gefühl nicht unter sich, sondern an sich selber. Die geisteswissenschaftliche Psychologie, die W. Dilthey suchte, ist die Psychoanalyse. Freud würde sagen, der Geist habe den Sinn, etwas vom sinnlichen Unsinn zu retten vor dem „Realitätsprinzip" und dem „Überich", wie der Witz an der Sache nicht nur Unlust vermeiden wolle, sondern die sozialste Art von Lustgewinn sei. Mit der Liebe teilt Geist die Fähigkeit, „Ähnliches im Unähnlichen wahrzunehmen" (Adorno), ohne das Unähnliche im Ähnlichen deshalb zu übersehen. Kurz : Das Wort „Geist" ist so vieldeutig, wie ein guter Aphorismus sein sollte. Der Geistreiche und Geistvolle sieht die nomothetischen Natur- und ideographischen Geisteswissenschaften, ohne sie aufeinander zurückzuführen oder gegeneinander auszuspielen, als getrennte Welten, mit überraschendsten Analogieverbindungen, die er ausbeutet durch sprachliche Fassung eines zufälligen Einfalls, der geistig erfaßt und einfaßt, was fassungslos macht. Geistesgaben warten auf Eingebungen von oben.

Indogermanisch 'gheizd' besagt so viel wie : aufgebracht, erregt, entsetzt sein, herausgesetzt aus dem Üblichen. „Geist ist ... ekstatischer Natur : er setzt aus dem jeweils Gewohnten, Fixierten, Begrenzten, Be- und Gefangensein, so und so Bestimmtsein heraus, befreit von diesen, treibt das, was eingeschlossen, in sich verhaust, in sich beendet, also endlich ist, über sich hinaus." Geist ist „Herausgerissensein aus Vertrautem, Gewohntem, Erwartetem." (Hartmut Buchner: „Handbuch philosophischer Grundbegriffe", München 1973, Bd. 2, S. 538) „Un chose qui pense, c'est a dire un esprit." (Descartes, Meditationes II) „Originalität beweisen bedeutet i. A., daß man als Erster auf eine Idee gekommen ist", sagt Freud, und der Aphorismus ist eine originelle Idee in Reinkultur.

Leider spielt bei Schmitz keine Rolle, daß die idealistischen Frühromantiker Novalis und Fr. Schlegel auch die deutschen Frühaphoristiker sind. Was er von der *entfremdeten Subjektivität* der Jenaer Symphilosophen sagt, gilt auch und gerade von ihrem fragmentierten Denken: Nach der kindlichen Geborgenheit des Menschen im Kosmos erreiche Philosophie den Reifeschritt der pubertären „Selbstdarstellung" des Individuums als artistisches Originalgenie. Der in Kant kulminierende transzendentale Subjektivismus wird zur Selbstbestätigung des Jünglings, der seine Individualität in aphoristischen „Ideenparadiesen" (Lichtenberg) schafft und dokumentiert. Kants transzendentale Subjektivität zerfällt nach Fichte in so viele romantische Individuen wie jede Individualität in aphoristische Fragmente. Was die Individuen bis Kant verbindet, ist die allgemeinmenschliche Subjektivität, und was die Fragmente des Künstlerphilosophen verbindet, ist sein persönlich origineller Stil. − Hegel wollte die aphoristisch entfremdete Subjektivität dialektisch wiedereinfangen und überbot die monadisch überfragmentierten Aphorismen durch deren dialektische Systematisierung. Jedes von

Heraklits Fragmenten sollte im System seinen objektiven Platz finden wie vormals jeder Mensch seine gottgewollte Stellung im Kosmos. Adorno bewies das Scheitern dieses methodischen Entschärfungsversuchs und rehabilitierte so den Frühromantiker Schlegel gegen dessen Erzfeind Hegel. Eine Strategie, dem Aphorismus die Spitze abzubrechen, ist der Versuch, ihn als Form geistigen Wahnsinns abzutun und die Objektivität der Erkenntnis gegen seine vermeintliche subjektive Willkür zu mobilisieren. Ein solcher Versuch aber verkennt, daß der Aphorismus diese Objektivität der Wissenschaft nicht noch vor sich, sondern längst hinter sich hat.

Nicht zufällig sind auffällig viele Philosophen, die Schmitz als Selbstdarsteller der entfremdeten Subjektivität anführt, aphoristische Fragmentschreiber: Schlegel, Novalis, Nietzsche, Wittgenstein. Aber der Systematiker Schmitz argumentiert an dieser Tatsache, die er wohl eher literaturwissenschaftlich als philosophisch relevant findet, nachtwandlerisch sicher vorbei. Doch es ist philosophisch entscheidend, daß die Subjektivität sich seit etwa 1800 in Deutschland aphoristisch und nicht systematisch entfremdet in unendliche Reflexion der Reflexion 'nach oben' hinein. Wurde das Schweben über den objektiven und affektiven Fakten zur einzig noch erreichbar kulturrevolutionären, geistigen Freiheit, nach dem fatalen Scheitern der bürgerlichen Sozialrevolution?

Fr. Schlegels Freiheit, jedes Einzelne aus sich heraus setzen zu können, erhebt Hegel zur Notwendigkeit des Allgemeinbegriffs, sich selbst zu realisieren, und Schlegels Freiheit, alle Besonderheiten nacheinander vernichten zu können, erhebt Hegel zur Notwendigkeit der Rückkehr des Veräußerten in seinen Begriff. Romantisch existenzialistische Subjektivität ist Freiheit *von* allgemein allem und jedem Einzelnen, aber wenn die „romantische Ironie" sich überschlägt zur Selbstparodie der Selbstparodie und damit in philosophischen Ernst umschlägt, entsteht noch nicht Hegels Sittlichkeitsstaat. Hegels Subjekt als Begriff enthält und entläßt jede mögliche Einzelheit und ist allgemeiner Rückzug aus allen Einzelheiten zugleich : Dialektik ist objektive Ironie, Ironie ist subjektive Dialektik. Ich kann mich in alles hineinverwandeln und aus allem wieder in mich zurückziehen, ich bin in allem involviert und von allem distanziert.

Neu ist nicht die These von Schmitz, daß Hegels Dialektik aus dem Geist der romantischen Ironie geboren ist, neu ist, daß sie keine anderen Eltern haben soll.

Wenn Hegels System aus der Abwehr der deutschen Aphoristik von 1800 entstanden ist und deren Domestikation durch Überbietung darstellt, dann ist jeder Dialektiker ein romantischer Aphoristiker zweiten Grades und wider Willen. Schmitz versteht Nietzsche als „Spätling der Frühromantik", ohne Nietzsches psychologische Aphorismen zu würdigen, und sieht in Wittgenstein einen Dandy, der sich paradox durch Aussparung seiner eigenen Subjektivität darstellt.

Nach Hermann Schmitz geht es den Romantikern um Distanzierung von allen Eigenproduktionen, bei Marx hingegen um Rückführung eines entwendeten Eigentums zum Urheber. Marx und Engels eignen sich ja etwas Gestohlenes wieder an, Schlegel und Novalis ziehen sich umgekehrt von etwas Produziertem wieder selber zurück.– Gegen Hegels Vernunftsystem rehabilitiert Adorno das frühromantische Fragment, das er mit den objektiven Tatsachen des marxistischen Materialismus auflädt, und dazu könnte er auf die naturwissenschaftliche Tradition der Aphoristik zurückgreifen. Hippokrates z.B. war Mediziner, Bacon Naturphilosoph, Novalis Bergbauingenieur, Lichtenberg Physiker und Canetti Chemiker. Selbst Nietzsche wollte seine freischwebenden Rollenspiele durch den naturwissenschaftlichen Positivismus sicher abstützen.

Nach H. Schmitz hatte Hegels Vernunftsystem das primäre Motiv, Schlegels romantische Ironie in sich 'aufzuheben' : Hegel wollte die Aphorismen aufbewahren, als Aphorismen vernichten und ihren Gehalt auf die höhere Stufe einer vernünftigen Objektivität heben. Im Lichte des naturwissenschaftlichen Positivismus ist Dialektik natürlich selber nur eine Form jener 'entfremdeten Subjektivität', die sie heilen will, indem sie die vermeintlich verrücktspielenden Frühromantiker philiströs zu resozialisieren sucht.

Schon bei Hegel und nicht erst bei Marx kommt das Geistreiche ins Arbeitslager, indem der zersetzende Witz an der Sache in den Dienst 'sozial nützlicher Tätigkeiten' gestellt wird. Marx hatte erkannt, daß Hegels System um nichts objektiver ist als Stirners und Schlegels Subjektivismus, gegen dessen epochale Bedeutung er blind war. Hegel wollte Schlegel zu dem Geist machen, der stets das Böse will und doch das Gute schafft. Adorno, ein Nachzügler aller Frühromantiker, befreite die aphoristischen Individualitäten samt deren materiellen Interessen aus Hegels staatsfrommem Versuch, ihren *frivolen* Anarchismus 'vernünftig' zu reintegrieren.

Inzwischen hat die Aphoristik ihre Neugeburt aus dem Geist der 'entfremdeten Subjektivität' überlebt und sogar die dort distanzierten objektiven Tatsachen längst reintegriert durch Rückgriff auf ihre antischolastisch naturwissenschaftliche Tradition. *Deutscher Idealismus* ist über die Frühromantik zur Philosophie der aphoristischen Frag-Mentalität geworden.

Nicht nur seine Rollenspiele, sondern auch seine psychologischen Aphorismen machen Nietzsche zu einem Epigonen der Frühromantik. Schmitz übersieht, daß bei Fichte zwar zum ersten Mal das Wesen des Menschen zur Subjektivität-nur-für-mich wird, daß diese „Jemeinigkeit" (Heidegger) seit Schlegel aber die Originalität des Künstlers ist, der mehr kann und weiß als andere. Nach Fichte kann jeder sich selbst bestimmen und über alle Bestimmungen auch wieder hinaus sein; Hegel demokratisiert, was bei Fichte und Schlegel nur einige Gebildete verstehen, sofern sie „intellektuelle Anschauung" oder eben Aphoristik betreiben. Hegel sieht in der romantischen Ironie, alles ergreifen und alles fahrenlassen zu können, ein Pandämonium von Negativität: 1) Dünkelhafte Eitelkeit, alles Objektive eitel zu nennen 2) Anarchistische Willkür im Umgang mit objektiven Tatsachen 3) Zum Wahnsinn getriebener Eigensinn 4) Das Frivole und Böse schlechthin. Schlegels 'Ironie der Ironie' mißversteht Hegel als geistigen Selbstmord, der in sittlichen Dienst an Volk und Vaterland umschlagen müsse.

Kürzester Rede längerer Sinn

–

Aphorismen erheben den gewagten Anspruch, durch elaborierte Subjektivität eine apodiktische Objektivität von dogmatischen Schlussfolgerungen zu erreichen, ein fragmentiertes System implizit bleibender Beweise und Selbstbegründungen, Grundsätze und Spielregeln. In einer Zeit der überschätzten Fragen und halbherzigen Probleme werden hier doktrinäre Gewissheiten vorgetragen und konsistente Unwahrscheinlichkeiten postuliert. Hier wird nicht mehr wie sonst lobenswert gesucht und gezweifelt, sondern nur denkabstoßend geantwortet, gefunden und gelehrt.

Die absolute Wahrheit wäre notwendig allgemeingültige Erkenntnis, die von der Allgemeinheit selten anerkannt wird. „Eigene Gedanken" sind ja meist bloße Wahnideen, die sich selbst nicht durchschauen. Vielleicht sind Aphorismen objektive Wahrheitsansprüche im Gewande individualistischer Ansichtssachen, nicht umgekehrt eigene Meinungen im Gewande dogmatischer Objektivitätsansprüche. Wahres „Selberdenken" würde nur den Gedanken Gottes geflissentlich nachdenken, statt bloß ein prätentiöses Wähnen zu bleiben.

Unmethodische Aphorismen sind ja im Übrigen nicht mehr wert als die totalitären Bezugssysteme, die sie gern attackieren oder fliehen. Der Kampf dazwischen bleibt so unentschieden, dass viele Aphorismen nur die Unschlichtbarkeit dieser Konflikte untersuchen. Das *zweifelhafte Subjekt* im *fragwürdigen Individuum* wäre weder zu perhorreszieren noch zu glorifizieren, sondern als mögliches Forum und Medium von vielen Klärungen zu stärken. Aphorismen sind per se weder

Königswege noch Holzwege; eine ungute Idee bleibt schlechter als eine gute Ideologie. − Das übliche Selbstlob des Sentenzenschmieds stinkt wie die Kritik seiner Verächter, und ein philosophisch substanzieller Gehalt in literarisch origineller Gestalt müsste das Niveau bloß feuilletonistischer Wortspiele und fader Gesinnungsethik überwinden. Im Übrigen streicht der Narzissmus des Aphoristikers viel zu wenig aus seinen Bändchen. Die Trefferquote ist zu häufig um einiges zu gering, das schmalste Bändchen noch zu dick und strotzt zu oft von verkleideten Banalitäten.

Wenn Aphorismen den objektiven Wahrheitsanspruch aufgeben und bloß eigen(willig)e Meinungen bleiben wollen, werden sie belanglos, beliebig oder verrückt. Sie sind weder emotionaler noch intelligenter oder gar existenzieller als andere Literaturformen. Sie sind so gut wie ihre S(pr)achpointen, und die sind entweder gelungen oder missglückt oder schlicht abwesend. Sie sind nicht das, was ihr Autor dafür hält oder ausgibt, sondern was Leser (gegen die Literaturwissenschaft) aus beliebigen Langtexten, vorzugsweise aber Essays, herauspflücken als köstliche Blüten oder Lesefrüchte. Sie sind rhetorisch und sophistisch durch und durch, Ideen als Musterbeispiele dessen, was Platon für das genaue Gegenteil von Ideen hielt. Sie lassen an einer wesentlichen Stelle das Wesentliche weg, das von Lesern mehrdeutig zu ergänzen ist. Die Unterschiede zu Einfall, Sentenz, Maxime, Aperçu, Witzwort und Bonmot sind vermutlich geringer als deren kleinster gemeinsamer Nenner : isolierbare, vieldeutige, konzis pointierte Kürzestprosa in vertauschbarer Folge. Ein bis drei Sätze sollten da für jede gute Idee ausreichen. Der „*EinSatz*" ist kurz wie ein Kommando, das befolgt werden will, und apodiktisch wie ein Lehrsatz des Hippokrates oder eine logische Tautologie.

Der Aphorismus, der nicht plagiiert, schafft nicht aus dem Nichts, sondern denkt oft frühere Einfälle anderer Autoren um und weiter, so dass sie sich auseinander immerzu fortentwickeln, zu höheren Reflexionsstufen und vielverzweigteren Filiationen. Er erhebt den Anspruch, wenn nicht das Wesen, so doch das Unwesen einer Sache auf den springenden Punkt zu bringen. Platon war ein Modell für die Verbindung von Dichter und Denker, von philosophischen Ideen und literarischen Dialogen. Sartre, 2500 Jahre später, war wieder Philosoph und Literat nebeneinander, aber nicht aphoristisch zugleich (siehe Aufsatz über Jules Renard). Auch das aphoristische Gesamtwerk eines Autors bildet bei aller antisystematischen Gestik ein System. Krupka hat z.b. aus Lecs *„Unfrisierten Gedanken"* ein kohärentes Bezugssystem herausgelesen und zusammengefasst. Ja, jeder Einzelaphorismus kann als Abbreviatur eines unausgeführten Systemprogramms oder als Destillat eines elaborierten Systems gelesen werden. Er bricht immer wieder ab, weil er nie weit genug ging. Der Autor braucht mindestens eine Stunde dafür, der Leser höchstens eine Minute; das ist die Ökonomie der Höflichkeit, die größtmögliche geistige Amortisation der kleinstmöglichen Sprachinvestition. Man verfertigt Unfertiges und macht es fix und fertig; lediglich die Sprache erledigt Sachen und Ururssachen. Straff sitzt das Wort auf gepresster Welt. Jeder Satz stockt da verstockt, hält den Leser an anzuhalten und vertieft sich in Hochspannung auf engstem Raum, der das Weite sucht. Erwarte Unerwartetes und merke dir Bemerkungen, die auf das Unmerkliche aufmerksam machen, dessen Hochmut vorm Bodenlosen schützt. Ein ganzer Band davon zerreißt logische Schlussketten ganz logisch und ist ein Konzert von Soli(psi)sten. Die Geistesblitze treffen eher auf Verwunderte als auf Verwundete und verblüffen durch Entbluffungen.

Geistreich oder geisteswissenschaftlich?

„Anders als in England und Frankreich wurde in Deutschland die Moralistik auch nie zu einem prägenden Teil der Literatur ... Auch spielten typische moralistische Ausdrucksmittel wie der Aphorismus oder der Essay in der deutschen Literatur nur eine periphere Rolle ... ohne dass sich ... eine moralistische Tradition herausgebildet hätte ... " (*Robert Zimmer*: „Die europäischen Moralisten", Hamburg 1999, S. 119) „Aber war die Zusammenhanglosigkeit etwas anderes als das Versteck einer aufregenderen Ordnung, die wir Zug um Zug erst entdecken sollten?" *(Botho Strauß* : „Der Untenstehende auf Zehenspitzen", München 2004)

Die *metaphysica specialis* meint Gott und die Welt und die Seele, heute nicht einmal mehr *regulative Ideen*, also monotheistischer Urgrund, Platos objektive Idee und Kants subjektive Vernunft.

Nichts davon scheint übriggeblieben: Gott ist totgesagt, Ideen sind eher im Kopf als im Kosmos, und Kants „praktische Vernunft", wenn nicht ökonomisch oder triebtechnisch entmachtet, ist bloß noch politische Gesinnungsethik. Ein Hegel rehabilitierte dann Platos kosmisch objektivierte Ideen, aber nicht auf der Basis von Kants transzendentaler Ideendialektik, sondern auf der Basis von Fichtes *entfremdeter Subjektivität* (H. Schmitz). Er brachte in die Welt eindeutiger Zuordnungen eine Unterwelt ambivalenter Mehrdeutigkeiten. Nicht Kants Urteilskraft wie bei Schiller, sondern Fichtes Einbildungskraft wie bei Fr. Schlegel musste jetzt die platonischen Ideen im Logos wie im

Kosmos rekonstruieren und war damit überfordert, nicht nur kulturelle Standpunkte, sondern auch natürliche Realität darzustellen. „Daher muss auf Kant zurückgegangen werden", wenn Vernunft im Logos und im Kosmos einmal transzendental-(inter)subjektiv rekonstruiert wird oder evolutionstheoretisch zwischen objektiver Natur und subjektiver Kultur – ohne den göttlichen Dritten im Bunde ist die Rechnung ohne den Wirt gemacht.

Die *geistige Welt* ist nicht additiv zusammengesetzt aus unteilbaren philosophischen Elementarteilchen, in die sie jedoch zerlegt werden kann. Sie ist mehr und anders als die bloße Summe von Aphorismen. Die *Welt des Geistes*, als mehr oder minder getreuer Weltspiegel, ist ein unerschöpfliches Kontinuum, aus dem sich potentiell unzählige, also überabzählbare Mengen spezifizierter Einzelsentenzen Satz für Satz sprachlich *explizieren* lassen, ohne dass sich umgekehrt von ihnen ein gemeinsames Weltbild induktiv *abstrahieren* ließe. Kein sachhaltig sprachmächtiger Einzelaphorismus kann dieses affektiv-kognitive Kontinuum endgültig verifizieren oder falsifizieren, weil er das paradigmatisch große Ganze mikrokosmisch symbolisiert und daher nicht dementieren kann, wie jede empirische Einzelbeobachtung nur *theoriebeladen* formulierbar ist. Ein „Weltbild" läßt sich aus dieser immer unvollständigen Menge diskreter *Elementarurteilchen* nicht zusammenstückeln, weil die gnomischen Sätze und Gegensätze dieses allgemeine Weltbild, aus dem sie sprachlich pointiert herausgelöst wurden, immer schon voraussetzen als Bedingung ihrer Möglichkeit. In jedem geistigen Standpunkt können diskrepante, inkompatible oder inkonsistente Pointen zusammengerührt sein, ohne ihn zu sprengen : sie werden einzeln mitexpliziert. Jeder Standpunkt läßt sich zu einer eindeutigen Anzahl mehrdeutiger Pointen ausdifferenzieren, d.h. viele Aphorismen verbindet dasselbe Kontinuum und dasselbe Individuum, das sie einzeln Satz für Satz aus ihm befreit. Sie verbinden sich zum Gesamtbild vom Ganzen, dem sie entstammen, durch die Subjektivität, die sie herausholt.

Zitatsachen

"Witz ist transzendentale Logik, fragmentarische Mystik" „Alle Ideen sind witzig." "Witz ist Synthese von Fantasie und Verstand, als Centrum des gesamten Vorstellungsvermögens." – "Alle Vereinigung des Heterogenen führt auf Unendliches." "Fragmente als biblische Philosophie müssen im Centrum der Enzyklopädie thronen." "Die fragmentarische Form vielleicht die richtige für alles Centrale." (Fr. Schlegel) – „Das Vermögen der Vereinbarung fremdartiger Vorstellungen ist der schöpferische Witz. In der französischen Sprache führen Geist und Witz einerlei Namen, Esprit..." (Kant: „Anthropologie in pragmatischer Hinsicht", Werke XII, Frankfurt 1982, S. 537 ff.) Bei Schopenhauer „ist der Ursprung des Lächerlichen allemal die paradoxe und daher unerwartete Subsumtion eines Gegenstandes unter einen ihm übrigens heterogenen Begriff, und bezeichnet demgemäß das Phänomen des Lachens allemal die plötzliche Wahrnehmung einer Inkongruenz zwischen einem solchen Begriff und dem durch denselben gedachten realen Gegenstand, also zwischen dem Abstrakten und dem Anschaulichen ..."

(„Die Welt als Wille und Vorstellung", Kapitel 9)
„Diese Form, die Ironie, hat zum Anführer Friedrich von
Schlegel. Das Subjekt weiß sich in sich als das Absolute,
alles andere ist ihm eitel; alle Bestimmungen, die es
sich selbst vom Rechten, Guten macht, weiß es auch
wieder zu zerstören. Alles kann es sich vormachen; es
ist aber nur Eitles, Heuchelei und Frechheit. Die Ironie
weiß ihre Meisterschaft über alles dieses; es ist ihr Ernst
mit nichts, es ist ein Spiel mit allen Formen ... Die Dialektik ist das Letzte, um sich zu erheben und zu erhalten
... weder Poesie noch Philosophie." (Hegel: Vorlesungen
über die Geschichte der Philosophie, Theorie Werke Bd.
20, Frankfurt 1971, S. 416 ff.) „Erst durch das Bündnis
mit dem Paradoxon ist der Aphorismus als eigenständige
literarische Kunstform selbständig geworden." (H. U.
Asemissen: „Notizen über den Aphorismus", 1949)
Lichtenberg begann seine *Sudelbücher* 1765: „Der große
Kunst-griff, kleine Abweichungen von der Wahrheit
für die Wahrheit selbst zu halten, worauf die ganze Dif-
ferential-Rechnung gebaut ist, ist auch zugleich der Grund
unserer witzigen Gedanken, wo oft das Ganze hinfallen
würde, wenn wir die Abweichungen in ihrer philosophischen Strenge nehmen würden." „Die alte Form des
Aphorismus ist aktuell wie je unter dem Druck institutionalisierten Bewußtseins, das den Einspruch des
einzelnen Bewußtseins nicht zuläßt." (Aus Gerhard
Schweppenhäuser : „Verbotene Frucht", 1965) „Der
Witz ist ein Priester, der jedes Paar kopuliert." (Jean Paul)
„Der Aphorismus ist ein gewitztes Kerlchen, das Kunst
und Philosophie in Liebe gezeugt haben: von der Philosophie hat er die Art zu fragen, von der Kunst die Art zu
antworten." (Gerhard Branstner, 1959), „Aphorismen
schreiben sollte nur einer, der große Zusammenhänge vor
sich sieht." (Robert Musil) „Der Aphorismus ... ist entweder eine halbe Wahrheit oder anderthalb." (Karl Kraus)

Aphorismen zur Zeitaltersweisheit

Eine vorkantische Moral, die es noch gar nicht zu Grundsätzen gebracht hat, sondern nur zu moralischen Gefühlen wie etwa Zorn über erlittenes Unrecht und Scham über getanes Unrecht, ist noch gar keine Moral, sondern nur normative Kraft einer faktischen Sitte. Aber nicht jede Sitte ist sittlich. Hegel warf Kants Ethik vor, eine Einladung zu Betrug und Selbstbetrug zu sein. Es war immer die Aufgabe der aphoristischen Maxime, die plakatierten Maximen eines Menschen oder einer Epoche an den mutmaßlich zugrundeliegenden wirklichen Maximen kritisch zu messen und zu blamieren.

Soll Freiheit keine zu postmoderner Beliebigkeit werden, muß sie freie Wahl von Qualitäten sein. Qualität ist hier keine bloße Beschaffenheit des Werkschaffens, sondern Niveauhöhe im Verhältnis zu Maßstäben, zur Reflexionsintelligenz und subtilen Lösungsoriginalität. Dickleibige Pedanterie gibt es zu viel, wirksame Breviloquenz zu wenig, und Banalitäten werden zu häufig durch terminologischen Überaufwand nur verschleiert.

Wenn Aphoristik Philosophie und Poesie verbindet, dann menschliches Selbstbewußtsein im Ganzen der Welt mit „schonend sparsamer Explikation" (Schmitz) weniger Sachverhalte aus durchschimmernd kleinstmöglichen Ganzheiten.

Der Aphorismus sagt etwas Bestimmtes nur, um darüber schon hinaus zu sein. Sartre nennt jeden unaufrichtig, der nur zu sagen vorgibt, was er explizit sagt. Der Aphorismus ist der Existenzialismus par excellence, er sagt nicht, was er sagt, und sagt, was er nicht sagt. Die Existenz, die nur gefühlt wird, entwirft sich eine Quint-Essenz aller Dinge, die gedacht wird. Das Dasein schafft sich sein Sosein, das Gefühl den Gedanken. Der Aphorismus ist als Individuum ein "Fürsichsein", das permanent die Eindeutigkeit des von ihm Gesagten verneint. Er hat die Struktur der menschlichen Subjektivität und nicht der existenziell überschrittenen

Objekte. Auch das aphoristische *Fürsichsein*, ein Satz – aus sich heraus, rutscht ständig auf sich selbst aus, ohne je zu erreichen, was es an sich sagt, ein stets aufgeschobenes Sein, das nie eins wird mit seinem eindeutigen Sinn, immer von sich selbst entfernt. Durch jeden Aphorismus geht ein Riß, ein permanenter Abstand trennt ihn von seinem Sinn. Seine Aussage will er durch diese Aussage selbst begründen, nicht durch fremde Argumente von außen. Diese Aussage ist ihre eigene Begründung. Der Aphorismus (und der Aphoristiker) will Grund seiner selbst werden und enthüllt alle Dinge und ihr Wissen, indem er sie hinter sich läßt. Er ist nicht "seriös", nimmt sich selbst nicht ernst, sondern spielt nur die Rolle, ein Urteil zu sein, das einfach etwas auf etwas Bestimmtes festnagelt. Er nimmt Helmut Plessners "exzentrische Position" ein. Anders als Wissenschaftler enthüllen Aphoristiker objektive Gesetze durch subjektive Sätze. Stellten sie keinen Anspruch auf objektive Allgemeingültigkeit, würde niemand das existenzialistische Programm besser erfüllen, und war in diesem Sinne der französische Moralist des 18. Jhs. nicht auch der Urexistenzialist? Soziologie ist die Lehre von der Schädlichkeit und Überflüssigkeit der Gesellschaft für das Individuum; Psychologie ist die Unwissenschaft von der Überschätzung der eigenen Innenwelt(verbesserung) durch Macht über fremde Seelen.

Der griechische „Aphorismus" ist die lateinische *De-finition*: Abgrenzung, Absonderung, Bestimmung. Der Aphorismus ist jener Teil des Ganzen, der das Ganze ganz enthält und als Ganzes damit hinter sich läßt; er ist die Grenze, die etwas Bekanntes ganz abschließt und dann für Neues aufschließt. Er ist ein einzelnes Urteil über das Ganze, über einzelne Sachverhalte aber nur, soweit sie ein Ganzes repräsentieren. Er antwortet auf den Anspruch eines Systems, ein Urteil über jedes seiner Teile zu fällen, mit dem Anspruch, über diesen systematischen Anspruch des Systems seinerseits ein Ur-Urteil zu fällen. Aphorismen sind logische Schlüsse, die heterogenste Vorstellungen zusammenschließen, aber in Form von Urteilen, also sind sie Bestandteile, die Aufschlüsse über Abschlüsse geben. Als "implizite Schlüsse" (Welser) sind sie auch explizite Abschlüsse. Die einzelne Idee, die ein Ganzes ganz darstellt, hat dessen Ganzheit damit auch schon aufgebrochen und herabgestimmt zu einem relativen Ganzen in nur bestimmter Hinsicht. Das Ganze fällt unter ein Ur-Teil, das über dieses Ganze gefällt wird. Wer ein Ganzes dann noch einmal ganz zusammenfaßt in charakteristischen Details, hat es von ganz außen betrachtet und damit schon um seine Beurteilung ergänzt. Aphorismen machen aber auch das System erst ganz sichtbar mit seinem Anspruch, das Ganze zu sein, und potentiell systemsprengend wirken sie gerade durch Fakten, die das System überhaupt erst als solches komplettieren. Das System muß nach Russell schon abgeschlossen vorliegen, bevor sich sein Inbegriff davon bilden kann, und darf nicht durch diesen Inbegriff mitdefiniert sein. Der Aphorismus ist ein Inbegriff und kein Bestandteil einer systematischen Ganzheit, eine in Kants Sinne *regulative Idee* jedes "kleinstmöglichen Ganzen" (Musil). In einem einzigen Satz (aus ihm heraus) ist das Ganze ganz da, als seine Pointe, die es relativiert und die seinen Anspruch zerstört, schon das Ganze zu sein. Er faßt sich kurz, indem er ein ganzes System in einer einzigen Pointe zusammenfaßt, in einen einzigen Satz – aus dem System heraus. Der Grund-Satz, der ein System von Sätzen prägnant zusammenfaßt, ist nach Bertr. Russell kein Teil des Systems, sondern ein Meta-Satz, der über ein System Aufschluß gibt, das er abschließt und für Neues dadurch aufschließt.

Gott und die Welt und die Seele: Die Welt ist weder endlich noch unendlich groß und weder unendlich teilbar noch aus letzten Atomen zusamengesetzt, sondern nur für den Verstand potentiell unendlich teilbar und erweiterbar. Der Mensch ist sowohl ganz frei als auch völlig determiniert, aber in verschiedener Hinsicht, also als Naturwesen bestimmt und frei als Ding an sich. Und die Welt ist sowohl aus sich selbst heraus verständlich wie auch als Schöpfung eines notwendigen Wesens. Anders als Kant sah Hegel nicht nur erst in der vollständigen Reihe möglicher Erscheinungen, nicht erst im Ganzen aller Gegenstände eine Idee, sondern schon in jedem Gegenstand die Idee seiner selbst, sofern er ein Ganzes seiner möglichen Aspekte ist. Das Ganze aller möglichen Gegenstände ist nicht selbst ein Gegenstand u.a., aber umgekehrt ist jeder einzelne Gegenstand selber ein Ganzes seiner potentiell unendlich vielen Aspekte. Adorno rechtfertigte den Aphorismus als Idee, die jede Idee eines vollendeten Ganzen aufhebe. Wie Hegel schon in jedem Einzelobjekt die antinomischen Selbstwidersprüche sah, die Kant nur im Ganzen aller möglichen Gegen- stände sah, so sehe ich in jedem Sachverhalt den "Witzverhalt", den Hermann Schmitz nur in Bewußtsein und Biographie eines Menschen sieht. Die "progressive Universalpoesie" der Jenaer Frühromantiker war fragmentiert, weil sie nach Fichte wie jeder Aphorismus eine Simultankonkurrenz von Identität und Selbstwiderspruch ist. Jedes Objekt fällt aus dem aphoristischen Begriff, unter den es gleichzeitig doch auch fällt, und Novalis sah in dieser Identität und Differenz, Immanenz und Transzendenz, Selbstbegrenzung und Selbstententgrenzung, in dieser Selbstschöpfung und Selbstaufhebung nur die zwei ironischen Kehr-seiten derselben romantischen Goldmedaille, aber nicht in unendlicher Sukzession von Fichtes und Schlegels transzendentalem Zirkel, sondern in schwebender Ambivalenz eines verewigten Augenblicks.

Heidegger ist den Antinomien der Totalität enthoben, weil er das Ganze nicht aus den Teilen, sondern die Teile aus dem Ganzen herstellt. Da die Vernunft bei Kant in Widerstreit mit sich selbst gerät, sobald sie die Totalität ihrer möglichen Gegenstände vergegenständlicht, ist das "Seiende im Ganzen" bei Heidegger kein vernünftiges Thema für die Vernunft, sondern Stimmungssache. Die "Stimmung" geht auf das Ganze, auf das die Vernunft nicht gehen kann. Der Regressus in infinitum war schon bei Kants erstem Kritiker Salomon Maimon kein Regress der Vernunft auf ein absolutes Unendliches, sondern eine Regression auf die bloß subjektive Einbildungskraft, auf die Fähigkeit also, sich einen Gegenstand auch ohne dessen Gegenwart vorzustellen. Wo es ums Ganze gehe, werde die Vernunft nicht unvernünftig, sondern gerate in Widerspruch nicht mit sich selbst, sondern mit der Imagination, die Kant als eine gemeinsame Wurzel von Verstand und Sinnlichkeit verstand und Sartre später als Grund der Kunst. In Heideggers Kant-Buch von 1929 stellt diese transzendentale Einbildungskraft, die sich ein Bild vom Ganzen *vor* allen

Teilen macht, kein Abbild von den Erfahrungsgegen-
ständen her, sondern stellt ein Vor-Bild für deren Gegen-
ständlichkeit selbst auf und raumzeitlich vor sich hin, als
Zukunftsprojekt, in dessen Licht die Phänomene "sich von
ihnen selbst her zeigen können in dem, was sie je selbst
sind." Der Weg von Kant über Maimon zu Heidegger ist
ein Weg von den Antinomien der selbstbestimmten
Vernunft über ihren Konflikt mit der subjektiven
Einbildungskraft zur unvernünftigen Stimmung. Natur
und Welt und Seele sind bei Kant Vernunftideen, bei
Maimon aber pragmatische Forschungsfiktionen der
schöpferischen Phantasie und bei Heidegger gar kein
Gegenstand des Verstandes, sondern ein Zustand der
Vernichtungsangst. Diese Einbildungskraft, die bei
Maimon der Vernunft widerspricht, hat Fichte zur Vernunft selbst erklärt. Die Vernunft des deutschen Idea-
lismus wird Narrenfreiheit der bloßen Einbildung. A-
dorno verstand sie ganz konsequent als Wahnsinn, der sich
seine eigene Welt baut, und in Heideggers Angst sah er
Klaustrophobie.

Das Ich ist sowohl frei als auch unfrei, die Welt ist
raumzeitlich weder endlich noch unendlich (teilbar
und erweiterbar), weil sie eher Idee als Erfahrungsob-
jekt ist. Ist das *Ding an sich* das nicht erscheinende Ganze möglicher Erscheinungen? Kants „Synthesis der
transzendentalen Apperzeption", "das 'Ich denke', das alle
meine Vorstellungen muß begleiten können", nicht nur die
verschiedenen Vorstellungen von ein und demselben Gegenstand, ist auch ein Egoismus cogito, der alle Fragmente eines Aphoristikers begleiten muß. Die verschiedenen Maximen desselben Autors hängen
nicht enger zusammen als die Bewußtseinsinhalte
und *properties* in einem Individuum oder die Mitglieder
in einer Gesellschaft. Weder die Aphorismen eines
Bandes noch die Satzteile jedes Einzelaphorismus sind
deduktiv verknüpft. Sie folgen aufeinander und nicht
auseinander. Nicht sie selbst, aber ihre Unabhängigkeiten

voneinander sind voneinander abhängig. Nicht sie selbst, aber doch ihre Unmittelbarkeiten sind durcheinander vermittelt und durch das Ganze. Maimon sah im "Streben nach Totalität" kein Monopol der Vernunft, sondern ein "Streben nach Vollkommenheit" aller menschlichen Vermögen, die unendliche Annäherung an Wahrheit, Schönheit, Güte und Heiligkeit.

Xenons 'ruhender Pfeil' ist auch der Pfeil, den ein Subjekt abschießt, um sein Objekt zu treffen. Der Weg dorthin besteht nicht aus aktual-unendlich vielen Stationen, aber läßt sich in potentiell unendlich viele Etappen zerlegen. Ein Weg ist nicht unendlich lang, aber läßt sich unendlich lang machen, ohne aufzuhören, eine abmessbar endliche Strecke zu sein. Wird er als zusammengesetzt gedacht aus unendlich vielen unendlich kleinen Wegstrecken, komme ich nie ans Ziel, wie dicht es auch vor mir liegen mag. Wenn ich will, kann ich unendlich weit von jedem Ziel entfernt sein, ohne träger zu werden. Jeder kleinste Weg läßt sich veranschaulichen als Allee von beliebig vielen Bäumen mit unbestimmt vielen Ästen mit unbestimmt vielen Zweigen, die sich verlieren und von denen es schwerfällt, jemals den Baumstamm oder gar den Weg wiederzufinden. Einen Weg zurücklegen heißt aber nicht das Unmögliche, unendlich viele und kleine Wegstrecken in unendlich vielen und unendlich kleinen Zeiträumen zu überwinden, sondern von jetzt bis gleich in einem Stück von hier nach dort zu gehen. Stehen zu bleiben, heißt gleichsam wie ein Baum die Krone in den Himmel und die Wurzeln ins Erdreich verzweigen, also beim Versuch, meinen Standpunkt zu verlassen, "in die Luft gehen" und zugleich "in der Erde versinken". Ich versinke in dem Punkt, auf dem ich stehe, auf Nimmerwiedersehen oder löse mich in Luft auf. Jeder Weg hat ein Ende, nicht aber seine Unterteilbarkeit in neue Stationen oder seine Überschreitbarkeit um neue Grenzen. Methode, *meta hodos*: entlang des Weges. Wer einen Weg vom Subjekt zum Objekt methodisch geht, kann ihn in beliebig viele Fragmente unterteilen und an beliebig vielen Stätten unterwegs Rast machen. Zwischen je zwei Fragmente läßt sich immer noch ein neues Fragment schieben, und zwei aufeinander folgende Fragmente sind deshalb nie auseinander ableitbar, weil sich immer noch unbestimmt viele weitere Standpunkte einschieben oder umgekehrt in ein einziges Fragment zusammenfassen lassen.

Der 'magische Idealist' Novalis verstand Freiheit als Vermögen, jeden endlichen Weg von Ursache zu Wirkung in unendlich viele Fragmente zu zerbrechen und bei einem beliebigen Fragment stehenzubleiben. Die Fragmente einer Sammlung lassen sich lesen als Stationen auf dem phänomenologischen Weg vom Ich "zu den Sachen selbst". Vor dem ersten Fragment liegt der Autor und hinter dem letzten die Welt. Der horizontale Weg vom Subjekt zum Objekt oder umgekehrt wird an jedem seiner beliebig vielen Bahnpunkte durch ein beliebig dichtes Büschel von Vertikalen geschnitten und gekreuzt, so daß senkrechte Analoga zu den waagerechten Wegmarken entstehen. Die Fragmente einer Sammlung sind Annäherungen an die Vieldeutigkeit, darstellbar als Büschel von Strahlen, die unter jedem Blickwinkel quer zur Wegrichtung durch die infinitesimalen Punktualitäten laufen. Da der Weg von Fragment zu Fragment auf diese Weise auch nicht kürzer ist als der Weg vom Subjekt zum Objekt durch alle "fraktalen Brüche" hindurch, so ist in jedem Fragment jeder mögliche Weg durch alle Fragmente hindurch ganz enthalten, auf eine je besondere unverwechselbare Weise. Paradox gefaßt : Jeder Punkt des Weges ist der ganze Weg, und dieser ganze Weg ist jede seiner eigenen Etappen. Weil zwischen je zwei Fragmente immer noch ein weiteres Fragment paßt, wirken sie, als hätten sie keine Beziehung zueinander und wären keine Glieder derselben Begründungszusammenhänge. Der Zirkel vom Subjekt zum Objekt und zurück ist nach hermeneutischer Regel gar nicht aufhebbar, sondern möglichst weit zu machen, potentiell so groß wie die ganze Welt, und das heißt hier, er ist als Polygon durch möglichst viele Kreis-Fragmente zu bilden. Wird heute der klassizistische Rationalismus der "romantischen Fragmente" rehabilitiert durch das "fraktale Denken" der Chaosforscher? Wie viele Fragmente zwischen mir und der fraglichen Sache liegen, hängt von der einmal gewählten '"Dimensionsskala" der Betrachtung ab, d.h. von dem Grad an Vergrößerung, den die aphoristische Lupe erlaubt. Ein Fragment kann beliebig viele Fraktionen in sich zusammenfassen oder beliebig engverbundene Fraktionen voneinander trennen, es kann entweder Zeitlupe oder Zeitraffer sein Lichtenberg sagt: "Scharfsinn ist ein Vergrößerungsglas, Witz ein Verkleinerungsglas. Das letztere leitet doch immer auf das Allgemeine." Und das erstere leitet auf das Einzelne, das der Nominalist Adorno so sehr vorzog.

Die populärwissenschaftlichen Darstellungen der Chaosforschung sind meistens nur ideologischer Mißbrauch seriöser mathematischer Modelle. Die cartesianische Subjekt-Objekt-Spaltung soll *holistisch* überwunden werden, obwohl es doch gerade der heute so verteufelte Descartes gewesen war, der eine Theorie jener Wirbelturbulenzen entwickelt hatte, die von den Chaosforschern untersucht werden. Die Ideologen kochen gern ihr Süppchen auf den metaphorisch tendenziösen Veranschaulichungen des für Laien unüberprüfbaren Theorie-Formalismus. Am Ende ist wieder nur das Ganze mehr als die Summe seiner Teile und die Individualität ein bloßes Volksgemeinschaftsunternehmen wie gehabt. Je kleiner die Ursache, desto größer die Wirkung, vor allem in ihrer massenhaften Verstärkung. Der Einzelne ist nichts, die Massenverstärkung ist alles, q. e. d. Minimale Abweichungen schaukeln sich systembedrohlich auf, that's the message. Wenn nur jeder an seinem Platz rhythmisch mitschaukelt, fällt der Ozeanriese der Demokratie schon um. Das Chaos der Ordnung und die Ordnung des Chaos, was ist nun brauchbar daran? Das Komplexe ist teleskopisch einfach, und das Einfache ist mikroskopisch unendlich kompliziert, ganz d'accord. Dissonanzen deuten auf fernerliegende Konsonanzen, sagte A. Schönberg. Keiner der Einzelaphorismen bedroht ja das Systemparadigma, aber sie alle zusammen destabilisieren es? Welches System hat genügend viele quantenaphoristische Freiheitsgrade? Ein Ganzes ist eine Verbindung von Teilen, die es nach innen hin sprengen durch Implosion. Ist das große Ganze so etwas wie ein Club von Autisten oder ein Funkenregen von Bändern? Das aphoristische Individuum ist wie die massiert auftretende 100. Dezimalstelle hinterm Komma und das Ganze als chaotische Informationslücke in jedem seiner Teile ganz gegenwärtig. Das Chaos lugt durch jede Ritze als unendliche Binnentiefe jedes Details? Kleinste Ursachen summieren sich "weitab vom stabilen Gleichgewichtszustand" zu übergroßen Folgen. Die Verbindung von allem mit jedem mache die Zeit irreversibel, meint Prigogine. Das Ganze sickere und mogele sich in jedes seiner Teile. Ich sei eine 'dissipative Struktur', die sich nur durch Symbiose mit der Gemeinschaft selbst erhalten könne. Alles hänge davon ab, bei welchem Dezimalbruch abgebrochen werde. *Autopoietisches* Paradox: Größere Autonomie des Einzelnen nur durch größere Rückkoppelungsschleifen mit der Gemeinschaft – Neuauflage des alten Gemeinplatzes, Gemeinwohl gehe vor Eigennutz. *Mandelbrot* : Kreativität = Iteration + Fraktalität. Eine nichtmathematisch reale Küstenlinie sei makroskopisch glattlinig und mikroskopisch unendlich fraktiert, also eigentlich unendlich lang, je nach gewählter "Skala". Haben auch die romantischen Fragmente eine "fraktale Dimension des seltsamen Attraktors"? Je komplexer ein System, desto weiter sind Ursache und Wirkung voneinander entfernt: Das klingt nach Novalis. Werden Hierarchien durch Netzwerk-Rhizome ersetzt, damit der Einzelne nicht mehr das Ganze gefährden kann? Ich sei mir selbst in allen meinen Teilen "selbstähnlich" und bestehe aus endlich vielen Unterpersonen von Unterunterpersonen. Komplexe *Ho-*

losysteme erlauben keine Prognosen und Propheten mehr: Nicht nur das statistische Gesamtsample, sondern auch das Verhalten jedes Einzelelektrons sei an jedem Bahnort völlig determiniert, aber es durchlaufe unendlich viele mögliche Weggabeln und Verzweigungen ("Bifurkationen"), die seinen Weg unvorhersagbar machen. Die *Unbestimmtheitsrelation* spiegele nur den unendlichen Einfluß des Ganzen auf jedes seiner Ur-Teile. Alle Fragmente eines "Bandes" bilden ein wirres Hintergrundsrauschen und zugleich eine geordnete Struktur. Jede Monade ist schon bei Leibniz eine "petit perception insensible" und ihre Summe ist mächtiger als das, wovon sie abweichen. Turbulenzen bilden stabile Strukturen ("Solitone") mitten im Chaos. Die chaotische Auflösung des einen Bezugssystems könne ordentliche Struktur im alternativen Bezugssystem sein : Dispersion der Kohärenz als Kohärenz der Dispersionen. Die monadischen Differenzierungen der unendlich kleinen und vielen 'petits perceptions' gab es schon in „abgründigen Mengen" bei Leibniz, der von Giordano Bruno abgeschrieben hatte. Der Italiener Bruno war Zeitgenosse des Franzosen Montaigne und der Spanier Perez und Gracian gewesen.

"Der Aphorismus erscheint als eine ins Große zielende Parodie der Sprache zum Zwecke ihrer Überwindung..." (Heinz Krüger: "Über den Aphorismus als philosophische Form", München 1988, S. 21) Dieser Adorno-Schüler zählt nicht zufällig den Aphorismus unter die Parodie, von der Schopenhauer sagt: "Ihr Verfahren besteht darin, daß sie den Vorgängen und Worten eines ernsthaften Gedichtes oder Dramas unbedeutende, niedrige Personen oder kleinliche Motive und Handlungen unterschiebt. Sie subsumiert also die von ihr dargestellten platten Realitäten unter die im Thema gegebenen hohen Begriffe, unter welche sie nun in gewisser Hinsicht passen müssen, während sie übrigens denselben sehr inkongruent sind; wodurch dann der Widerstreit zwischen dem Angeschauten und dem Gedachten sehr grell hervortritt."

103

Die "unbedeutenden, niedrigen Personen" machte Adorno zu Proletariern, bevor das "Subjekt der Revolution" der „Namenlose" (Samuel Beckett) wurde und von Adorno nur noch philosophische "Flaschenpost" bekam.

Wer den Witz an der Sache nicht mehr versteht, wenn alles so lächerlich geworden ist, daß das Lächerliche daran nicht mehr zu spüren ist, der muß den 'blutigen Ernst' der Realität dialektisch denken. Dialektik ist die vernünftige Parodie der Vernunft, die bierernste Philosophie des Witzes an der Sache, denn die Parodie der Begriffe war die Dialektik *vor* der Dialektik. In Freuds Witztheorie übertragen, geht es um die Inkongruenz von Es und Über-Ich. Die egoistische Triebregung läßt sich durch die sozial allgemeine Über-Ich-Forderung erst hemmen, um dann plötzlich zu entdecken, daß sie sich den ganzen "Hemmungsaufwand sparen" und ihn einfach "ablachen" kann.

Fragmente wollen die notizhafte Nüchternheit von Lichtenberg haben, den formalen Schliff von Friedrich Schlegel und den Witz von beiden. Vertrauen in den Offenbarungscharakter der Sprache geht dabei nicht so weit wie bei den Romantikern, aber weiter als bei manchen modernen Poeten und Mystikern. Ein offenes Ganzes soll sich im mikrokosmischen Konzentrat eines geschlossenen Teils spiegeln. Ob und wie diese Fragmente zusammenhängen, ob jedes eine Facette desselben Ganzen oder alles ein kunterbuntes Durcheinander bildet, muß der Leser entscheiden. Jedes aber will schon in sich vollendet und aus sich verstanden sein, aber eine *splendid isolation* mit Stacheln. Aphorismus, Fragment und Essay bilden in einem Werk nicht zufällig eine Kette immer größerer Texteinheiten vom Typ der abweisenden Einladung und der einladenden Abweisung. Der Leser soll im Buch nicht sich, sondern den Autor finden und mit dem Autor aus sich heraus und über sich hinaus kommen. Jeder dieser Sprach-Igel stößt den Leser aus seinen Reflexgewohnheiten auf neues Reflexionsterrain. Wie interessiere ich Leser, ohne von ihnen zu sprechen? Das Fragment ersetzt die mangelnde 'Gründlichkeit', welche die Aufmerksamkeit ermüdet, durch innere Komplexität, die den Leser in sich hineinzieht. Er findet eine Welt im Wassertropfen und sich in einem unendlichen Spiegelkabinett auf kleinstem Raum, voller Selbstbezüglichkeiten und innerer Schachteltiefe, voller Wegweiser und Querverbindungen. Das Fragment ist eine Sache des Stils und umso gelungener, je mehr lange Sätze es zu einem kurzen Satz komprimiert. Dieses in sich reich differenzierte Individuum will assoziative Kettenreaktionen auslösen. Wie ein Warenhauskunde alles Gewünschte unter einem Dach finden soll, ohne das Gebäude verlassen zu müssen, so soll der Leser alles in einem einzigen "Fragment von Fragmenten" finden, ohne ein anderes Buch aufschlagen zu müssen.

Und hat das einzelne Fragment noch seine Grenze am nächsten Fragment, so soll der Zauberkreis des ganzen Fragmenten-Werks doch potentiell unerschöpflich sein, damit der Leser nicht zur Konkurrenz abwandert, weil er etwas vermisst. Das Fragment dient sich als geistiges Mikroskop an, und wenn es auch nicht den Schacht von Babel bohrt, wie Kafka sagt, so verkleinert es die Größe und vergrößert das Kleine um die 'Welt von Welten', die es in sich birgt. Das Fragment enthält selbst die Zusammenhänge, in denen es nicht steht. Fragmente und Aphorismen wollen frappieren und irritieren, verblüffen und verwirren, überraschen und überrumpeln, bestürzen und beschleunigen ...

Lichtenbergs "waste-books", das "Allgemeine Brouillon" von Novalis, Schlegels "Philosophische Lehrjahre", Schopenhauers "Aphorismen zur Lebensweisheit", Schellings "Aphorismen zur Naturphilosophie", Nietzsches "Menschliches, Allzumenschliches", Blochs "Spuren", Benjamins "Einbahnstraße", Adornos "Minima Moralia", Schweppenhäusers "Verbotene Frucht", Wittgensteins "Vermischte Bemerkungen" u. a. Fragment-Sammlungen sind nicht nur nachgelassene Notiz-Zettelkästen und resteverwertende "Sudelbücher", sondern streng philosophisch zu begründen und als philosophische Form zu rehabilitieren, um "Schulbegriff" und "Weltbegriff" der Philosophie zu verbinden.

Es ist erstaunlich, daß die postmodernen Pariser "Dekonstruktivisten", welche die differenzielle Nichtidentitätstheorie Adornos extravagant weiter treiben, daß also die französischen "nouveaux philosophes" wie Deleuze, Delors und Derrida, Lacan und Lyotard, Baudrillard und Bernard-Lévy, Foucault und le Man immer Nietzsche folgten und selber doch keine systemsprengenden Fragmente geschrieben haben – in der traditionellen Nachfolge der "Französischen Moralisten" des Dix-Huitième, Larochefoucauld und Labruyère, Galiani und Vauvenargues, Chamfort und Rivarol, Joubert und Jouffroy, bis zu Alain und Valéry.

Nicht nur die systematische Theorie der Fragmente ist Philosophie, sondern schon die Fragment-Sammlung selbst. Die Fragmente sind philosophische Gedankenexperimente in "negativer Dialektik" und selbstreflexive Ideen vom Ganzen. Die romantischen Fragmentaristen hatten wirklich jene Ideen, welche die spekulativen deutschen Idealisten oft nur im Namen führten. Nach H. Schmitz ist Hegels Dialektik ein „Universalwitz von Witzen".

Seit Gödels Entdeckung von 1931 produzieren geschlossene Systeme systemsprengende innere Widersprüche, die allein von neuen Systemen "aufzuheben" sind: Antinomien, Aporien und Paradoxien. Ein System, das nur Wahres erkennt, erkennt nicht alles Wahre, ist also unvollständig, und ein System, das alles Wahre erkennt, ist zu groß und enthält deshalb manches Falsche für wahr.

Der gute Aphorismus macht einen guten Witz, aber nur den Witz an der Sache. Die Mischung aus Bewunderung und Selbstbewunderung bringt eine intellektuelle Genugtuung, aber die "Befriedigung, daß man selbst schlau genug ist, die Pointe zu erfassen ... " (Koestler) macht den Leser noch nicht zum Miterfinder. "Aphorismen sind eigentlich ziemlich alt und gewiß eine Wurzel des heutigen modernen Witzes" (Eike Hirsch). "Der Witz ist ein spielendes Urteil", sagt Kuno Fischer, und "der verkleidete Priester, der jedes Paar kopuliert" (Jean Paul) – auch Blutsverwandte und Homosexuelle,

Tiere und Ehebrecher. "Der Aphorismus definiert so, dass sich die Definition selbst sprengt" (Eike Hirsch). "Das Paradox ist das prototypische Paradigma des Humors" (Gregory Bateson). "Die Edelausgabe des Paradoxons aber war schon immer der Aphorismus" (Hirsch). "Launiger Witz heißt ein solcher, der aus der Stimmung des Kopfes zum Paradoxen hervorgeht." (Kant : "Anthropologie") "Beinahe - aber eben nur beinahe - wären wir in einen unauslotbar tiefen Abgrund gestürzt; ganz anders als gedacht, haben wir jedoch wieder festen Boden unter den Füßen" (Peter Hofstätter) beim "Wechsel von Schock und Gegenschock" (Karl Groos). Auch die aphoristische Überraschung ist "eine plötzliche Bestätigung einer Erwartung, die unbewußt geworden ist..., daß man an einem Abgrund sozusagen mit heiler Haut vorbeigekommen ist" (Th. Reik). "Die Welt steht Kopf ... Die Textsorte mit der schnellsten Kommunikation überhaupt" wechselt "zwischen Täuschung und Einsicht, zwischen Verblüffung und Erleuchtung" (Hirsch), und der Leser "hat ja nur den Witz - nicht die Lage - zu bestehen." M. Mead : "Die Entspannung durch das Gefühl der Sicherheit ist das entscheidende". "Jeder Witz eröffnet in der Pointe einen neuen Horizont mit einer neuen Bedeutung und lädt den Zuhörer ein, sich diesen Horizont anzu- eignen", schreibt H. P. Bardt. "Der Verstand ist stolz auf seinen Sieg" (Ransom Carpenter). "Eine Hürde wird verlangt, die nicht niedrig und doch bezwingbar ist ... Ja, wie lasse ich die Katze so aus dem Sack, daß mir niemand etwas vorwerfen kann?" (E. Hirsch). Der Aphorismus muß "verschleiern, damit eine Entblößung stattfinden kann" (Theodor Reik). Anders als im Rätsel wird im Aphorismus "der Wortlaut mitgeteilt und die Technik versteckt" (Freud). "Der Witz sagt, was er sagt, nicht immer in wenig, aber immer in zu wenig Worten." (Theodor Lipps). 1837: "Der Witz ist eine Fertigkeit, mit überraschender Schnelle mehrere Vorstellungen, die in ihrem inneren Gehalt einander eigentlich fremd sind, zu einer zu verbinden." (Fr. Th. Vischer). "Die besondere Leistung des Witzes besteht darin, mehrere Bedeutungen so in eins zu setzen, daß sie einander – bildlich gesprochen – überlagern und nicht verdrängen, gehalten durch einen Ausdruck von besonderer Prägnanz." (H. Plessner). "Lachen ist Aggression oder Angst -, die ihrer logischen raison d'etre beraubt ist - das Verpuffen eines Affekts, den das Denken verworfen hat." (A. Koestler). "Tatsächlich kommt uns eine große Zahl nervöser Erkrankungen wie ein schlechter Witz vor." (A. Adler). "Viele Ausdrücke von Geisteskranken sind wirklich witzig" (Arieti). "Von den zwei Möglichkeiten, die Sie mir anbieten, möchte ich gern die dritte wählen". Aphorismen wecken gemischte Gefühle und leben von Vorurteilen darüber, welche Vorurteile andere wohl haben mögen. "Natürlich wollen die Leute überrascht werden. Aber mit dem, was sie erwarten", sagt Tristan Bernard. "Aus einer plötzlichen Verwandlung einer gespannten Erwartung in nichts" (Kant), die "die Bestätigung einer unbewußten Erwartung" (Th. Reik) ist, entsteht Witz.

"Die Grundstruktur des Witzes ist bestimmt durch den Zusammenstoß verschiedener Normbereiche." (Bausinger) "Der gut vorgetragene Witz muß den Hörer überlisten, so daß es dem Bewußtsein ergeht wie dem Hausbesitzer, der den zur Verbesserung des Torverschlusses bestellten Schlosser hereinließ und es im Dunkeln nicht sah, daß zu gleicher Zeit der gefürchtete Dieb durch die geöffnete Tür geschlüpft war" (Karl Groos, 1892). "Der kluge Leser wird in jedem Witz aggressive Trends feststellen" (Grotjahn). Lachen entsteht, "wenn wir Lust der Unlust beimischen" (Plato, *Philebos*), als "Bewältigung der Angst" (Reik) oder "Ausdruck von Hochmut" (Cicero). "Die Leidenschaft des Lachens ist ein plötzliches Hochgefühl, das entsteht, wenn wir in uns unverhofft eine Überlegenheit gegenüber der Schwäche eines anderen entdecken." (Th. Hobbes). Nach Bateson ist jeder Humor im Grunde nur Schadenfreude, nach Hegel ist das Komische "erhaben über seinen eigenen Widerspruch". "Die Absurdität sorgt dafür, daß das Verpönte annehmbar wird" : "erlaubte Aggression". "Indem der Witz die Zensur besticht und umgeht, gelingt ihm die Triebabfuhr" (E. Hirsch). Der Aphorismus gibt Entwarnung: Das Ganze ist nur Spaß. In Pointen wird der Hintergrund zum Vordergrund und umgekehrt. Witz war zunächst Menschenwitz im Gegensatz zu göttlicher Weisheit. Der Aphorismus macht seinen Leser zum Opfer und lädt ihn zugleich ein, "hinter ihm den gleichen Sprung zu wagen" (Robert Neumann). "Ein Witz ist vor allem ein Zweikampf zwischen Ihnen und dem Witzerzähler", sagt A. Rapp. Aphorismen bieten keinen Humor, sie verlangen ihn. Wenn die Lösung elegant ist, wird die Irreführung verziehen. "Es ist nicht zu bezweifeln, daß es lustvolle Spannungen und unlustige Entspannungen gibt." (Freud, 1924). Aphorismen erfüllen ambivalente Wünsche wie pflichtgemäße Empörung und heimliche Befriedigung zugleich. Wollen Aphoristiker exhibitionistisch ihren eigenen Geist zeigen? Grotjahn spricht von der "intelligenten Niedertracht" des Witzbolds auf der Flucht vor Migräne, "weil er im eigenen Innern gedemütigt und geängstigt ist oder ... grenzenlos allein und einsam", sagt Wilhelm Lauer. Der Aphoristiker "hat ja selbst nicht viel zu lachen, er macht nur lachen" (Grotjahn). Aphorismen sind Krankheitssymptome und Selbsttherapien zugleich. Typisch ist "die Eleganz, mit der die hemmende Zensur, die durchaus weiter tätig ist, umgangen wird ... daß man den Trieb zulassen und zugleich den Anstand wahren kann" (E. Hirsch). "Lust durch Unlust, doppelte, weil durch Unlust gewürzte Lust" (Vischer). "Das Erleichterungsgefühl wirkt verschärfend auf das Spannungsgefühl zurück" (J. Volkelt), zwischen Trieb und Angst herrscht "reaktive Wirkungsverstärkung" (Th. Reik). "Ein Witz wirkt nur komisch, wenn er Angst erregt und zugleich von dieser Angst befreit" (J. Levine, 1956). Ein Aphorismus ist geistreich, wenn er "alle tabuierten Ausdrücke und anschaulichen Beschreibungen vermeidet" (G. Legman): "Verbale Verführung" statt "verbale Notzucht". "Mach mir nur ein klein wenig Angst, damit ich es genieße, keine Angst mehr zu haben" (Funke). Mitgefangen, mitgehangen : Der Leser reicht den kleinen Finger und sitzt ohne Hand da. Aphoristische Schreckschüsse treiben mit Entsetzen Scherz und sind raffiniertere Verdrängungsformen, Trainingsprogramme, antitraumatische Immunisierungsstrategien, Mut- proben und Lockerungsübungen. "Auf den Gräbern alter Ängste gedeihen Witze am besten" : "Die Pointe des Witzes befreit, schüttelt böse und bedrohliche Introjekte ab..." (M. Grotjahn). Der Leser erschrickt nur, um zu erkennen, daß er (k)einen Grund hat. "Lachen ist Erbrechen von Luft..." (S. Ferenczi), das "zugleich Selbstbehauptung und Selbstpreisgabe verrät" (Plessner). "Alle Humoristen sind nach einer Seite Zyniker gewesen" (Vischer), "weil es gesund ist, sich über das lustig zu machen, was über unsere Entrüstungskapazitäten hinaus- geht" (P. Sloterdijk). "Moral ist der Stock, der uns zum Krüppel schlägt. Dann dient er uns als Krücke" (Th. Reik). Wirbt der Aphoristiker um Verständnis für sein tiefstes Problem und macht die Leser zu seinen Komplizen? Lerne deiner Angst ins

Gesicht zu lachen : Reik sah den Witzerzähler als Helden und den Witz als "Ersatz der Tat". "Die Pfeile des Witzes werden von unten nach oben geschossen" (P. Hofstätter). Sind Aphorismen "harmlos sichere Aggressionsabfuhr", um wirklichen Widerstand überflüsssig zu machen? "Das Lachen über Flüsterwitze erleichtert die Anpassung" (H. Speier). "Der Witz ist von Natur ein Geister- und Götterleugner, er nimmt an keinem Wesen Anteil" (Jean Paul). Ist Aphoristik nur ein "Kipp-Phänomen" zwischen Gegensätzen (W. Iser)? Aphoristik ist Humor, der den Witz auch gegen sich selbst richtet. Witz ist Waffe, Humor ist Trost. Der Aphorismus, die Waffe der Wehrlosen, sagt: "Ich bin zu großartig und zugleich zu unwichtig, als daß diese Peinlichkeiten und Schicksalsschläge mich berühren könnten. Nun sieh, ob du es auch nur halb so gut kannst." (Doch Arthur Koestlers "Bisoziation" ist kein Rezeptbuch zur Aphoristikproduktion.)

Philosophischer Gehalt in literarischer Gestalt

Odo Marquard schrieb :»In dieser Form also - als Sinn für die Zugehörigkeit des Ausgeschlossenen - bleibt die Philosophie der Sinn für das Ganze als Sinn für (kompensierende) Ergänzungen; und ihre Vernunft ist - just so, wie das Lachen, das ebendarum erleichtert - der Verzicht auf die Anstrengung wegzusehen.« (»Skepsis und Zustimmung«, Stuttgart 1994, S. 20) Das erinnert an Freuds Bestimmung des Witzes als »ersparter Hemmungsaufwand«: Das Verdrängte wird ins Bewußtsein, das Ausgegrenzte ins Ganze zurückgeholt, aber das Eingeschlossene als Kehrseite davon auch aus Zwangsintegrationen ganz befreit. Kurz: Ausgerechnet der gnomische »Feilstaub« *(Jean Paul)* wird zum Anwalt des wahren Hegelschen Ganzen.

Bonmots : Für Hegel sind sie geistlos und gottverlassen, subjektiv und verrückt, nichtig und wesenlos, soweit sie sich nicht als innere Momente und Gelenkstellen des Systems verstehen lassen. Der Aphorismus als geistiger Antichrist dokumentiert und spricht über die Unversöhntheit von Gott und Welt. Dadurch hat er etwas Biblisches an sich, denn auch die Erzväter hielten Gott und die Welt, Begriff und Individuum, für unversöhnt, solange der Messias noch nicht da ist. Für Hegel ist mit dem Christentum der Aphorismus Heraklits im dialektischen System voll integriert, aber der ironische Aphorismus Schlegels ist so frei, diese Integration stets zu dementieren, und deshalb gilt ihm Hegels dämonischer Haß. Schließlich genügt es Hegel, daß Schlegel vom Protestanten zum Katholiken konvertierte, um ihn zum Antichristen schlechthin zu befördern. Nicht das marxistische Motiv des Materiellen, sondern das verstockte frühromantische Fragment, das sich der Systematisierung hartnäckig verweigert, avanciert zum dialektischen Prototyp des egoistisch Bösen und Frivolen. Hegels »faule Existenz«, die keine vernünftige Wirklichkeit werden will, wird bei Marx proletarisch fleißig, aber der verrückte und gottlose Aphorismus nimmt keine Vernunft an. Hegel konstruiert ihn als das »Nichtige schlechthin«, als das absolut Gottferne spielt er im Stück die Rolle des verurteilten Schurken und abschreckenden Beispiels. Der empiristische Aphorismus in seiner positivistischen Negativität transzendiert stets das dialektische System, wie er in der Renaissance das scholastische System gesprengt hatte, aber nicht die Religion.

Wenn Adorno den existenzialistischen Subjektivismus kritisiert, dann auch deshalb, weil der Aphorismus die exaltierteste Subjektivität nur benutze, um den Vorrang des Objekts zu erweisen, die unbefangene Lebenserfahrung und den leiblichen Impuls, aber auch umgekehrt die Objektivität nur dazu verpflichte, die individuell extravaganteste Subjektivität freizusetzen. Es ist kein Zufall, daß Hegel sein leidenschaftlichstes Verdammungsurteil gegen die Frühromantiker gerade in seiner Rechtsphilosophie ausstößt. Er schwankt, ob er auf gewaltverbrecherische Willkür, sittenverderbende Frivolität oder gar unzurechnungsfähigen Wahnsinn plädieren soll. Aphoristik habe weder »Recht« noch Anspruch, als richtig anerkannt zu werden. Was Hegels Dialektik wiedereinfangen will, sind nicht nur die potentiell unendlich vielen empirischen Befunde der Einzelwissenschaften, sondern auch und vor allem auf weiterer Reflexionsebene die Fragmentierungen der frühromantischen Ironie, die alle Vermittlungen parodiert. Ihm geht es um die *vernünftige* Bändigung eines Individualismus zweiter Ordnung, der in »schlechter Unendlichkeit« nicht nur die materielle

Welt atomistisch, sondern auch die geistige Welt aphorismusmonadisch zerspelle. Hegel ist nun keine Synthese vom subjektiven Fichte und objektiven Schelling. Tatsache ist, daß seine Dialektik die Einseitigkeiten des Subjektivismus einer romantischen Ironie, des politischen Ellbogenliberalismus und des positivistischen Objektivismus der Einzelwissenschaften *aufheben* wollte. Aber sein Vernunftsystem wurde dann gesprengt sowohl vom aphoristischen Individualismus wie vom naturwissenschaftlichen Fortschritt. Nichts deutet darauf hin, daß beides sich noch einmal dialektisch wiedereinfangen läßt, auch nicht von physikalischen »Weltformeln«. Hat das frühromantische Fragment Hegels Wissenschaft der Wissenschaften schon hinter sich oder noch erst vor sich? Schlegel war zu subjektiv für jenen Hegel, der seinerseits zu subjektiv war für Adorno, also war Fichteaner Schlegel für Adorno noch subjektiver als Hegel und damit kein möglicher Bündnispartner gegen die Hegelianer. Mit Marx ging Adorno materialistisch gegen Hegels Geistesmetaphysik und mit Nietzsche aphoristisch gegen den Machtwillen von Hegels »Zwangssystem« vor. Gegen den Wahnsinn totaler Rationalisierung bot er die größere Vernunft jenes Wahnsinns auf, den Hegels Vernunft in den frühromantischen Fragmenten angriff.

Es gibt zwei Funktionen des Aphorismus bei Hegel, den ironischen Subjektivismus frühromantischer Fragmente, die Hegel in sein System aufhob, und die postsystematische Schlußsynthese aller Synthesen, die er oft schon vor dem Schluß zog und im Aphorismus nicht erkennen oder anerkennen wollte. Neophänomenologe Schmitz warf Hegel vor, über Dialektik selber immer wieder undialektisch zu sprechen, so daß die Urteile über dialektische Selbstaufhebungen sich nicht dialektisch selbst aufheben. Diese meta-dialektischen Urteile über Dialektik sind aber vorweggenommene Schlußsätze. Hegel sah in Aphorismen nur präsystematische Objektivitätsdefizite, die ihn an Schlegel und Novalis so störten, daß er, betroffen vom ironischen Unbetroffensein, sie zur geschichtlichen *List der Vernunft* objektivierte. Im Aphorismus fürchtete Hegel viel zu sehr den Rückfall in Schlegels Subjektivismus, als daß er ihn als postsystematische Synthese aller Synthesen und Antithesen hätte dulden können, und Adorno fürchtete im Aphorismus umgekehrt so sehr diese postsystematische Abschlußsynthese, daß er ihm nur die negativdialektische Antithetik reservieren konnte.»Wittgensteins philosophischer Stil ist nicht kontingenterweise, sondern von Natur fragmentarischapercuhaft ... Zum Unvermögen, die faktisch vorliegende oder vermutete Kohärenz der Fragmente als solche darzutun, tritt bei Wittgenstein wie bei Schlegel und Novalis der Zweifel an der systematischen Beherrschbarkeit der Einzeleinsichten und der irreduzibel plural auftretenden Sprachspiele hinzu.« (Manfred Frank: »Stil in der Philosophie«, Stuttgart 1992, S. 105)

»Poesie und Philosophie sind gleichberechtigte Eltern des Aphorismus. Von der Philosophie hat er das Gebot des präzisen Denkens, von der Poesie das Gebot der präzisen Form geerbt ... Der Aphorismus unterscheidet sich oft von der philosophischen Definition eben nur durch seine künstlerische Mehrdeutigkeit.« (Gabriel Laub: „Denken verdirbt den Charakter", München 1984, Seite 200)

Kehrseiten derselben Siegermedaille : Der Aphorismus verbindet Unvereinbares wie Hegel und trennt Identifiziertes wie Adorno. Er ist seit Jean Paul der geistige Geschlechtstrieb, denn jeder scheidet inzüchtige Verwandte und paart unverträgliche Partner. Man kann auch sagen, daß er Falsches und Kaputtes geschickt zerlegt und besser neu zusammenfügt. Die

Monadologie von Leibniz erlaubte es sogar, aus Fragmenten der Schöpfung eine neue Schöpfung synthetisch herzustellen und nicht nur wie Descartes sie durch Rekonstruktion aus ihren Elementen besser verstehen zu lernen. Der Aphorismus repariert Dinge und Staatskörper seit Bacon und heilt Menschen seit Hippokrates.

Eine gemeinsame Aphorismus-Theorie müßte mindestens folgende Konzepte in sich vereinigen: 1) Witz als »ersparter Hemmungsaufwand« (Freud) 2) Nichtidentität des Individuums mit begrifflicher Systematik (Adorno) 3) Metasprung von einem in ein anderes Bezugssystem 4) »Witzverhalt« als affektive Verschmelzung des rational Unvereinbaren (H. Schmitz) 5) Ideologiekritik: Konvergenz der Denotationen bei Divergenz der Konnotationen o.u. (P. Krupka), 6) »Inkongruenz« von Objekt und seinem Begriff, von Anschauung und Vernunft (Schopenhauer). Das vom Über-Ich repressiv Getrennte darf sich erotisch lustvoll vereinigen, springt also vom listig umgangenen *System vbw* in das *System ubw.* Die »Nichtidentität« mit dem »System Bewußtsein« ist sexuelle Vereinigung des vom Überich *vernünftig* Getrennten: Der Witz erspart den *Hemmungsaufwand* des *Systems bw*, überläßt sich dem *System ubw*, genügt dem kritischen ÜberIch-System nur zum Schein und erzeugt sinnlichen Sinn im logischen Unsinn.

Hegel reservierte ja für sich die höhere Vernunft des »übergreifend Subjektiven« und wies seinem Intimfeind Schlegel die niedere Vernunft der »einseitigen Subjektivität« zu. Im romantischen Fragment wehrte Hegel sowohl die einseitige Subjektivität der »frechen Ironie« ab als auch die einseitige Objektivität der gottverlassen »faulen Existenz«. Seine Vernunft will nicht zerfallen in Bruchstücke, deren jedes ganz auseinanderfällt in irreale Begriffe und unbegriffene

Realität, in sinnloses Sein und seinslosen Sinn, in aktionistische »Tathandlungen«, die den Tatsachen widersprechen, und »faule Existenzen«, die ihrem Begriff nicht entsprechen. Das Vernünftige sei wirklich und das Wirkliche vernünftig, sagt Hegels Rechtsphilosophie, aber nicht alles, was existiere, sei deshalb auch schon wirklich, fügt er hinzu. Hegels „faule Existenz", die sich keiner rationalen Realität befleißigt, ist in Bacons Aphoristik-Empirie gut *aufgehoben* und wird dorthin abgeschoben. Sie wird dann Adornos »Nichtidentisches« und Heideggers »jemeinige Existenz«, die der „Hure Vernunft" davonläuft in die Arme der Mutter Natur hinein. Die paradoxen Vereinigungen des Unvereinbaren sind bei Kant nur im Verstand und bei Hegel auch und gerade in der sinnlich erfahrbaren Sache selbst, als der Witz bei der Sache. Von der analytischen Sprachgebrauchsphilosophie trennt den Aphorismus, daß er Sprachpointen immer auch als Sachpointen versteht.

Heute gilt es eher schon als philosophiegeschichtliche Trivialität, daß Hegels »Enzyklopädie« primär die Explosion der positivistischen Empirie rational reintegrieren wollte, aber dabei wird meist unterschlagen, wie sehr diese Enzyklopädie nicht nur im 19. Jahrhundert fortschreiben wollte, was die analytische Vernunft der französischen Enzyklopädisten des 18. Jahrhunderts geleistet hatte, sondern auch und vor allem eine philosophische Antwort sein wollte auf das neue Paradigma der durch „romantische Ironie" unabweislich gefährlich gewordenen Freisetzung nicht nur der allgemeinmenschlichen Subjektivität des kantischen Liberalismus, sondern auch der „jemeinigen" Willkür in Fichtes Philosophie der durchemanzipierten Einbildungskraft, leibhaft Unvorhandenes sich zu vergegenwärtigen. Nach Hermann Schmitz gibt es eine Geschichte der den objektiven Tatsachen »entfremdeten Subjektivität« von Fichte über Schlegel und Novalis, Hegel, Stirner, Schopenhauer und Nietzsche bis zu Wittgenstein. Also müßte hinter Fichte zurückgegangen werden auf Kants noch unentfremdete Subjektivität. Folgenreich wurde der marxistische Angriff auf Hegels Idealismus, aber nicht Marx, sondern Adorno rehabilitierte die von Hegels idealistischer Dialektik entschärfte aphoristische Ironie der Frühromantiker. Nach Hegels Tod siegte der positivistische Empirismus der Naturwissenschaften über alle Versuche, ihn dialektisch zu bändigen, und befreite die nachsokratischen Fragmente gleich mit, die für Hegel viel zu subjektiv - und zu objektivistisch - gewesen waren.

Die Aufsplitterung der Geistesphilosophie in Einzelwissenschaften wie der ohnmächtige lebensphilosophische Individualprotest dagegen ist eine Signatur der Neuzeit. Der existenzphilosophische Subjektivismus (Nietzsche, Dilthey, Bergson, Jaspers, Heidegger, Sartre) des Einzelnen und die überfragmentierten Einzelwissenschaften sind idealistisch nur wieder einzufangen, wenn zurückgegangen wird an den Punkt, wo sich deren Wege trennten. Die rationalistische Monadologie von Leibniz und der empirische Pointillismus Humes verbanden sich in Kants Kritizismus, aber Kants Idealismus zerfiel in so viele aphoristische Ideen wie die transzendentale Subjektivität in individuelle Subjekte. Empirisch zersplitterte Einzelwissenschaften und der lebensphilosophische Protest des Einzelnen dagegen ließen sich zwanglos heute nur noch aphoristisch wieder zusammenführen, weil sie aus den vergeblichen Anstrengungen, den aphoristischen Empirismus zu bändigen, philosophisch erst virulent geworden waren. Die Aufklärung gipfelte in Kants Autonomismus der menschlichen Willensfreiheit: »Der Wille ist nichts anderes als praktische Vernunft.« »Nichts ist in der Welt, was ohne Einschränkung für gut könnte gehalten werden, als allein ein guter Wille.« Der kategorische Imperativ lautet:»Ein freier Wille und ein Wille unter sittlichen Gesetzen ist einerlei.« Auch bei Fichte ist nur ein Wille gut, dessen Maxime verallgemeinerungsfähig ist, aber zu allen Zeiten eines jeweiligen Individuums und nicht mehr für alle Menschen gilt. Aus Fichtes Ermäßigung von Kants Autonomismus entstand die frühromantische Willkür, die Hegel in seiner Rechtsphilosophie als das vermeintlich Böse verurteilte:»Jeder wird zunächst finden, von allem, was es sei, abstrahieren zu können und ebenso sich selbst bestimmen, jeden Inhalt durch sich selbst setzen zu können ...« (Anmerkung § 4). Hegel wollte die existentielle Willkür der frühromantischen Ironie *und* den Positivismus der einzelwissenschaftlichen Erfahrungstatsachen durch dialektische Systematisierung vermittelnd wieder einfangen, ohne ihre epochale Modernität rückgängig zu machen. Subjektive Ironie und objektive Empirie emanzipierten sich aus Hegels Staatsfrömmigkeit in den aphoristischen Paradoxen, bei Kierkegaard allerdings nur in Sätzen von der Art paradoxer Sprünge ins Christentum wider alle niedere und höhere Vernunft. Kierkegaards existenzphilosophischer Protest gegen Hegels Systematik war ein Rückgriff der»entfremdeten Subjektivität« auf die frühromantische Ironie. Adorno, dessen Rettung des Individuums vor der Allgemeinheit eine Rettung des Einzelaphorismus vor geistigen und sozialen Zwangssystemen war, warf der Existenzphilosophie eine»entfremdete Subjektivität« vor, in die die ausgeblendeten objektiven Tatsachen hinterrücks wieder einschlagen. Sartre, der letzte Frühromantiker und erste Postmoderne, nennt alles unaufrichtige *mauvaise foi*, was diese Willensfreiheit leugnet, während Schopenhauer sich als Spielball eines allgemeinen Weltwillens sah, den er als sexuellen Gattungstrieb abwehrte und Nietzsche als Machtwillen mißdeutete. Das»objektiv Wißbare« und die»existentielle

Selbstvergewisserung« ergänzen einander – Jaspers knüpft an beim Aphoristiker Nietzsche und bei jenem Kierkegaard, der die aphoristische Empirie und Ironie aus Hegels totalem Weltvernunftsystem befreite. Der Aphorismus hat die vielen Einzelwissenschaften, deren Hegelsche Systematisierung und den lebensphilosophischen Einspruch dagegen hinter sich und spielt nur noch mit diesen alten Parteien. Aphoristik hat sowohl die wissenschaftliche Abbildung als auch künstlerische Einbildung schon hinter sich und spielt nur noch mit deren Konflikten. Hegels Dialektik war ein listiger Versuch, systemsprengend unmethodische Aphorismen und Fragmente gerade zu Systemmotoren zu machen. Das ist, als wollte man ein Gedankengebäude ganz aus Tretminen errichten. Adornos *Kritische Theorie* überlebt in dem Nachweis, daß dieser Versuch scheitern mußte.

Philosophie sollte aus der Not, diese windigen Gesellen nicht zu guten Mitarbeitern zähmen zu können, wenigstens die Tugend machen, von diesen methodischen Problematisierungen aller methodischen Zurüstungen zu profitieren. Die Leichtigkeit, mit der diese lebenserfahrenen Paradiesvögel den unbeholfen pedantischen Argumentationsritualen davonstieben, macht den Philosophen das Leben schwer. Sie sind wendiger und entwischen den verfetteten Paradigmen des Betriebs blitzschnell. Aphorismen wollen und können die Methoden der Philosophie nicht ersetzen, aber als kritische *fellow travellers* begleiten. Kurzum: Es sollte nicht nur *dumme Sprüche* geben, sondern wieder mehr philosophische Aphorismen und gnomisches Philosophieren. Es handelt sich um eine traditionsreiche philosophische Form, die sich streng philosophisch begründen läßt, obwohl jeder Aphorismus selbst gerade darin besteht, die Begründung seines Geltungsanspruchs seinen Lesern zu überlassen.

119

Die Vorsokratiker besaßen noch Bruchstücke eines vorzeitlichen Wissens, nach dem die Philo-Sophen nur noch trachten, ohne es mehr ganz zu verstehen. Philosophie ist der Versuch, das kosmische Wissen zu rekonstruieren, von dem die halbverstandenen Vorsokratiker noch Fragmente überliefern. Ex Oriente Lux: Griechische Philosophie war kein originärer Anfang, sondern Grübeln über die Rätselruinen jahrtausendealter mündlicher Überlieferungen aus dem Orient. Man sagt, Aphorismen seien zusammen mit den Systemen obsolet geworden, aber es gibt auch nach den großen Systemen immer wieder allesbeherrschende philosophische Methoden, deren paradigmatische Deutungsmonopole gerade essayistisch und aphoristisch unstrittig bleiben. Ihre periphere Stellung macht Essay, Fragment und Aphorismus zu den Opfern einer marginalisierenden Verdrängung. »Gnome« war einmal das griechische Wort für Erkenntnis(theorie). Hegels Dialektik bezog ihre Macht ja nicht zuletzt daraus, das Systemsprengende selber für das System arbeiten zu lassen, und Adornos Philosophie sollte endlich begriffen werden als prinzipieller Versuch, nicht den Sozialismus in der Philosophie gesellschaftsfähig zu machen, sondern die Erfolglosigkeit solcher Entschärfungsstrategien zu beweisen. Meine These lautet, daß das kein marginales, sondern das zentrale Motiv dessen ist, was an Adornos *Kritischer Theorie* rational als zukunftsträchtig zu rekonstruieren wäre. Adorno berief sich auf Nietzsche. Mit Nietzsche denken hieße aphoristisch denken, aber die Pedanterie heutiger Nietzsche-Exegesen macht alles wieder rückgängig, was ihr Muster schon an gnomischer Stringenz erreicht hatte. Ist der Aphorismus eine literarische Form, die eine genuine Affinität zu philosophischen Gedanken hat, oder eine spezifisch philosophische Form, die sich bevorzugt literarischer Mittel bedient?

Die Frage wurde nie entschieden und entspricht einer beunruhigenden Zwitterstellung. Aphorismen, Essays und Fragmente sind den Berufsphilosophen zu literarisch und den Schriftstellern zu philosophisch. Von Hippokrates bis Bacon sprengte der objektivistische Forschungsaphorismus die scholastisch erstarrten Zwangssysteme seiner Zeit. Das fragwürdige aphoristische Subjekt verdächtigte von Larochefoucauld bis Chamfort die konstruktivistischen Gesellschaftssysteme seiner Zeit und von Novalis bis Nietzsche die Zwangssysteme des objektiven Zeitgeistes. Adorno schließlich bot seine individuelle Subjektivität auf, den Vorrang des individuellen Objekts vor der sozialen Allgemeinheit wie vor allgemeingültigen Systemen zu erweisen. Aphorismen und Essays sind eine so große philosophische Herausforderung, daß Hegel eine Philosophie entwickelte, um sie zu bändigen, und Adorno eine Philosophie, um sie zu rehabilitieren. Aphorismen zeigen, daß Methoden, die sich durchsetzen, sich vor ihrem eigenen Anspruch blamieren und ihren Objekten nicht gerecht werden können, ohne sie zu vergewaltigen. Der Widerspruch von Idee und Erscheinung erscheint plötzlich selber. »Das eigentliche Feld für das Genie ist das der Einbildungskraft; weil diese schöpferisch ist, und weniger, als andere Vermögen, unter dem Zwange der Regeln steht, dadurch aber der Originalität desto fähiger ist.« (Kant: »Anthropologie in pragmatischer Hinsicht«, Frankfurt 1982, S. 544) Das hieß bei Fichte Vernunft.

Logischer Schluß : Jeder Aphorismus und Aphorismenband vereint Ausgeschlossenes und befreit Eingeschlossenes.

Witz an der Sache : Weisheit *nach* dem Wissen

Der Witz an der Sache ist eine ganz besondere Art,
zu verwirren oder sich verwirren zu lassen, und die
verlorene Fassung dann auf angemessener Ebene
wiederzugewinnen. Verblüfft sein heißt, widerstre-
bend etwas zugeben zu müssen, was Gewohnheit und
Sitte bisher anders sehen ließen. Wer widerwillig
einräumen muß, was der Philosoph behauptet, obwohl es aller Tradition und Konvention widerstreitet,
fühlt sich überrumpelt und durch die witzige Ein-
kleidung dieses Hand- und Kopfstreichs gleichwohl
bestochen. Der Philosoph will meine falschen Klarheiten verwirren, um begründetere Klarheit zu gewinnen. Er ist bedeutend, wenn er nur dadurch deutbar ist, daß er undeutlich macht, was eindeutig
schien, indem er etwas mehrdeutig macht, damit es
nicht zweideutig bleibt. Für den Bruchteil einer Sekunde wenigstens raubt er, wenn er etwas kann, dem
Leser die Fassung, überrascht ihn mit einer Abweichung vom Geltenden, die sich so schnell nicht abweisen läßt, macht ihn schwankend, ob das Rätsel zu
lösen sei, und der Coup gelingt, wenn die Irritation
permanent und ein Pfahl im Fleisch des Lesers
bleibt, der nur noch Gründe für die Unlösbarkeit des
Rätsels suchen kann. Diese »Unstimmigkeiten« sind
nicht nur subjektive, sondern auch objektive.

Jeder ist eine einzige Person und gleichzeitig Inbegriff
vieler verschiedener potentieller Vorstellungen und
Regungen, die alle in ihm Platz finden und die seinen
sind und doch miteinander ganz unverträglich sein
können. Eine Person zerfällt nicht in ihre Einzelakte,
und diese fallen nicht in die Einheit der Person zu-

sammen. Kein Bewußtsein zerfällt in einen Behälter einerseits und dessen verschiedene Bewußtseinsinhalte andererseits, sondern bleibt ein und dasselbe Bewußtsein, ohne aufzuhören, Bewußtsein so vieler vorbewußter Möglichkeiten zu sein, wie es Bewußtsein vieler potentieller Unterschiede ist, ohne deshalb aufzuhören, Bewußtsein ein und derselben Person zu sein.

Nach Franz Mautner besteht der Aphorismus aus »Einfall und Klärung«, also zweistufig aus intuitiver Eingebung und späterer intellektueller Verarbeitung. Freud sprach einige Jahrzehnte früher von vorbewußtem Material, das für einen Augenblick der Überarbeitung durch das Unbewußte überlassen werde, bevor das Resultat sich in eine Form bringe, die der Realitätsprüfung wie der Gewissenszensur genügt. Die pointierte Fassade solle dem unbewußten Tabubruch das Anstößige nehmen, ohne ihn rückgängig zu machen, und uns mit ihm versöhnen. Das sei keine hinter unserem Rücken ablaufende Kompromißbildung zwischen Es und Über-Ich wie im Traum, sondern eine elegante und soziale Befriedigung beider divergenten Ansprüche zugleich. Wenn diese »Witzlust« nicht gleich »abgelacht« wird, bleibt sie als Lust zum philosophischen Weiterdenken noch verfügbar. So etwas wie eine Psychoanalyse des philosophischen Aphorismus wäre dort anzusiedeln, wo Freud zwischen dem leichtverständlichen Witz und kopfzerbrechenden Rätsel unterscheidet. Der Aphorismus, der die vorbewußte Sprachpointe und unbewußte Sachpointe sinnig verknüpft, verschafft Lust und fordert dennoch zum Nachdenken heraus, weil er Denkarbeit verlangt und trotzdem Vergnügen macht an der Düpierung der Zensurinstanz, die über die Einhaltung der Denk- und Sittenschablonen, der

Gefühlsstereotype und Vorurteile wacht. Der Aphorismus unterscheidet sich vom Witz durch den größeren Denkaufwand, den er dem Leser zumutet, und vom Rätsel durch die Auflösung, die er versteckt mitliefert und die sich dann doch regelmäßig als ganz ungenügend erweist. Hermann Schmitz hat die Struktur des Unbewußten als zahlunfähig »chaotische Mannigfaltigkeit«, die Struktur des Bewußtseins aber als »instabile« zwischen mehrdeutig chaotischer und numerisch eindeutiger Mannigfaltigkeit analysiert. Darauf läßt sich zurückgreifen, um das im „Metaphorismus" geistreich werdende Verhältnis zwischen >unbewußt< und >vorbewußt< begrifflich strenger zu fassen. Wenn der Traum ein (für andere witzloser) Witz im Schlaf ist, dann der Witz ein weitererzählbarer Wachtraum. Er entbindet nicht nur den Sinn im Unsinn der frühkindlichen Wortlust, sondern auch Lust an infantilen erotischen wie aggressiven Affekten, die sich Luft verschaffen und doch das soziale Gewissen zufriedenstellen oder elegant austricksen.

Adorno verteidigt im schneidenden Aphorismus ein Kastrationsmesser und kein Beschneidungsmesser. Der Spruch wird zum Ein-Spruch gegen Hegels postödipale Ver-söhnung von Vater und Sohn, die die fruchtbare eheliche Vereinigung von männlichem Begriff und weiblichem Liebesobjekt ermöglicht. Adornos >schneidender< Aphorismus will die Väter kastrieren, um zu den Müttern heimzukehren.

Er kündigt die Kumpanei des Geistes mit dem vermeintlichen »Machtwillen« der Väter auf und bekämpft geistreich den patriarchalischen Zeitgeist, den es gar nicht gibt. Vielleicht ist es kein Zufall, daß er sich lieber nach seiner korsischen Mutter Adorno als nach seinem askenasischen Vater Wiesengrund benannte. Seine Affirmation der »bestimmten Negation« bewaffnet das Bündnis des Einzelkindes mit seiner Mutter (Natur) gegen das *Prinzip Vater*, aber bekämpft den vermeintlich väterlichen Machtwillen nicht durch Willenlosigkeit, sondern durch mächtigen spätpubertären Unwillen.

Den Machtwillen der Zwangssysteme bekämpft ein aphoristischer Unwille, der geistreiche Ohnmachthaber attackiert die Macht der Dummheit. Der Aphoristiker akzeptiert, was jeder an seiner Stelle ebenso gut sagen könnte, aber er leugnet, daß es wichtiger als das ist, was nur er sagen kann. Jeder ist dazu bestimmt, sich selbst zu bestimmen, und bestimmt sich dann meist nur dazu, über sich selbst bestimmen zu lassen. Die Gesellschaft bewegt mich zur Selbstverantwortung, und dann bin ich so frei, mich zum Produkt der Gesellschaft zu machen. Jeder Aphorismus registriert auf engstem Raum den plötzlichen Zusammenprall zwischen der Einbildungskraft und Urteilskraft, zwischen dem Geschöpf und seiner Selbstschöpfung, zwischen dem, was ich selber gebe, und dem, was sich daraus anderes ergibt, zwischen dem, was ich wohl will, und dem, was die Welt aus dem macht, was ich aus mir selber mache. Den Aphoristiker trennen vom Existenzialisten die objektiven Befunde und vom Positivisten die subjektiven Selbsterfindungen. Kants dritte kosmologische Antinomie über die »dynamische Causalität der Natur und aus Freiheit« wird bei Fichte zum sukzessiven Wechsel von Abhängigkeit und Unabhängigkeit des Ich, von Endlichkeit und approximativer Unendlichkeit, von aktiver Tathandlung und passiver Leidenschaft. Jedes frühromantische Fragment ist ein zündender Witz aus der auf jeder Ebene sich erneuernden Ambivalenz von Bestimmtheit und Selbstbestimmung, ein Potenzgrad der Reflexion. Durch die Art ihrer Aussage gibt die Ironie immer das Gegenteil zu verstehen, jeder Satz meint seinen Gegensatz mit und parodiert ihn zugleich. Fichtes endlose Reflexion zerbricht an ihrem ewigen Widerspruch von Ich und Nicht-Ich in unendlich viele Fragmente. Das Ich ist ein synthetisches Vorurteil a priori, das sich zu beweisen sucht und dabei nur reproduziert. Jeder Spruch ist eschatologischer Einspruch gegen den abschließenden Schiedsspruch des Jüngsten Gerichts.

Hegels »übergreifendes Allgemeines«, die Idee als dialektische Identität von Begriff und Realität, ist die Einheit von romantischer Ironie und naturwissenschaftlicher Empirie, also die (transzendentale) Subjektivität als Einheit von (empirischem) Subjekt und (empirischem) Objekt. Dadurch ist der aphoristische Teufel von der *List der Vernunft* in göttlichen Dienst genommen und die destruktive Ironie der Romantiker in der List der Vernunft gut aufgehoben, d. h. dekonstruiert, funktionalisiert und sublimiert zugleich.

In der »Phänomenologie des Geistes« werden die Frühromantiker moralisch schon so verdächtigt wie später im § 140 der Rechtsphilosophie, aber ihr »reines Gewissen der schönen Seele« bei aller vermeintlichen »Heuchelei« doch als epochale Schwelle zum »absoluten Wissen« gewürdigt. Der »verrückte« Novalis und der böse Tatmensch Napoleon verzeihen einander gut christlich, und die Romantik hebt sich auf in der griechischen Kunst, die dann ihrerseits über den gemeinen Menschen hinter den erhabenen Theaterrollen überleite zum Menschen Jesus hinter dem göttlichen Christus, also zu Religion und Philosophie. Daß die romantischen Gnomiker alles frech verlachen, was ihm und seiner Zeit heilig ist, erregt

Hegels lebenslangen Zorn, und er sucht die geistreichen Spötter mit ihren eigenen Waffen zu schlagen, doch dabei treibt er seine eigene moralische Heuchelei so weit, sie moralische Heuchler zu schimpfen. Fr. Schlegels ironisch selbstentfremdete Subjektivität soll ihre Einseitigkeit verlieren, indem sie mit der positivistisch entfremdeten Objektivität in einer dialektisch »übergreifenden« Subjektivität versöhnt wird, durch beide Extreme hindurch. Beide sind sie Idealisten, aber Hegels Subjekt weiß sein Objekt in sich, Schlegel aber ewig unerschöpflich außer sich als Ideal. Hegel reserviert für sich die Einheit der Vernunft und weist Schlegel die »bloßen Reflexionsbestimmungen« des Verstandes zu, die dieser stolz annimmt. Adorno und nach ihm Manfred Frank haben darauf hingewiesen, daß das romantische Fragment durch die reflexive »Unerschöpflichkeit des Gegenstandes« das »antiidealistische Motiv inmitten des Idealismus« vertrete und nicht die davon selbstironisch »entfremdete Subjektivität«, wie ein Hermann Schmitz behauptet. Gegen Schlegels vermeintlich egoistisch frivolen Narzißmus setzte Hegel erst die sinnliche Gattenliebe und später den sittlichen Rechtsstaat.

Um die philosophische Vernunft nicht in beliebige einzelne Witze zerfallen zu lassen, ist Hegels Systematik als Universalwitz von Witzen ein Prinzip, aphoristisch zündende Witze methodisch *aufzuheben*, d.h. weiterzuerzählen, ihren ernsten Kern aus der witzigen Verkleidung zu schälen und auf die witzlose Moral von der Geschichte abzuheben. Mit jeder Gnome wird etwas gesetzt und damit von anderen Gnomen abgesetzt. Jedes Fragment kann immer auch ganz anders wie Musils „Mann ohne Eigenschaften" und ist über seine eigenen Festlegungen auch immer wieder ganz leicht und flexibel hinaus. Die»Stellung des Menschen im Kosmos« (Max Scheler) ist ihm objektiv zugewiesen und zugleich subjektiv von ihm selber gewählt : Die unauflösliche Spannung dazwischen entlädt sich in immer neuen witzigen Einfällen. Der Aphorismus ist die paradoxe Einheit von produktiver Setzung und distanzierender Absetzung, bis hin zu Schlegels identifizierender»Selbstschöpfung«, die Hegel zum *Außersichsein des Geistes* macht, und Schlegels»Selbstvernichtung«, die Hegel zur Rückkehr der einseitigen Subjektivität in substantielle Allgemeinheit veredeln will. Schlegels»Selbstschöpfung und Selbstvernichtung« lebt wieder auf in Sartres Wesensbestimmung der Existenz, die sich durch Selbstüberschreitung selber erschafft und durch Selbsterfindung hinter sich läßt.»Ich bin nicht, was ich bin, und bin, was ich nicht bin« : Das wäre eine Definition des Witzes und ist doch ganz witzlos gemeint, obgleich Sartre den Geist der Seriosität haßt und den Menschen für das Wesen hält, das einen Menschen einfach nur spiele. Sartre ist so witzlos pedantisch wie die postmodernen Differenzialphilosophen, die heteronome, heterologische und heterogene Abweichungen von allem Homophilosophischen ganz homophilosophisch kultivieren.

Gnomische Sprüche sind»jemeinige« Meinungen, ohne allgemeingültige Ansprüche deshalb preiszugeben, und umgekehrt platonische Ideen, ohne deshalb die widersprüchlichen Doxai aufzugeben. Der Adressat darf und muß selbst entscheiden, wieweit er sich getroffen fühlen will und wie unverbindlich die unverbundenen Ur-teile über ihn sind. Zukunftsträchtig an dieser unmethodischen Denkmethode könnte die subjektive Artikulation objektiver und zugleich objektive Explikation subjektiver Sachverhalte sein.

Subjektivität wird vom Hindernis zum Mittel der Objektivität und umgekehrt. Aphorismen, Fragmente und Essays sind subjektive Investitionen für objektive Amortisationen; sie sind nicht zu subjektiv, sondern gerade subjektiv genug, Subjektives recht objektiv zu erfassen. Ein >Mehr vom Gleichen< bringt oft nicht die Lösung, die das Weniger von einem >ganz Anderen< brächte, und die Gnome leistet potentiell den Quantensprung von Quantität in höhere Qualität. Jürgen Habermas wehrt in der »Theorie des kommunikativen Handelns« seinen dissidenten Lehrer Adorno als »überprägnant« ab, dabei zerredet sein eigener linksliberaler >Konsens< sich stets nur allzu unterprägnant. Mein »lebensweltlicher Fundamentalismus« vollzieht sich klassenanalytisch, psychoanalytisch und spra(u)chanalytisch im Licht eines leitenden Monotheismus als proletarische Arbeitslebenswelt, unbewußte Liebeslebenswelt und aphoristische Geisteslebenswelt. Aphorismen und Essays verteidigen nicht immer nur die alltägliche Lebensweltanschauung gegen abstrahierte Wissen(schaft)ssysteme, sondern verwahren sich, wo es nur nötig scheint, gegen dominante Alltagsklischees nicht anders als gegen die „abgekapselten Expertenkulturen". Schließlich gibt es nicht nur lebensweltfremde Fachidioten, sondern auch genug borniertes Laien, manipulierte Normalverbraucher und Halbbildungsphilister. Essays spielen sie nicht gegeneinander aus, sondern ihnen ihre Melodien vor, und sind Alternativen der Wahl zu diesen falschen Alternativen. Der Umgangssprache geben sie die Ehre, indem sie die wissenschaftlichen Kunstsprachen gegen sich selbst wenden. Erst verteidigen Fragmente demokratische Mehrheiten gegen Experten-Oligarchien und dann selbstdenkende Individuen gegen die demokratischen >Massen<, während der Konsensualist Habermas gegen Systemtheoretiker seine Lebensweltmeister aufbietet. Statt interessenleitender Erkenntnisse forciert Habermas >erkenntnisleitende Emanzipationsinteressen<, die die Erkenntnis dazu verleiten, Objektivität als Intersubjektivität von Interessengruppen mißzuverstehen. Seine psychoanalytische »Tiefenhermeneutik« wäre viel brauchbarer gewesen, wenn sie auf Freuds Triebtheorie und nicht auf Alfred Lorenzers Sprachtheorie basiert hätte. Richard Hönigswald, der letzte Neukantianer vor dem zweiten Weltkrieg, hat die normative Geltung der Begriffe ergänzt durch eine Genetik des faktischen Be-greifens, aber auch sein Erbe Hans Wagner hat diese >monadologische Denkpsychologie<, als anthropologisches Korrelat der transzendentalen Subjektivität, nicht in Freuds Psychoanalyse des Erkenntnisvermögens erkennen können.

»Lebenswelt« ist erst einmal das, was der bürgerliche Phänomenologe so denkt und treibt, wenn er seinen Brotberuf gerade einmal nicht ausübt, oder was er von den Freizeitbeschäftigungen anderer Bürger vom Hörensagen so weiß. Auch er lebt nicht primär im Weltall, sondern in abgekapselten Umwelten des Gelehrtenlebens. Phänomenologen sind inzwischen auch nur noch Experten für Nichtexpertenfragen und ergänzen den Dilettantismus der Spezialisten. Sie normieren den Otto Normalverbraucher und sehen nicht die manipulierte Befangenheit gerade ihrer »unbefangenen Lebenserfahrung«. Das »Erstgegebene und Letztbegründende« (Waldenfels) der heutigen Phänomenologie ist weder die Gottesidee noch die proletarische Hundelebenswelt und das physikalische Weltall, sondern der bürgerliche Alltag der Klassengesellschaft. Der heute fundierende »Weltglaube« ist ideologisch durch und durch und kein

Boden für ein Wahrheitskriterium. Die unmittelbare Lebenserfahrung des phänomenologischen Lebensweltbürgertums ist gesellschaftlich vermittelter, als sie wahrhaben will. »In den Netzen der Lebenswelt«, die heute alternative Netzwerke heißen, hängen die kleinen Fische, und bürgerliche Phänomenologie-Beamte reflektieren nur noch auf ihre eigenen Alltagssorgen.

Bei Hippokrates wird die Medizin zum Aphorismus, bei Kant der Witz zur Medizin. Lachen trage zum körperlichen Wohlbefinden bei und findet auch Platz in Wittgensteins Idee eines »therapeutischen Philosophierens«. Sind Aphorismen nach dem pragmatistischen Kriterium von William James „sinnvolle Sätze", bei denen es »für das konkrete Leben nützlich ist, sie zu glauben«, und einen Unterschied macht, ob sie wahr sind oder nicht? Hans Blumenberg sagt in seinen »Höhlenausgängen« : »Die Weisheit von Sprüchen entwöhnt schnell vom Umgang mit Kontexten« – der Konsenskonformisten.

Jede witzig paradoxe »Vereinigung des Unvereinbaren« als Kehrseite von Adornos Selbstverschiedenheit des Identifizierten hebt Hegels schlußdialektische »Identität von Identität und Nichtidentität« wieder auf. Das Ich kommt bei Novalis nicht ins Schweben, sondern ist nichts als dieses Schweben zwischen Selbstbindung und Selbstauflösung. Fichtes Ich-Substanz brauchte noch einen äußeren Anstoß, den sie dann nie wieder ganz in sich aufheben konnte; die Einbildungskraft des Novalis dagegen hat das Prinzip des Selbstgegensatzes in sich und ist aphoristisch witzige Identität von Homogenität und Heterogenität zwischen den Individuen und ihren Begriffen.

Das multivalente Ich des Frühromantikers zwischen zählbar eindeutigen und chaotisch verschwommenen Bestimmungen ist der geborene Aphoristiker. Bei ihm erhält die von objektiven Tatsachen »entfremdete Subjektivität« (Herm. Schmitz) der unendlichen Reflexion gleich eine aphoristische Binnenstruktur. Und Hegel holte nicht Schellings Objektivismus, sondern Friedrich Schlegels Subjektivismus dialektisch zurück in seinen eigenen „objektiven Geist". »Progressive Universalpoesie« als Universalphilosophie war der unendliche Progressus von Fichtes transzendentalem Zirkel, die Schraube endloser Reflexionen der investierenden und dann distanzierenden Einbildungskraft. Jede Schraubendrehung der potenzierten Reflexion war ein eigenes Fragment. Die bei Novalis ambivalent »geraffte Ironie« (H. Schmitz) ist eben aphoristisch gerafft zu einer schwebenden Irritation in Permanenz, einer objektiven Unstimmigkeit, die sich nicht auflösen läßt wie bei einem Witz oder einer optischen Täuschung. (Husserl nannte die Schaufensterpuppe, die für einen Moment wie ein Mensch aussieht.) »Witzverhalte könnten auch Tatsachen sein, und die Welt könnte von unauflöslichen Unstimmigkeiten nach Art der Husserl'schen Puppe durchzogen werden ... Wenn das Flackern des Charakterwechsels ... zur simultanen, nicht weichenden gegenseitigen Überschiebung zusammenrückte, müßte die Husserlsche Puppe auch als Ding an sich, als nicht auflösbarer Weltbestand ernst genommen werden ...« (Schmitz: *Neue Grundlagen der Erkenntnistheorie*, Bonn 1994, S. 142 ff.) Diese Dinge an sich mit instabilen Wesenszügen sind bevorzugte Objekte des Aphorismus, der paradox klingt, weil er Objekte beschreibt, die von sich selbst verschieden sind, ohne sich zu vernichten oder in mehrere Objekte zu zerfallen.

Marx, Schopenhauer, Nietzsche, Wittgenstein, Heidegger, Sartre, Bloch, Adorno, Habermas, Foucault, Derrida ... haben wenigstens eins gemeinsam, außer daß sie die international renommiertesten Philosophen der Neuzeit darstellen : Es sind Denker, für die Gott so tot ist, daß sie ihn längst nicht mehr vermissen oder bekämpfen. So revolutionär sie sich auch sonst gerieren, darin sind sie unkritische Nachbeter des Zeitgeistes, der nun schon zwei Jahrhunderte lang unangefochten herrscht. Der »Herr der Geschichte« läßt sie machen und überlebt den »Gott der Philosophen« ganz mühelos. Er macht sich rar nicht in der Wirklichkeit, aber im geistigen Überbau, und seine lange Abwesenheit nährt die Gegenkräfte, die ihn zurückerwarten.

Gott ist Naturgesetzgeber und milder Anwalt von Naturgesetzbrechern nur nebenbei. Christen brechen Gottes Gesetz und plädieren für mildernde Umstände und auf Unzurechnungsfähigkeit, aber kein Christ sollte die Absurdität »glauben«, daß Gott ihm zuliebe dauernd seine Spielregeln suspendiert. Für Gott ist das Absolute der Begriff, der das All umfaßt und deshalb in allen Details aus sich entlassen kann. Nichts anderes sprengt diesen Begriff von allem als das »Nichtige«, das Hegel »faule Existenz« nannte, und das »absolut Böse« der »wahnsinnig gewordenen Subjektivität«, die er in den Frühromantikern sah. Die göttliche Idee, wie Hegel sie kannte, läßt auch unzählige Aphorismen frei, die sie allerdings nicht wieder in sich selbst zurücknehmen kann. Das Absolute sei immer schon bei uns Menschen, aber nicht beim Aphoristiker vom Schlage eines Novalis oder Schlegel. Aphorismen sind Individuen, die gleichsam keinen übergeordneten Allgemeinbegriff kennen und dulden, sondern ihren systematischen göttlichen Inbegriff permanent sprengend erfüllen. Frege und Husserl verbannten die Psychologie aus der Philosophie, aber die Psychoanalyse war da noch nicht mitgemeint, und Freud psychoanalysiert die Motive dieser philosophischen Psychologismuskritik. Hegel ließ die philosophische Eule der Minerva erst in der Dämmerung ihren Flug beginnen, sobald eine Kultur sich längst ausgestaltet hat, und diese Dämmerung ist keine Morgendämmerung. Mit der Philosophie hat die Aphoristik gemeinsam, daß beide die ausdifferenzierten Wissenssysteme voraussetzen, die sie abschließend beurteilen. Die philosophische Funktion des Aphorismus liegt darin, die Synthesen zusammenzuziehen in Einzelthesen, die ihre Antithesen in sich haben. Vorsokratische Fragmente begannen vorwissenschaftlich, wurden bei Bacon bis Lichtenberg innerwissenschaftlich als heuristisch positivistische Arbeitshypothesen, ehe sie von Novalis bis Nietzsche nachwissenschaftlich wurden. Aphorismus : die Schlußsynthese als Einzelthese, die ihre Antithese in sich hat, das größtmögliche Ganze im kleinstmöglichen Urteil, das selber kein Teil des Ganzen mehr ist, sondern es ergänzt um seinen Inbegriff, die Einheit von Gegensätzen in einem Satz. Aphorismen sind keine Grundsätze, sondern Sätze, die das Mißverhältnis unseres Verhaltens zu ihnen festhalten. Sie sind logisch nicht auseinander zu schließen, sondern schließen einander nur aus, weil jeder schon ein»impliziter Schluß« (Welser) ist, oft auch ein gewagter Analogieschluß. Jeder A. schließt (ana)logisch, aber nicht auf einen anderen, und ist selber der logische Schluß, der nicht mit einem anderen Urteil verbindet. Er sagt in einem Satz mehr, als in ihm Platz findet. Im einzelnen Urteil ist ein Ganzes (ganz oder nur in einem Aspekt) enthalten, das macht ihn zu einer literarischen Form. Ein Ganzes spiegelt sich in einem seiner Teile oder in einem Teil eines anderen Ganzen.

In der Einzigkeit jedes Einzelsatzes will eine Einheit des Wissens sich ausdrücken durch Einzigartigkeit des Verfassers hindurch. Ein Satz will in einem geistreichen Satz über den Zeitgeist hinaus sein und setzt sich in Gegen-Satz zu üblichen Satzungen und Voraussetzungen. Er ist eine Synthese heterogener Vorstellungen, aber die Synthese dieser aphoristischen Teilsynthesen ist nur eine Idee aus der Einheit des Verfassers. Es gibt keinen kausalen Weg von Einzelsynthese zu Einzelsynthese, und wenn es eine Kausalkette von A nach B und eine von C nach D gibt, dann muß es deshalb noch keine von AB nach CD geben − oder auch nur von AB nach AC. Nach der 1. kopernikanischen Wende traten die ersten französischen Moralisten auf, nach Kants 2. kopernikanischer Wende traten die nachsokratischen Fragmente der Frühromantiker auf. Aphorismen verlieren nicht viele Worte, weil sie das letzte Wort behalten wollen. Sind sie die erste Sprache im Paradies, wie Aphoristiker Canetti vermutete, oder die letzte Sprache nach aller mathematisierten Wissenschaft?

Auch der Aphorismus kann eine paradox formulierte religiöse Spruchweisheit sein, sofern er die Selbstaufhebung innerweltlicher Positionen mit philosophisch-rhetorischen Mitteln vorführt : Etwas fällt aus einem konsistenten menschlichen Sinnsystem heraus − eine Kontingenz wird erfahren und dann zugleich in ein ganz anderes Bezugssystem eingefügt − diese Kontingenz wird wieder transzendiert und renormiert. Existenziell bedeutsame Kontingenzerfahrungen und transzendente Kontingenzbewältigungsformen sind auch und gerade in der Aphoristik möglich und besonders sinnvoll, ohne ihre theologische Dienstverpflichtung zu betreiben. Hegels Dialektik sollte den Subjektivismus von Schlegels Aphorismen aufheben, doch Adornos Verteidigung des Aphorismus sollte den Subjektivismus von Hegels Dialektik aufheben. Aphorismen kritisieren irreführende Denkkonventionen und werden von analytischen Philosophen selber als »irreführende Redewendungen« kritisiert und mit »Sinnlosigkeitsverdacht« belegt.

Die aphoristische Formel ist ein Satz, der den Gegen-Satz formuliert zwischen den jeweiligen Grundantagonismen eines Bezugssystems. Wo Ideologien die vermeintlich gelungene Aufhebung von schmerzlichen Dualismen postulieren, betonen Aphorismen aufreizend die fortdauernden Widersprüche innerhalb propagierter Versöhnungen.

Wo etwa der soziale Konsens sich für längst geglückt ausgibt, verweist der Aphoristiker – auch und gerade nach dem verdienten Ende des Sozialismus – auf den ungelösten Konflikt zwischen Kapital und Arbeit. Er greift den Chorismus zwischen Idee und Erscheinung dort auf, wo er ihn historisch vorfindet. Die Kluft zwischen Wirklichkeit und Möglichkeit wird plötzlich wirksam, die Differenz zwischen Sosein, Bewußtsein und Dasein ist mit einem Mal da und wird bewußt, die Existenz ist »noch nicht« (Bloch) die Existenz ihrer Essenz, die Realität realisiert immer »noch nicht« ihren Begriff, der Verstand steht vor seinem Gegenstand dumm da, der Intellekt hat den Affekt nicht intelligibel gemacht, der Abgrund zwischen Gefühlen und Gedanken wird entweder nur gefühlt oder gedacht, Utopie und Entropie verdrängen einander, Denken und Handeln sprechen grundverschiedene Sprachen, die Neigungen verneigen

sich nicht vor den Pflichten, Menschensatzungen
widersetzen sich dem Gesetz Gottes, Quantitäten
disqualifizieren die Qualität, outrierte Mittel werden sich zum Selbstzweck und desavouieren die
Zweckmäßigkeiten, Akzidentelles erklärt sich selber
für substantiell, abstrakte Systeme grenzen konkrete
Lebenswelten systematisch aus, Phänomenales fragt
nicht mehr nach Dingen an sich, Subjekte und Objekte, obwohl unvereinbar wie eh, geben sich füreinander aus, nur der Zufall selber ist noch notwendig
und die Notwendigkeit nur zufällig, der Graben zwischen Sinn und Sinnlichkeit wird im Aphorismus
unüberbrückbar sinnfällig etc. etc.

Aphorismen sind Urteilssprüche, die lange Ermitt-
lungen und Plädoyers enthalten. Die geistige Welt
zerfällt in gesetzmäßige Gesetzesverstöße und einzelne Zusammenhänge ohne erkennbaren Zusammenhang. Da Bacons Aphorismen Hegels holistische
Geistessynthese nicht mitmachen, bleiben ihre Antithesen zur Logik stehen auf dem Boden der physikalischen Naturgesetze, des »unglücklichen Bewußtseins« der Skeptiker und im »geistigen Tierreich«
der frühromantischen Bildungsfragmente.

Nach Rickert und Adorno gehen Naturwissenschaften auf das nomothetisch Allgemeingültige und die
Geisteswissenschaften auf das idiographisch Besondere. Bei Hegel steht umgekehrt die Natur für das
ganz Besondere und der Geist für das AllgemEine.
Der Aphorismus, ein Vernunftschluss aus Verstandesurteilen über sinnliche Mannigfaltigkeiten, vereint
Verschiedenes neuartig zu einem Torso, der instabil
mehrdeutig wiederum auf Verschiedenes verweist.
Selbstbestimmung des Daseins erreicht er auf dem
Boden von phänomenologischen Wesensbestimmun-

gen des Soseins. Etwas hat wesentlich mit etwas anderem weit davon Entlegenen zu tun, und die »Verbindung des Heterogenen« wird erreicht durch analogische Mehrdeutigkeit dieses Kunsttorsos. Vereint der Allgemeinbegriff, was die fünf Sinne trennen, und/oder unterscheiden die Gedanken, was die Gefühle verschmelzen? Aphoristik ist eine philosophische Methode, die für unkonventionelle oder verborgene Zusammenhänge *und* Unterscheidungen eine besondere Sprache schafft. Im Übrigen gibt es keine hegelianische Schlußsynthese aller antithetisch aphoristischen Einzelsynthesen : Jeder der Aphorismen ist ein besonderer Aspekt des Ganzen, das sie zusammen nie bilden. Gnome bilden zusammen nicht das Ganze, das jeder schon für sich allein ist.

Karl Popper läßt Erkenntnisse entstehen durch die aphoristische Falsifikation von Gesetzeshypothesen, nicht durch induktive Kumulation von Aphorismen. Noch so viele Aphorismen können nicht eine einzige Hypothese beweisen, aber ein einziger Aphorismus kann sie zurückweisen. Dieser anti-autoritäre Antiholistiker widerlegt fremde Vermutungen durch widerlegbare eigene Vermutungen. Er übt Sachkritik an Werturteilen ebenso wie Normkritik an vollendeten Tatsachen. Die isolierte Singularität der Aphorismen ist wissenschaftstheoretisch bedeutsamer als ihre induktive Kumulation. Die Prinzipien des *Kritischen Rationalisten,* Fallibilismus, piecemeal engineering und methodische Selbstkritik, werden gerade vom prinzipienlos unmethodischen Aphoristiker so gut erfüllt, daß er von Popper und Albert gar nicht erst erwähnt wird.

Vielleicht ist er oft nicht nur der bessere kritische Rationalist, sondern auch der bessere *Hermeneuti-*

ker, da er sogar heterogenste »Sinnhorizonte« verschmelzen« kann. Er lebt vom unschlichtbaren Konflikt zwischen naturwissenschaftlichem Sachverstand und geisteswissenschaftlichem Sinnverständnis. Seine zusammenhanglosen Verstandesurteile verstehen sich auf das Verständnis für unselbstverständlichste Sinnzusammenhänge ohne Einverständnis mit ihnen. Isolierte Aphorismen erfassen historisch idiographische Sinngehalte gerade durch »Reflexion auf umfassende Vorverständnisse« von »vorwissenschaftlicher Lebenspraxis« (Dilthey). Auch für Aphorismen sind die historischen Situationsanlässe und die Lebensgeschichte des Autors »unhintergehbar«. Die Anthropologie des Neophänomenologen Hermann Schmitz exemplifizierte das Wesen menschlicher Biographie am »instabilen Mannigfaltigen« jenes »Witzverhalts«, der als Witz an der Sache gerade der Gegenstand des Aphorismus ist, die gleichzeitige rationale Unterscheidung und affektive Verschmelzung verschiedenster Vorstellungen. Der Aphorismus zwischen Andeutungen und Bedeutungen ist jener Teil des Ganzen, der das Ganze ganz enthält. Wenn der »hermeneutische Zirkel«, alle Teile aus dem Ganzen und das Ganze aus seinen Teilen zu verstehen, nach Heidegger zum Wesen des menschlichen Daseins gehört, dann ist jedes Dasein gerade aphoristisch besonders verständlich. Die Stimmungen entsprechen nicht, sondern widersprechen meist den Selbst- und Wesensbestimmungen, die sie ermöglichen. Der rationale Hintergrund irrationaler Abgründe und der dunkle Untergrund rationaler Begründungen verbinden sich nicht so harmonisch, wie der Hermeneutiker gemeinhin wahr haben möchte. Erst opponierte der Aphorismus naturwissenschaftlich den scholastischen Systemen und dann geisteswissenschaftlich den naturwissenschaftlichen Deutungsmonopolen.

Er versteht die Unerklärlichkeiten und erklärt die Missverständnisse seiner Gegner. Er rekonstruiert Weltbilder nicht, ohne sie gründlich zu kritisieren, und rekonstruiert dann die Geschichte der Kritik selber. Auch der aphoristische Mut zu Vermutungen ist als vorwitziges Vor-Urteil ein begrifflicher Vorgriff, den schon Kant zu würdigen wußte :»Baco von Verulam hat an seiner eigenen Person von dieser Kunst vorläufig zu urteilen (iudicii praevii) ein glänzendes Beispiel in seinem Organen gegeben, wodurch die Methode der Naturwissenschaft in ihr eigentliches Gleis gebracht wurde.«(»Anthropologie in pragmatischer Hinsicht«, Werke XII, Frankfurt/M. 1982, S. 538) Im Übrigen kann kein Hermeneutiker die sprachliche Bedingtheit geistiger Vorgänge ernster nehmen als der Aphoristiker. Das»jeu de maximes« gehört zu Wittgensteins demokratisch pluralistischen Sprachspielen, aber jeder Aphorismus ist selber ein besonderes und unableitbares Sprachspiel, dessen Urteilssprüche»Familienähnlichkeiten« zwischen geistigen Fremdlingen aufdeckt.

»Erst durch Unterbrechendes wird Zusammenhang bewährt.« *(Ernst Bloch).*

Beobachtung ohne Hochachtung und Verachtung

»Die Anfangs- und Endform alles Philosophierens,
der Ausdruck für das erste Fragen und die letzte Einsicht: der Aphorismus ... der nun erst gleichberechtigt
neben die großen weltgeschichtlichen Weisen des
Philosophierens tritt.« *(Arthur Hübscher)*

Nichts bringt den Aphorismus mehr aus der Kurzfassung als ein ganzer Band davon. Für Aphoristiker
ist jeder Aphorismus noch zu lang und jeder Aphorismenband zu kurz, für Leser ist es umgekehrt.
Aphoristiker sind die Spitzensportler der Literatur
und Aphorismensammlungen die Spitzengespräche
der Philosophen. Aphorismen haben so wenig miteinander zu tun wie die Dinge, die jeder von ihnen verbindet. Aphorismen sagen nur, was alle Leute guten
Willens unfreiwillig zugeben müßten, aber dieser ist
eine Ausnahme von der Regel, daß alle Regeln Ausnahmen haben, die sie bestätigen. »Die epigrammati-
sche Faust erledigt, was uns sonst gründlicher be-
schädigt.« *(Heimito v. Doderer)*

»Aphorismen sind eigentlich ziemlich alt und gewiß
eine Wurzel des heutigen modernen Witzes.« (*Eike
Chr. Hirsch*: »Der Witzableiter«, München 1993, S.
38) »Der Witz ist ein spielendes Urteil ... im Widerspruch mit der Hausordnung des Geistes.« (Kuno
Fischer) Die Aphoristiker machen freiwillig, was
Psychotiker unfreiwillig tun, nämlich dauernd leicht-
sinnige Analogieschlüsse ziehen. Der Aphorismus
schafft das Kunststück, dem Es und dem Über-Ich
und der Realität zugleich Genüge zu tun, indem er
Wünsche befriedigt durch logische Bestechung der

Gewissenszensur und wahre Realitätserfahrung erreicht durch Ablenkung von Ideologie-Instanzen. Er ist inzwischen anerkannt als wissenschaftliches Objekt, aber noch lange nicht als wissenschaftlicher Beitrag. Sein Beitrag zur Wissenschaft wird nachgerade dadurch neutralisiert, daß er Gegenstand der Sprach- und Literaturwissenschaft geworden ist, und die übrigen Wissenschaften setzt er eher voraus als fort. Aphoristische Minimal-Maximen sind keine Systeme, sondern System-Antizipationen, also Ideen eines künftigen Abschlusses, der den Fortschritt steuert. Sie haben in Gedanken die Systeme schon hinter sich, welche in Wirklichkeit noch Vorstufen sind. Aphoristische Hinterwelten : Hinter objektiven Naturerscheinungen stecken „subatomare Quarks", hinter Ideologien materielle Interessen, hinter subjektiven Erscheinungen der menschlichen Natur steckt unbewußter Eros und hinter subjektiven wie objektiven Fassadenphänomenen das Gesetz Gottes. Subjektiv sieht jedes Ding ganz griffig aus, objektiv ist es ein Gewimmel von Strings. Subjektiv fühlt sich jedes Subjekt ganz vernünftig, objektiv ist es ein Spielball dunkler Triebe. Philosophie verhielt sich um 1800 zur Religion nicht nur wie Protestanten zu Katholiken, sondern wie Kant zu Hegel, also wie Altes zu Neuem Testament und nicht wie Vorstufe zu Oberstufe, sondern wie das Fundament zur Dachmansarde. Natur- und Geisteswissenschaften verhalten sich wie Gottes Schöpfung zu Schöpfungen des Menschen, aber Kultur gäbe es erst, wenn der gesellschaftliche Konkurrenzkampf kein materieller Existenzkampf mehr wäre, sondern ein geistiger Wettkampf um seiner selbst willen. Fausts Famulus Wagner wäre zu rehabilitieren bei Goethe.

Der Aphorismus ist das geistige Bild des monadisch autonomen Individuums mit eigener Entelechie, das »kleinstmögliche Ganze« (Musil), der Mikrospiegel des Makrokosmos, ein Gesichtspunkt als Schnittpunkt eines Blickwinkels, unter dem das Ganze erscheint. Eine Einzelexistenz, die sich ihr eigenes Wesen selber schafft, erfindet ihren Oberbegriff, in dem sie neben oder ohne alle weiteren Einzelexistenzen vorkommt. Wer einzigartig sein will, schafft sich ein Wesen, das er mit keiner Koexistenz teilen muß. Der Existenzialist de-finiert sich apo-horistisch durch ein »gnomisches« Urteil, das sich als Klasse aller Einerklassen selbst bestimmt. Sich ein Bild von sich selbst machen, auf den eigenen Begriff kommen heißt, sich als einziges Element einer Einsermenge zu verstehen. Der Aphorismus ist als Ausnahme von der Ausnahme, die die Regel bestätigt, die Regel aller Ausnahmen. Er sagt nicht, was er sagt, und sagt, was er nicht sagt. Er macht sich seinen Begriff, den er nicht erfüllt, und sein Begriff, unter den er fällt, fällt nicht herein auf die bloße Erscheinung vor dem Wesen der Sache dahinter. Aphorismen sind Meta-Maximen über das Mißverhältnis unserer Maximen und unserer Handlungen.

Ein platter Aphorismus entspricht selber nicht seiner platonischen Idee, daß die Realität ihrer platonischen Idee widerspricht. Brentano sprach von »Sätzen an sich«, Aphorismen sind geschlossene Schlüsse an sich. Für den »ersparten Hemmungsaufwand« (Freud) muß Witzarbeit geleistet werden, damit das Es ungestraft siegen kann. Preis jeder Witzlust ist Witzarbeit.

Nichts führt »ausdifferenzierte Expertenkulturen« eleganter zurück in lebensweltliche Zusammenhänge als die aphoristische Formel, die deren ungelöste

Konflikte ausformuliert, der »sinnliche Vorschein« einer systematischen Weltbild-Einheit in einem Einzelurteil. Hier werden Systemteile zu Teilsystemen.

Der Aphorismus ist jener Teil eines Ganzen, der das Urteil über dieses Ganze ist, und jenes Urteil über ein Ganzes, das schon Bestandteil eines neuen besseren Ganzen ist und es vorskizziert. Früher war er eine einzelwissenschaftliche Beobachtung, heute ist er eine mehr nachwissenschaftliche Zusammenfassung des wissenschaftlich Erfaßten. Ein je einzelner Aspekt des Ganzen ist singulär und universell zugleich. Er weiß nicht alles über eine Einzelheit, ist aber ein Einzelurteil über eine systematische Einheit des Wissens, deren Bestandteil er nach Russells Paradox gar nicht sein kann. Denn das makroskopische Weltbild darf *nicht* erst durch seinen aphoristischen Inbegriff gebildet werden, sondern muß bereits abgeschlossen vorliegen, bevor es sich in der monde concentré seines aphoristischen Mikrokosmos spiegeln kann. Der Aphorismus, der kumulativer Bestandteil eines Ganzen ist, ist ein strukturell anderer als jener, der schon jenseits dieses Ganzen steht als dessen Inbegriff, durch eine ganze Metasprachstufe voneinander getrennt. Aufschlußreiche aphoristische Schlüsse schließen vollendete Wissenssysteme ab und neue auf. Robert Musils Bestimmung des Aphorismus als »kleinstmögliches Ganzes« ist etwas irreführend : Er ist im Gegenteil das kleinstmögliche Ur-Teil über das größtmögliche Ganze. Musil war auch Aphoristiker, aber kein bedeutender, und der Aphorismus, den er nicht komprimieren konnte, wuchs sich ihm aus zum größtmöglichen Roman, der Fragment blieb.

Fragmente der Nachsokratiker in der europäischen Philosophie

Die aphoristisch unterwanderte Philosophie-geschichte Europas begann mit *Heraklits* dunklen „vorsokratischen Fragmenten" zwischen antagonistischen Spannungspolen. *Platon* war Literat und Philosoph zugleich, ein Dichter der Dialoge und Denker der Ideen. Auf ihn berief sich noch im 19. Jahrhundert der Moralist Joseph Joubert, „Platone platonior".

Platons Meisterschüler *Aristoteles* beschrieb in seiner „Rhetorik" (Kapitel II, 21) das „gnomische Enthymem" („Gnome": Erkenntnis) hinter der Affektenlehre. Der sophistische Arzt *Hippokrates* verfaßte um 400 vor Chr. erste medizinische „aphorismoi". Der pointierte Lakonismus des römischen Stoikers *Seneca* bildete in den ersten Jahrzehnten nach Christus einen Vorläufer des aphoristischen Stilideals.

Francis Bacon verteidigte zum ersten Mal gedankenexperimentelle Forschungsaphorismen ausdrücklich gegen die methodische Pedanterie scholastischer Summen-Systeme. *Montaignes* „Essais" von 1580 begründeten die europäische Moralistik i. e. S., mit vielen Apophthegmta-Zitaten aus der lateinischen Antike. *Blaise Pascals* aphoristische „Pensées" und *Balthasar Gracians* prä-aphoristisches „Handorakel der Weltklugheit" (1647) beeinflußten Larochefoucauld, den Urahn des literarischen Salon-Aphorismus von 1665, in der aristokratischen Fronde gegen den absolutistischen Hof von Versailles.

Das Werk des logischen Rationalisten *Leibniz* liegt so überfragmentiert vor wie das des logischen Mystikers Wittgenstein und spiegelt ein infinitesimal überfragmentiertes Weltbild. Seine gleichsam aphoristisch konzipierten „Monaden" (Einheiten) sind miroirs vivants, jede eine monde concentré, ein perspektivischer Kleinstspiegel des Universums aller anderen Monaden. „Monaden haben keine Fenster" zu anderen metaphysischen Aphorismen, und jede reflektiert die Konstellationen aller anderen (sozialdarwinistisch konkurrierenden) Alternativmöglichkeiten. Seit *Lichtenberg* war der literarische mit dem philosophisch-wissenschaftlichen Aphorismus pietistisch-positivistisch verbunden.

Kants praktische Vernunft ging aus von „Maximen des Handelns", willkürlich wählbaren moralistischen Klugheitsregeln (hypothetische Imperative), die er dann einem moralischen Generalisierbarkeitstest unterwarf, ob sie auch reine Naturgesetze seien. Kants „Anthropologie in pragmatischer Hinsicht" untersuchte, bevor die Frühromantiker ihn zum „Prinzip und Organ der Universalphilosophie" erhoben, den Witz als „Assoziation heterogener Vorstellungen der Einbildungskraft" („gemeinsame Wurzel von Verstand und Sinnlichkeit"). Kant empfahl diesen Esprit als belebend gesundes und „freies Spiel aller Gemütskräfte", weil „das Paradoxon das Gemüt zur Aufmerksamkeit und Nachforschung erweckt, die oft zu Entdeckungen führt", also zu fruchtbaren Hypothesen. Gerhard Neumann sprach von einer „transzendentalen Moralistik" seit Kants großer „kopernikanischer Wende", welche zu *Fichtes* Entdeckung einer von objektiven Fakten „entfremdeten Subjektivität" (Hermann Schmitz) führte, die ohne Fichtes „Tathandlung" in die Fragmente der „romantischen Ironie" mündete. Jedes *universalpoetische* Fragment stellt eine witzige Teilsynthese dar als indirektes Symbol des unerschöpflichen Absoluten; jedes endliche Bruchstück bildet für Schlegel und Novalis eine Allegorie des unendlichen Ganzen, das anders als indirekt gar nicht zu erkennen und auszusprechen sei.

Der unromantische *Salomon Maimon* arbeitete dem frühromantischen Projekt vor, indem er schon vor Fichte, Schlegel und Novalis ein Fichte ohne „Tathandlung" war, Kants reine Ideenvernunft der Dialektik durch *transzendentale Einbildungskraft* ersetzte, den *transzendentalen Zirkel* zwischen subjektiver Bestimmung und objektiver Bestimmtheit einführte und die *absolute Abstraktion* als Emanzipation der Ideen von Kants „Ding an sich" lehrte. (Mathematische Konstruktionen der Imagination schienen ihm allerdings vollkommener als die „ästhetischen Ideen" der romantisch ausschweifenden Phantasie.)

Schon *Salomon Maimon* hatte noch vor Gottlieb Fichte in Kants Ideen der reinen Vernunft nur Vollkommenheitsideen einer Einbildungskraft gesehen, die seit Schlegel und Novalis ins „reine Schweben" der romantischen Phantasie über allen Fakten geriet. *Friedrich Hegels* System war vermutlich motiviert vom Versuch, diesen ironischen Subjektivismus der freien romantischen Fragmente ins große Ganze wiedereinzufangen, zu entschärfen und dann dialektisch zu überbieten, ohne nun in einen bloßen Fakten-Objektivismus zurückzufallen.

Vom frühromantischen Motiv der schrankenlos wendigen, emanzipierten Subjektivität zehrten noch *Schopenhauers* „Aphorismen zur Lebensweisheit" (aus freiem „Weltauge" über allem Welttreiben) und die ideologiekritischen Aphorismen *Nietzsches.* Beide waren durch die europäische Moralistik gegangen und von Larochefoucauld, Lichtenberg und Chamfort tief beeindruckt und beeinflusst.

Der Einfluß des frühromantischen Fragmentarismus reichte bis zum logischen Atomismus *Wittgensteins,* der unter dem Eindruck des sprachkritischen Aphoristikers Karl Kraus seinen „Tractatus" von 1922

147

ursprünglich „Der Satz" nennen wollte. Im Fragment „zeigt sich nur indirekt", was nicht der Fall sei, also das in formaler Logik und mathematischer Physik „Unaussprechliche", das Ganze, das er das Mystische nannte: die Art und Weise, wie das Subjekt über sein Objekt redet. (Siehe auch Manfred Frank: „Stil in der Philosophie", Stuttgart 1992)

Im 20. Jahrhundert hat noch einmal *Theodor W. Adorno* die ideologiekritische Potenz und die „negative Dialektik" des individualistischen Einzelaphorismus verteidigt gegen kollektiven Konformismus, Hegels Allversöhnungssynthese und andere potent(iell)e Weltbemächtigungssysteme. Im Aphorismus sah er nach Nietzsche eine „rationale Vernunftkritik" und pries (wie Löwith und Blumenberg) einen Paul Valéry, dessen Gnomik die unaufhebbare Spannung festhielt zwischen Kunst und Philosophie.

„Meine Philosophie ist ein System von Fragmenten." *(Friedrich Schlegel)*

„Nietzsches Philosophie ist ... ein System in Aphorismen." *(Karl Löwith, 1978)*

Nach Habermas sind Adornos „Minima Moralia" als „Sammlung von Aphorismen zu lesen, als sei sie ein philosophisches Hauptwerk."

Aphoristik „erscheint als literarische Anthropologie im 17. und 18. Jahrhundert, als lebendigster Ausdruck des Konflikts von logisch-mathematischer und ästhetischer Wahrheit (Gerhard Neumann: „Ideenparadiese", München 1976) um die Wende zum 19. Jahrhundert in Deutschland, als Integration von Poesie und Philosophie im romantischen Fragment, als Einheit von Erleben und Denken, Wahrheit und Dichtung bei Nietzsche ..." *(Friedemann Spicker: „Aphorismen der Weltliteratur", Stuttgart 1999)*

In Aphorismen entlädt sich (geistes)blitzartig die unlösbare Spannung zwischen besonderer Lebenserfahrung und allgemeingültigen Wissen(schaft)s-systeme, zwischen Bild und Begriff, Gefühl und Gedanke, Einbildungskraft und Urteilskraft. Versucht wird hier eine Rehabilitierung des Aphorismus nicht als zu kurz kommende literarische Gattung, sondern als stets unterschätzte philosophische Form, als philosophischer Gehalt in literarischer Gestalt.

Von den medizinischen Heilregeln des Sophisten *Hippokrates* und *Heraklits* frühdialektischen Rätselsprüchen ging es über *Bacons* anti-scholastische Forschungsaphorismen und *Pascals* religiöse Spruchweisheit, die lebensphilosophischen Paradoxa der *'Französischen Moralisten'*, *Lichtenbergs* pietistisch-empirische Aufklärungspointen, *Friedrich Schlegels* frühromantisch fragmentierten Idealismus bis hin zu *Nietzsches* aphoristischer Ideologiekritik, *Wittgensteins* logico-atomistischem „linguistic turn" und schließlich zu *Adornos* System der rational vernunftkritischen, bezugssystemsprengenden Fragmente.

Platon über Ur-Aphoristiker *Heraklit,* den „Dunklen", und die Herakliteer: „Wenn du einen etwas fragst, so ziehen sie aus einem Köcher rätselhafte kleine Pfeile hervor und schießen diese ab; und willst du eine Erklärung, wie es gemeint gewesen, so wirst du von einem ähnlichen getroffen ..." *(Theaitet* 180a)

„Das Schreiben in Aphorismen hat sehr viele Vorzüge, an die die systematische Vermittlung nicht heranreicht. Erstens nämlich stellt es den Verfasser auf die Probe, ob er leichtfertig oder solide arbeitet. Wenn Aphorismen nicht lächerlich wirken sollen, müssen sie aus dem Mark und dem Kern der Wissenschaften gewonnen werden. Abgeschnitten wird nämlich jede Veranschaulichung und jeder Exkurs; es fällt fort jede Vielfalt der Beispiele, jede Herleitung und Verbindung und jede Beschreibung der praktischen Anwendungen, so daß als Stoff der Aphorismen nichts übrig bleibt als eine reiche Menge an Beobachtungen. Daher wird nicht jeder der aphoristischen Lehrweise genügen, der nicht reiche und gründliche Sachkenntnisse zum Schreiben besitzt ... Weil hingegen die Tatsachen im Alltag verstreut liegen und nicht nach einer Ordnung zusammengefügt sind, entsprechen ihnen auch eher verstreute Zeugnisse. Da schließlich Aphorismen Wissensbrocken bieten, laden sie dazu ein, weitere hinzuzufügen, während die systematische Darstellung, die mit einer vollständigen Wissenschaft des Ganzen prahlt, die Menschen sogleich zu sicher macht, als hätten sie schon das Höchste erreicht." *(Francis Bacon: „The* Advancement of Learning", London 1605) „Und obgleich viele Dinge in der Natur einzigartig und voller Ungleichheit sind, dichten sie dennoch Parallelen, Entsprechungen und Beziehungen hinzu, die nicht bestehen." *(Francis Bacon: „Novum* Organum", London 1620, Nr. 45)

„Der berühmte Baco von Verulam hat schon gesagt, und wir haben es wahr befunden, daß in einer Wissenschaft nicht viel mehr erfunden wird, sobald sie in ein System gebracht worden ... Was Bacon von der Schädlichkeit der Systeme sagt, könnte man von jedem Wort sagen." *(Lichtenberg, 1773)*

„Der aufmerksame Forscher setzt aus solchen Formeln eine Art Alphabet des Weltgeistes zusammen." „So müssen wir uns die Wissenschaft notwendig als Kunst denken, wenn wir von ihr irgendeine Art von Ganzheit erwarten." *(Goethe, 1818)*

„Sprachkürze gibt Denkweite." *(Jean Paul)*

„Die vollendete Form der Wissenschaften muß poetisch sein. Jeder Satz muß einen selbständigen Charakter haben — ein selbständiges Individuum, Hülle eines witzigen Einfalls sein." *(Novalis)* „Die wichtigsten wissenschaftlichen Entdeckungen sind bonmots der Gattung." „In der Philosophie geht der

Weg zur Wissenschaft nur durch die Kunst ..." „Alle Kunst soll Wissenschaft und alle Wissenschaft soll Kunst werden; Poesie und Philosophie sollen vereinigt sein." „Die eigentliche Form der Universalphilosophie sind Fragmente ... Aphorismen als Notizen der innern Symphilosophie." „Der Witz ist das Prinzip und Organ der Universalphilosophie." *(Friedrich Schlegel)* „Es gibt zwei Arten von Weisheit... Die erste ist jene Weisheit, die auf langen Ketten von Schlußfolgerungen beruht ... Die zweite ist jene, die durch die Lebenserfahrung erlangt wird ... Diese unsystematische Weisheit, in allen Perioden der Geschichte von scharfsinnigen Geistern aus ihrer persönlichen Erfahrung abgeleitet, wird mit Recht die ewig gültige Weisheit der Jahrhunderte genannt ... Die Form, in der diese Art der Philosophie sich auf höchst natürliche Weise verkörpert, ist die der Aphorismen." *(John Stuart Mill, 1836)* „Der Philosoph vergesse nie, daß er eine Kunst treibt und keine Wissenschaft." *(Schopenhauer)* — „Von der Kunst aus kann man dann leichter in eine wirklich befreiende philosophische Wissenschaft übergehen." „In Aphorismenbüchern gleich den meinigen stehen zwischen und hinter kurzen Aphorismen lauter verbotene lange Dinge und Gedankenketten und Manches darunter, das für Ödipus und seine Sphinx fragwürdig genug sein mag." „Eine Sentenz ist ein Glied aus einer Gedankenkette; sie verlangt, daß der Leser diese Kette aus eigenen Mitteln wiederherstelle ... Eine Sentenz ist eine Anmaßung." *(Fr. Nietzsche,* 1879) Für *Nietzsche* „macht die aphoristische Form Schwierigkeit: sie liegt darin, daß man die Form heute nicht schwer genug nimmt." (Genealogie der Moral, Vorrede) „Der Aphorismus, die Sentenz, in denen ich als der erste unter Deutschen Meister bin, sind die Formen der 'Ewigkeit'; mein Ehrgeiz ist, in zehn Sät-

zen zu sagen, was jeder andere in einem Buche sagt
— was jeder andere in einem Buch *nicht* sagt..."
(Götzendämmerung, Nr. 51) „Es gibt Wendungen und
Würfe des Geistes, es gibt Sentenzen, eine kleine
Handvoll Worte, in denen eine ganze Kultur, eine
ganze Gesellschaft sich plötzlich kristallisiert." (Jenseits von Gut und Böse, Nr. 235) „Ein Aphorismus,
rechtschaffen geprägt und ausgegossen, ist damit, daß
er abgelesen wird, noch nicht 'entziffert'; vielmehr hat
nun erst dessen Auslegung zu beginnen, zu der es
einer Kunst der Auslegung bedarf." „Etwas Kurzgesagtes kann die Frucht und Ernte von vielem Langgedachten sein." „Was heute gut gemacht, meisterhaft
gemacht werden kann, ist nur das Kleine." „Ein
Aphorismus, rechtschaffen geprägt und ausgegossen,
ist damit, daß er abgelesen wird, noch nicht 'entziffert'; vielmehr hat nun erst dessen Auslegung zu beginnen, zu der es einer Kunst der Auslegung bedarf."
„Etwas Kurzgesagtes kann die Frucht und Ernte von
vielem Langgedachten sein." „Was heute gut gemacht,
meisterhaft gemacht werden kann, ist nur das Kleine.
Hier allein ist noch Rechtschaffenheit ... Der Wille
zum System ist Mangel an Rechtschaffenheit ... Die
tiefsten und unerschöpflichsten Bücher werden wohl
immer etwas von dem aphoristischen und plötzlichen
Charakter von Pascals Pensées haben." „Larochefoucauld, La Bruyère ... Vauvenargues, Chamfort ...
sie enthalten mehr *wirkliche* Gedanken als alle Bücher
deutscher Philosophen zusammen : Gedanken von der
Art, die Gedanken macht ..." (Der Wanderer und sein
Schatten, Nr. 214) — „Philosophie ... will, was alle
Künste und Dichtungen wollen, — vor allem unterhalten ..." (Morgenröte, Nr. 427) Dazu passt dann
auch: „Philosophie dürfte man eigentlich nur dichten."
(Ludwig Wittgenstein : „Vermischte Bemerkungen")

„Wenn alles ineinanderpasst, wie bei einem Philosophen, hat es nichts mehr zu bedeuten. Getrennt verletzt es und zählt es." *(Elias Canetti)* „Aphoristisches Denken ist wesentlich Lebensphilosophie, Elementarphilosophie." „Der Aphorismus ist die älteste, die einfachste und die allgemeinste Form philosophischer Erwägung." „Seltsam genug, daß die Philosophen selbst eine außerordentlich hohe Wertschätzung der Aphoristiker und ihrer Werke bekunden ... John Stuart Mill war voll des Lobes über die Betrachtungen Marc Aurels wie über die Maximen Chamforts. Schleiermacher, Nietzsche und Kierkegaard vereinen sich in ihrer hohen Wertschätzung von Lichtenbergs Aphorismen. Und Schopenhauer sieht in Lichtenberg das vorzüglichste Beispiel des „wahren Philosophen". Schopenhauer und Nietzsche stimmen beide im Lob der französischen Aphoristiker La Rochefoucauld, Vauvenargues und Chamfort überein. Wilhelm Dilthey lobt ihre psychologische Klugheit ... Aphorismen waren bei den Philosophen in China, in Indien, Ägypten, Juda und Griechenland gebräuchlich, lange bevor Hippokrates ihnen in seiner Sammlung medizinischer Grundsätze und Ratschläge ihren Namen gab. Francis Bacon war wahrscheinlich der erste, der sich mit dem Aphorismus als einer bestimmten Weise und Methode des Philosophierens befaßte."
(Hans Margolius: „Aphorismen und Ethik", 1963).

„In ihren Werken verflechten sich Philosophie und Kunst, der Verstand kann ... die Sprache des Witzes, der Esprit ... kann die Sprache der Philosophie sprechen ... Sentenzen als die 'saillies' der Philosophen." *(Fritz Schalk,* 1933) Im Aphorismus sah *Franz Mautner* 1933 eine „labile Teilhabe an den Gebieten der Kunst und des Denkens" und *Walter Wehe* 1939 eine „Grenzform zwischen Dichtung und Philosophie". *Stephan Fedlers* Dissertation nannte 1992 den

Aphorismus ein pointiertes „Begriffsspiel zwischen Philosophie und Poesie". Der Philosoph *Ulrich Asemissen* sah 1949 im Aphorismus die literarische Form des philosophischen Paradoxes. Sogar: „Aphorismen sind wahrscheinlich die beste Art und Weise, philosophische Urteile darzulegen." *(Leo Tolstoi)*
„Insofern ist das ästhetische Moment ... der Philosophie nicht akzidentell ... an ihr ist die Anstrengung, über den Begriff durch den Begriff hinauszugelangen ... Kunst und Philosophie konvergieren in deren Wahrheitsgehalt." *(Th. Adorno)* „Adorno hat den schlagenden Aphorismus als die angemessenste Form der Darstellung betrachtet; der Aphorismus kann nämlich als Form Adornos heimliches Ideal der Erkenntnis zur Sprache bringen, einen platonischen Gedanken, der sich im Medium der begründenden Rede nicht, jedenfalls nicht widerspruchsfrei ausdrücken läßt: daß Erkenntnis eigentlich das Gefängnis diskursiven Denkens sprengen und in reiner Anschauung terminieren müsse." *(Jürgen Habermas:* „Nachmetaphysisches Denken", Frankfurt/Main 1988, S. 262)
„Der Aphorismus ist die Philosophie in äußerster Nähe zur Herrschaft — der Hofnarr unter den literarischen Gattungen." *(Herman Schweppenhäuser:* „Verbotene Frucht, Frankfurt/Main 1966)
„Offenbar ... erhebt der Aphorismus zumindest seit Nietzsche den sehr ernsten Anspruch, eine integrale Denkform zu sein, die korrektiv ins System eingreift. Nicht einfach Spruch oder Maxime, sondern Einspruch gegen die herrschenden Tendenzen seiner Zeit, sofern sie das Leben entstellen, übersteigt der Aphorismus aber Neigung und Kapazität jener üblichen Methoden, die ihn als bloß literarisches Phänomen zu erfassen suchen ... Ein Philosophieren neben der Philosophie im engeren Sinne, lebt der Aphorismus aus

jener Diskrepanz, die sich dadurch herausstellt, daß Sein und Denken offenbar nie völlig zur Deckung gebracht werden können ... immer erscheint er als Typus eines Philosophierens, das von der unmittelbaren Lebenserfahrung ausgeht ... Es vollzieht sich im Aphorismus mithin nichts anderes als eine Selbstkritik der Ratio ... Nietzsche hat keineswegs aus irgendeinem Unvermögen die aphoristische Form gewählt, sondern aus Einsicht in ihre philosophische Notwendigkeit ..." *(Heinz Krüger:* „Über den Aphorismus als philosophische Form", München 1988) „... das aphoristische Nichtwissen (hat) das Wissen bereits hinter sich, unter sich; es setzt das ganze Wissen voraus." (l. c., S. 112)

Nach Krügers Tod schrieb Adorno 1956 ein berühmt gewordenes Vorwort zu dessen Dissertation, um deren „spezifische Idee hervorzuheben" : „Es geht nicht um den Aphorismus als sprachliches Phänomen und literarische Gattung. Was ihn sprachlich bezeichnet : Konzision, Pointiertheit, Antithetik, Kürze, war längst herausgestellt. Krüger aber wollte dartun, daß der Aphorismus ein wesentliches Verhältnis hat zum philosophischen Gehalt; daß er „eine äußerst strenge und autonome Form des Denkens ist..." (a. a. O., S. 7) „Weil der Aphorismus, um sich darzustellen und sich mitzuteilen, notwendig auf die Sprache und ihre Logik verwiesen ist, zugleich aber die logischen Kategorien und Prinzipien, die in der Grammatik sich niedergeschlagen haben, nicht als absolut respektiert, geht er über zum 'parodischen' Gebrauch von Sprache und Logik ... Der Aphorismus verwendet Sprache und Wissensprinzipien nicht so, wie sie sich von sich aus meinen: er macht sie uneigentlich und sich selber fremd. Er ist das entfaltete Nichtwissen, das die äußerste Reflexion des Wissens voraussetzt. Dabei nimmt er regelhaft die Form der Ausnahme an, an der Regel und begriffliche Systematik scheitern. Die

Ausnahme fungiert als Korrektiv: der Aphorismus „nimmt etwas aus dem Horizont des Bewusstseins heraus", setzt die eingeschliffene und auch nützliche Ansicht vom Sachverhalt in Frage. Er möchte etwas von der Deformation wieder gut machen, welche der herrschaftliche Geist dem Gedachten antut. Er zielt auf die Negation abschlußhaften Denkens; er terminiert nicht im Urteil, sondern ist die konkrete Gestalt, in der die Bewegung des Begriffs sich darstellt, der des Systems sich entschlug. Das aphoristische Denken war von jeher nichtkonformistisch. Darum ist es bei den Wissenschaften und der offiziellen Philosophie in Verruf geraten, ist als unverbindlich, unverantwortlich, feuilletonistisch diffamiert worden ... Indem Krüger, im Sinne einer philosophischen „Rettung", den philosophischen Sinn der Form entfaltet, stärkt er nicht bloß den Widerstand gegen das Einverständnis mit traditionellen Bewußtseinsformen, sondern ermutigt auch das aphoristische Denken zu seinem Verfahren und hält ihm den eigenen strengen Maßstab vor". Er „benennt das Prinzip dessen, was die Prinzipien negiert." *(Heinz Krüger:* „Über den Aphorismus als philosophische Form", München 1988, Vorwort)

Montaigne verstand sich mit sprunghafter „politique du sage" als Schüler von Seneca und Lu-krez und des konzisen Platonikers Plutarch. *Francis Bacon* verteidigte die empirisch-induktive „traditio per aphorismos" gegen die scholastisch-deduktive „traditio methodica". *Pascals* „esprit de finesse" (ordre du coeur) verhielt sich zum „esprit de géométrie" wie das offene Fragment zur methodischen Summen-Scholastik. Und Wilhelm Dilthey begrüßte später in den französischen Moralisten die weltklugen *philosophes*, die den Menschen wirklich verstehen und nicht nur naturwissenschaftlich erklären.

„Verschwindet heute das Subjekt, so nehmen die Aphorismen, es schwer, dass das Verschwindende selbst als wesentlich zu betrachten sei. Sie insistieren in Opposition zu Hegels Verfahren und gleichwohl in Konsequenz seines Gedankens auf der Negativität."
(*Theodor Adorno*: „Minima moralia", Frankfurt 1951)
Philosophie hat die vieldeutigen „Gnomiker" der Lebensweisheit und Weltklugheit methodisch längst hinter sich gelassen, doch noch lange nicht ausgeschöpft, was sie auch weiter korrektiv von ihnen profitieren könnte. Die Kosten für die Verdrängung anti-systematischer Sentenzen aus der Philosophie sind höher, als diese zu glauben scheint. Laut Adorno argumentieren Aphorismen nicht, sondern sind ihre eigenen Beweise, und ihre Begründungen gewinnen die Schlagkraft von (Anti-)Thesen. Kurz : Aphoristische Diskontinuität schützt vor falscher methodischer Argumentationskohärenz, vor trügerischer Sicherheit.
„Ein Haufen aufs Geratewohl hingeschütteter Dinge ist die schönste Weltordnung."
(*Heraklit von Ephesus*, um 500 v. Chr.)
„Was ich auch immer schreibe, es sind Fragmente ..." „A serious and good philosophical book could be written and would consist entirely of jokes."
(Ludwig Wittgenstein) Aphorismen stehen zwischen philosophischer Kunstsprache und konventioneller Umgangssprache („ordinary language").
„Es geschieht gar oft, dass Dinge eine Ähnlichkeit miteinander haben, aber die unter anderem, so mehr in die Augen fällt, ganz versteckt ist. Wer nun dieselbe entdecken will, muß nicht einen geringen Grad von Scharffsinnigkeit haben. Und ist hier sonderlich nöthig, daß man das Allgemeine, so in Dingen verborgen, die uns vorkommen, heraus zu bringen geschickt wird." (Der Leibnizianer *Christian Wolff*: „Deutsche Ethik", 1720). Diese Entdeckungs- und

Erfindungskunst brauche „von Natur mehr Witz, als andere durch viele Bemühung nicht erreichen können." Das führte aber dann hierzulande meist eher zu pedantisch seichtem und gründlich breitem „Aufkläricht" als zu moralistischer Virtuosität der Kritik, wie bereits Kant und Hegel monierten.

Deutsche Intellektuelle begründeten die historischen Geisteswissenschaften, weil sie niemals rechten Anschluss an die europäische Moralistik gefunden hatten. So wurde der fehlende Witz und Esprit geisteswissenschaftlich überboten, bis der Geistesblitz langweilig entschärft und „diskursiv" zerredet war, gerade im Zeitalter der Aufklärung. Hans-Georg Gadamer hat das fortdauernde Mauerblümchendasein sentenziösen Philosophierens hierzulande in seinem Lebensrückblick „Philosophische Lehrjahre" ganz zu Recht beklagt.

Idealistisch oder nur subjektiv?

Kant hatte mit dem Kategorischen Imperativ der praktischen Vernunft das objektive Gesetz Gottes in die menschliche Wahlfreiheit überführt, *Fichte* jedoch die Willensfreiheit als subjektive Willkür von allen natürlichen Fakten emanzipiert und von aller „Stellung des Menschen im Kosmos" abstrahiert, bis sie zerbrach in *Schlegels* unzählige ironische Fragmente, die *Hegel* dann durch sein dialektisches System in das objektive Gesetz Gottes zurückzubinden suchte, ohne die subjektive Freiheit und Selbstgewissheit des Individuums rückgängig zu machen. Lag der Sündenfall schon im Schritt vom transzendentalen Kant zum idealistischen Fichte oder erst im Fortschritt vom subjektivistischen Fichte zum ironistischen Schlegel, der seine individualistischen Bruchstücke doch katholizistisch universalisieren wollte? Fichtes „Tathandlung" war nach Kant die praktische Vernunft menschlicher Autonomie statt Theonomie, aber F. Schlegels philosophisch-poetische Fragmente waren nur noch hypothetische Imperative und ungeneralisierbare Maximen einer ästhetischen Einbildungskraft und teleologischen Urteilskraft.

Schlegels aphoristische „Igel" verstanden sich als endliche Bruchstücke unendlicher Totalität und wollten damit den Anschluss an Fichtes transzendent(al)e Mystik und an Kants „Religion innerhalb der Grenzen der bloßen Vernunft" nicht verlieren, obwohl die

Frühromantiker die kategorische Allgemeingültigkeit ihrer fragmentierten „Ideen" als Einheit von Gegensätzen im christlichen Katholon suchten. Die ironistische Selbstaufhebung jedes endlichen Bruchstücks in die unendliche Bewegung des absoluten Geistes blieb für Hegel zu selbstmörderisch beschränkt. Die „übergreifende Subjektivität" der nationalen „Volksgeister" war zwar universeller als die Willkür des geistreichen Subjekts für ihn, aber kollektivistisch beschränkter als Kants universales „Volk Gottes", das Moralität gegen bloße Legalität absicherte.

Zitate aus Schlegels Werken: „Fragmente als biblische Philosophie müssen im Centrum der Enzyklopädie thronen." „Fragmente (Sprüche) sind die eigentliche Form des biblischen Vortrags." „Ironie steht in der nächsten Beziehung zu Gott." „Die Religion ist das revolutionäre Princip im Menschen." „In Hegel ist der Grundirrtum, das er den Satan mit dem lieben Gott verwechselt." „Der Geist des Christentums in politischer Hinsicht ist eine allgemeine Opposition gegen den Staat überhaupt." „Das Christentum hat eine ewige Tendenz. Philosophie zu werden." „Affinität des Christentums und des Witzes durch Absolute Philosophie." „Nichts ist witziger als ... die Bibel." „Alle Vereinigung des Heterogenen führt auf Unendliches."

Erst der späte Frühromantiker *Nietzsche* trieb den relativistischen Subjektivismus sophistischer Satzungen bis zum A(nti)theismus, und das haltgebende Gegengewicht wanderte von Gottvater zu Mutter Natur. „Als meine Mutter lebe ich noch und werde alt."

Objektive Wahrheit wird nur noch gesucht in naturwissenschaftlich methodischer Intersubjektivität der
scientific community, deren Logik *Wittgensteins* protestantische Mystik liefert. Es geht nun um die Frage,
wie menschliche Wahlfreiheit das göttliche Grundgesetz „verabschiedet", ob bekämpft oder nur „subjektiviert". Der Schritt vom Fragment des Katholiken
Schlegel zur Sentenz des Pastorensohns Nietzsche ist
der Weg vom „magischen Idealismus" zum sophistischen Perspektivismus, der das Gesetz Gottes nicht
mehr in unsere Hände legt, sondern es brechen will in
autonomer Selbstermächtigung. – Nietzsche hat dann
weder das biblische Gesetz noch den kategorischen
Imperativ guten Willens erfüllt, sondern durch bloßen
Machtwillen ersetzt und dem elitären Sklavenstaat das
gute Gewissen verschafft. Man will nicht mehr selber,
was Gott will, sondern selber Gott sein – ein Über-
mensch ohne Über-Ich. *Wittgenstein* machte diesen
Schritt mit Tolstoi wieder halb rückgängig, indem er
seine mystisch-poetische Subjektivität hinter der Objektivität von Logik und Physik in den solipsistischen
„Privatsprachen" versteckte. Wenn der Schöpfer samt
Schöpfung die Idee des Objektiven (des *Dinges an
sich*) schlechthin ist, wird Subjektivismus tendenziell
A(nti)theismus, wo er das objektive Gesetz nicht zur
Sache von jedermanns freier Intersubjektivität macht,
sondern durch allzu menschliche Satzungen ersetzt.

Geist und Zeit

Vorsokratische Naturphilosophen lebten wieder auf im Antischolastiker und Renaissance-Ideologen Francis Bacon, auf den sich während der Aufklärung Lichtenbergs Positivismus und Kants Prototypisierung der Naturwissenschaften beriefen.

Gerhard Neumanns "Ideenparadiese" (1974) datierten das deutsch-aphoristische Jahrzehnt (etwa 1798-1810) von Kants "zweiter kopernikanischer Wende" zum intelligiblen Ego cogito her. Objektive Tatbestände verbergen gattungsspezifisch transzendentale Subjektivitätsstrukturen, die in Kants *Kritik der Urteilskraft* "ästhetische Ideen" kreierten, Keime auch der frühromantischen Fragmente.

Den Kritizismus Kants radikalisierte Fichte zu einem subjektiven Idealismus, der die praktische "Tathandlung" als eine Emanzipation von allen Tatsachen und die künstlerische Einbildungskraft als absolute Abstraktion von allen objektiven Fakten feierte, aber doch noch einen äußeren Anstoß brauchte, den die romantische Ironie des magischen Idealisten Novalis schon entbehren konnte. Der transzendentale Zirkel von Ich und Nicht-Ich zerbrach an diesen inneren Widersprüchen in unzählige frühromantische Fragmente, die dann Hegel durch eine eigens dazu ersonnene "objektive" Dialektik systematisierend wiedereinfangen wollte. Adorno bewies ein Jahrhundert später, dass Hegels alles integrierendes Geistessystem gesprengt wurde von den gleichzeitig übersubjektiven und überobjektiven Aphorismen, zu deren Bändigung diese trinitarische Dialektik ersonnen worden war. Diesen

Vorrang des systemsprengenden Aphorismus lernte Adorno nicht von Novalis, sondern von Nietzsche, der seinerseits vom heuristischen Forschungsaphorismus Lichtenbergs und von Larochefoucaulds psychologischem Salonaphorismus beeinflusst war.

Nietzsche rettete im Essay über das "Zeitalter der Griechen" die antithetische Gnomik Heraklits schon ganz im Sinne Adornos vor Hegels Systematisierungsprogramm. Adorno war stärker geprägt von Nietzsche, der voreilige Synthesen immer wieder verwarf; sein Mentor Horkheimer eher geprägt von Schopenhauer, der Gracians "Handorakel der Weltklugheit" (1647) kongenial übersetzt hatte.

Spinozist Lichtenberg wie auch Friedrich Schlegel, Nietzsche und Schopenhauer waren fasziniert von Nicolas Chamfort, dem bürgerlichen Opfer der Revolution, die er aphoristisch vorbereitet hatte. Fr. Schlegel begann die "progressive Universalpoesie" seiner "Athenäum-Fragmente" als "Chamfortaden". Dieser Franzose sah sich als Synthese des pessimistischen Larochefoucauld, der seinerseits zusammen mit Theophrast die "Charaktere" Labruyères beeinflusste, und des optimistischeren Vauvenargues, der Voltaire beeindruckte. Aber diese Synthese erreichte wohl eher der sanftere Romantiker Joseph Joubert, der Canetti anzog. Der frühverstorbene, von Larochefoucauld und Montesquieu beeinflusste Vauvenargues zog Lockes Einzelimpressionen und Pascals *esprit de finesse* des Herzens dem Zentralismus der cartesianischen Ratio vor. Der Herzog de Larochefoucauld, dessen melancholischer Geistesadel vor 350 Jahren den literarischen Aphorismus schuf, als er im Kampf gegen den absolutistischen Ludwig XIV. resignierte, gab die Entdeckung des Unbewussten weiter an den psychologischen Aphorismus Nietzsches, der damit Sigmund Freud beeindrucken konnte. Der Vater der Psychoanalyse fand, dass kein Mensch in der Selbsterkenntnis weitergekommen sei als Nietzsche. Dessen bewunderter Vorgänger Larochefoucauld war ein Kind des Jesuiten Gracian und des Anti-Jesuiten Pascal gewesen, also der spanischen "Handorakel", die über den ersten Politaphoristiker Perez das Stilvorbild in Tacitus hatten, und der jansenistischen "Pensées", die über Montaignes "Essais" (1580) sich vom konzisen Stilvorbild Senecas herschrieben.

Jean Pauls "Vorschule der Ästhetik" (1804) rehabilitierte den aphoristischen Witz der "Bemerkungen über uns närrische Menschen" als Konfliktentladung zwischen dem Endlichen und einem Unendlichen, das gleich nach Jean Paul entgöttert wurde.

Nietzsche und sein Lehrer Schopenhauer, die den Willen hinter dem Wissen und den Affekt hinter dem Intellekt achteten oder ächteten, waren inspiriert von den französischen Moralisten des 17./18. Jahrhunderts und von Lichtenberg, der sich herschrieb vom Antisystematiker Bacon und vom monado-logischen Pointillisten Leibniz. Lichtenberg zeugte Nietzsche und Karl Kraus, Nietzsche zeugte Ebner-Eschenbachs "Aphorismen" (1880) und noch Ernst Jüngers schneidige Kommando-Gnomik, Kraus zeugte Wittgensteins "Tractatus" und Canettis "Aufzeichnungen", Canetti ersetzte Kraus durch Joubert, Kraus zeugte auch Lec, und Stanislaw Lecs "Unfrisierte Gedanken" zeugten Gabriel Laubs "Verärgerte Logik" …

"Witz, wenn du dich in die Luft erhebst, wie stehen die Weisen und sehen dir nach." *(Heinrich von Kleist)*.

Frag-Mentalität

"Ein Aphorismus, der mehr als drei Sätze enthält, ist bereits zur Reflexion entartet." (*Wolfdietrich Schnurre* : "Der Schattenfotograf", München 1978, S. 377). Wird die literaturwissenschaftliche Gattungsdefinition zu Grunde gelegt, enthalten die klassischen Aphorismus-Sammlungen wie Lichtenbergs "Sudelbücher", Nietzsches "Menschlich-Allzumenschliches" und auch Adornos "Minima Moralia" viel mehr fragmentarische Reflexionen als eigentliche Aphorismen. Ein Aphorismus ist ein Satz, in dem mindestens ein Aufsatz versteckt ist, und ein Fragment ist ein Absatz, in dem mindestens ein Buch verborgen ist. Ein Fragment ist offener und länger als ein Aphorismus, geschlossener und kürzer als ein Essay. Von einer provisorischen Notiz unterscheidet es sich durch seine geschliffen ausformulierte Geschlossenheit, von einem Aphorismus durch seine kurzessayistische Breite. Mit dem Essay teilt es die Eigenschaft, Sekundärliteratur zu sein, die geistig Vorbearbeitetes reflektiert und nicht zu Realereignissen Stellung nimmt. Ist es nun nur ein Kurzessay oder ein Aphorismen-Bündel von vier bis vierzig Zeilen Länge?

Fragmente sind Modelle des Umdenkens und Weiterdenkens, ohne so stark dem aphoristischen Pointenzwang zu unterliegen und diesem Systemzwang der geistigen Zwangssysteme. Sie brechen ja das Thema genau dort ab, wo der Einfall endet, dem sie sich verdanken, und reiten diesen Einfall nicht systematisch tot, bis er zu einer regelrechten Abhandlung plattgewalzt ist. Sie ersetzen den neuen Einfall nicht durch ein nur formalwissenschaftliches Prozedur-Ritual und dieses nicht durch Dichtung. Sie sind genauso tief voneinander getrennt wie Aphorismen, aber Essays bestehen genau so wenig aus Fragmenten wie die Fragmente aus Aphorismen.

Eine ganze Sammlung solcher künstlichen Torsi bricht immer neu irgendwo ab, um irgendwo anders wieder anzusetzen. Kaum hat der Leser sich eingelesen, wird er wieder herausgerissen, aber doch zum zweiten Lesen verführt. Diese Frag-Mentalität erzeugt mehr Fragen, als sie beantwortet und die in ganz anderen Fragmenten derselben Sammlung wiederaufgegriffen werden, nur nicht vom folgenden Fragment. Ein gutes Fragment guter Fragmente enthält eine gewisse reizvolle Unerschöpflichkeit an inneren Bezügen und Querverweisen.

Das Fragment darf sogar vollgültige Aphorismen oder ihre halbfertigen Vorläufer enthalten, es darf bestehen aus einer Kette von themenverwandten Aphorismen. Es kann verdichtet werden zu Aphorismen oder ausgeweitet zu Aufsätzen, aber auch auf eigenen Beinen stehen, also irgendwo zwischen Lichtenberg, Novalis, Nietzsche und Adorno. Daß es von Romantikern erfunden wurde, die aus der Not, weder Poeten noch Philosophen zu sein, die Tugend machten, Poeten und Philosophen zugleich sein zu wollen, bringt heutige Fragmentisten leicht in den Verdacht, nur spätromantische Nachzügler zu sein. Mit der feuilletonistischen Unverbindlichkeit Friedrich Schlegels sollte die Gattung aber nicht stehen und fallen. Egon Friedell nannte in seiner "Kulturgeschichte" Novalis immerhin den größten Philosophen der Romantik.

"Die Trennung von Poet und Denker ist nur scheinbar und zum Nachteil beider. Es ist ein Zeichen einer Krankheit und krankhaften Konstitution..." *(Novalis)*

"Hat man nun einmal die Liebhaberei fürs Absolute und kann nicht davon lassen: so bleibt einem kein Ausweg, als sich selbst immer zu widersprechen und entgegengesetzte Extreme zu verbinden. Um den Satz des Widerspruchs ist es doch unvermeidlich geschehen, und man hat nur die Wahl, ob man sich dabei leidend verhalten will, oder ob man die Notwendigkeit durch Anerkennung zur freien Handlung adeln will." *(F. Schlegel).* Die Romantiker hatten gegen Hegel nur den Nachteil, daß ihre Fragmente nicht ganz auf der Höhe ihres Programms waren.

Fr. Schlegels erstes Athenäum-Fragment lautete 1798: "'Über keinen Gegenstand philosophieren sie seltener als über die Philosophie." – "Alle Kunst soll Wissenschaft und alle Wissenschaft Kunst werden; Poesie und Philosophie sollen vereinigt sein". "Die formale Logik und die empirische Psychologie sind philosophische Grotesken." "System von Fragmenten. Es gibt noch keins, was in Stoff und Form fragmentarisch, zugleich ganz subjektiv und individuell und ganz objektiv und wie ein notwendiger Teil im System der Wissenschaften wäre."

Die frühromantische Ironie, die einen Grundsatz nur zur zweiten Potenz aus zweiter Hand erhob, damit er sich durch "radikales Wurzelziehen wieder aufhob, war für Fr. Schlegel permanente "Selbstparodie", und der Adorno-Schüler Heinz Krüger bestimmte die Aphoristik Nietzsches als eine sprachliche Parodie der Sprache. Im "witzigen Einfall" sei "die sichtbare Erscheinung idealisch parodiert", schrieb Novalis im "Blüthenstaub". "Fragmente sind die eigentliche Form der Universalphilosophie."

Fichtes "Wissenschaftslehre" (1794) wurde "progressive Universalpoesie", und das „Originalgenie" des

"Sturm und Drang" wurde ein Bildungsphilosoph. Fichtes "Ichheit" wurde bei den Romantikern zum originellen Individuum des Künstlerphilosophen, der bewußt die Welt aus sich herausspinnt, die der Bürger nur bewußtlos produziert.

"Ein Kommandowort bewegt Armeen." Novalis suchte Geist, aber "nicht blos etwa nur Einmal - so am Anfang - wie bey vielen philosophischen Systemen." (Athenäum, 290). "Wie oft fühlt man die Armuth an Worten, um mehre Ideen mit Einem Schlage zu treffen." – "Fragmente dieser Art sind litterarische Sämereyen. Es mag freylich manches taube Körnchen darunter seyn : indessen, wenn nur einiges aufgeht!" Novalis hielt die Sprache für das "System der Philosophie" selbst. "Philosophie ist die Theorie der Poesie." Eine Sache von ihrem Grund her philosophisch verstehen heiße nur, sie als notwendig zu verstehen. Das Begründete werde zufällig und frei, wenn es unendlich weit von seinem Grund entfernt sei. Wer die Entfernung zwischen Grund und notwendiger Folge in unendlich viele und kleine Bruchstücke zerlege, erreiche den Grund, der alles determiniere, so wenig, wie Zenons Pfeil jemals die Bogensehne verlasse. Zenons Paradox des *ruhenden Pfeils*, der unendlich viele Stationen zu passieren hat, ist ein treffendes Bild der romantischen Unendlichkeit. Und Widersprüche werden erst systematisch erzeugt durch den Versuch, sie systematisch zu vermeiden, wie K. Gödel bewies.

Walter Benjamin hat erinnert an die späte Geburt des Surrealismus aus dem Geist der Romantik und die Geburt der Romantik aus dem Geist einer "mystischen Terminologie", die er selbst mit dem Materialismus kombinieren wollte. Hegel schrieb in seiner "Enzyklopädie" : "Alles Vernünftige ist somit zugleich als mystisch zu bezeichnen, womit jedoch nur so viel gesagt ist, daß dasselbe über den Verstand hinausgeht, und keineswegs, daß dasselbe als dem Denken unzugänglich ... zu betrachten sei." Hegel sah in der Romantik den Verfall der Kunst, aber "es ist die Natur des Symbolischen überhaupt, ein der unendlichen Idee zugleich nicht entsprechendes Dasein zu sein; und so ist sie zugleich darin auch verhüllt, indem sie enthüllt ist." Das stand schon in der "Vorschule der Ästhetik" (1804) von Jean Paul, der den Witz an der Sache nicht als klassisch "sinnlichen Schein der Idee", sondern als "unpassende Verkörperung der Idee" sah.

Der "schöpferische Indifferentist" Mynona alias S. Friedländer veröffentlichte nicht nur philosophische Grotesken, sondern auch 1907 eine Chrestomathie "Jean Paul als Denker". Spätromantiker Schopenhauer dachte sich das Wesen des Lächerlichen als eine "Inkongruenz von Anschauung und Denken", der Postromantiker Adorno begriff die Utopie als "Nichtidentität von Individuum und Begriff" ohne alle Unendlichkeit.

Das romantische Bewusstsein wird nicht durch das Unbewusste beschränkt, sondern durch sich selbst oder, was dasselbe sagt, das romantisch Unbewusste ist die *intentio obliqua* einer bewussten Selbstkritik des Bewusstseins. Der *magische Idealismus* war narzißtische Allmachtsphantasie der Gedanken.

Schlegel, Schopenhauer und Nietzsche liebten sehr den aggressiven Witz des linken Chamfort, aber ihre Fragmente ähnelten eher den Reflexionen des Romantikers Joseph Joubert, der noch im 20. Jahrhundert so unterschiedliche Geister wie noch Valéry, Cioran und Canetti in Bewunderung vereinte.

Die Romantiker begannen ihre Fragmente gerade, als die Idealisten ihre Systeme begannen. Ihre tiefe Abkunft vom rationalistischen Leibniz verleugneten beide Lager. Der Aphorismus Lichtenbergs entstand auch aus Motiven, die die Aufklärung über sich hinaustrieben zu einer Romantik, die nicht von Anfang an nur Verklärung des Bestehenden gewesen war, und Hegel teilte mit den Romantikern den Impuls, nicht nur über die "platte" deutsche Aufklärung von Leibniz-Wolff hinauszugehen, sondern auch über die französische Aufklärung der "philosophes". Die deutsche Vernunft des großen Ganzen sollte den gesunden Menschenverstand des bloßen Ur-teils in sich aufheben. Diesen Intellekt sah Hegel in den französischen Moralisten, die christliche Vernunft aber im deutschen Protestantismus, den er nur auf den Begriff bringen wollte. Das deutschaphoristische erste Jahrzehnt des 19. Jahrhunderts lag zwischen der analytischen „Enzyklopädie" Diderots und der dialektischen „Enzyklopädie" Hegels, zwischen dem kritischen Idealismus Kants und den spekulativen Systemen der subjektiven bis magischen, der objektiven bis absoluten Idealisten.

Leicht wird ja übersehen, wie viel die Aphorismen und Fragmente gerade der analytischen Methode des heute von Ganzheitsaposteln seit Heidegger so verteufelten Descartes verdanken, der eine Sache erst für begriffen hielt, wenn sie in ihre kleinsten Bestandteile zergliedert und aus ihnen resynthetisiert worden ist – wie ein Aphorismenband aus seinen Maximen. Der cartesianische *esprit de géometrie* der analytischen Geometrie wurde dann konsequent erweitert durch die Differenzialrechnung von Leibniz, auf die ein Lichtenberg seine "witzigen Einfälle" dann zurückführte. Auch Novalis hatte die Mathematik und Kombinatorik gut platonisch als Wesen des Geistes verstanden, und Friedrich Schlegel nannte zwar nicht das Differenzieren und Integrieren als romantischen Witz an der Sache, aber Potenzieren und Radizieren. Der Geist differenziert sich zu Aphorismen und reintegriert sie zum Wahnsystem Hegels oder zu Adornos purem "System der Systemlosigkeit" *(Hardenberg-Novalis)*.

Schließlich warf ein Hegel den Romantikern genau jene wahnhafte Subjektivität vor, die Adorno dann Hegel selbst vorhielt, indem er dem Objekt und dem Individuum zugleich erzaphoristisch genugtun wollte. Die Objektivität des alten empirischen Forschungs-Fragments und der Individualismus des Salonaphorismus gingen dann in Lichtenbergs "Pfennigphilosophien" eine sehr fruchtbare Verbindung ein. Adorno ging auf die breiten Fragmente Nietzsches zurück, Nietzsche auf die witzigen Einfälle Lichtenbergs und Chamforts, aber Adorno weder auf den anglophilen Lichtenberg noch auf die adligen französischen Moralisten. Der Witz verband Lichtenberg und Schlegel, die Physik trennte sie, und auch Adorno verteidigte Mutter Natur gern gegen die Naturwissenschaftler.

Schlegel, Schelling, Nietzsche und Adorno waren eher theoretische Ästhetiker als praktizierende Künstler gewesen und verstanden wenig von der mathematischen Naturwissenschaft, deren Sieg sie bekämpften. "Der Philosoph vergesse nie, daß er eine Kunst treibt und keine Wissenschaft", hatte Spätromantiker Schopenhauer nicht nur gegen Fichte und Hegel gesagt.

Der romantische Wechsel zwischen Systole des Systems und Diastole des Fragments kam auch Adorno entgegen, der den Zerfall des Systems in Bruchstücke so begrüßte wie den Zerfall der Ich-Identität in polymorph-perverse Partialtriebe. Den "Vorrang des Objekts" suchte Adorno paradox gerade in reflektiertester "Gehirnakrobatik", und auch die Romantiker wollten den Gegenstand nicht durch eine reduzierte, sondern durch potenzierte Subjektivität erreichen. War Hegel der romantischere Romantiker, wie ein Egon Friedell schreibt, und Adorno eher als Lukacs ein *überhegelter* Hegel gewesen?

Die romantische Objektivität ist permanente subjektive Selbstkritik des Subjekts, wie später für Adorno. Das romantische Gefühl ist wie bei Leibniz eine Art von *Cogito interruptus*. Die romantische Vernunft ist unendliche Selbstbestimmung, aber das ganz Endliche überschreite sich dadurch ins unendlich Große, daß es sich ins unendlich Kleine permanent zerbreche.

Die Gesellschaft wurde hier zur "Geselligkeit, das wahre Element für alle Bildung, die den ganzen Menschen zum Ziel hat." – "Aller Zweck ist ernsthaft; die Gesellschaft ist durchaus fröhlich." "Jeder Mensch ist eine kleine Gesellschaft." "Ein vollkommener Mensch ist ein kleines Volk. Ächte Popularität ist das höchste Ziel des Menschen." "Das Individuum interessiert nur, daher ist alles Klassische nicht individuell." "Daher ist das Verworrene so progressiv, so perfektibel, dahingegen der Ordentliche so früh als Philister aufhört." Es komme darauf an, "Geist und bestimmtes Individuum zugleich zu seyn." – "Je mehr sich unsere Sinne verfeinern, desto fähiger werden sie zur Unterscheidung der Individuen." (*Novalis*: "Blüthenstaub")

Leben und Kunst fragmentierten. Das Fragment war ein Sowohl-als-auch-weder-noch von logischer Notwendigkeit und dichterischer Freiheit. "Alle Zufälle unseres Lebens sind Materialien, aus denen wir machen können, was wir wollen ... Anfang eines unendlichen Romans. Wer viel Geist hat, macht viel aus seinem Leben." Die fragmentarische Einheit aller romantischen Fragmente sollte eine tragische Aufhebung aller Lebenstragik bewirken. Was mir zufällig begegnet, mache ich in aller Freiheit notwendig und werde zum Dichter meiner Biographie.

Proletarische Romantik würde aus der Not des Geschicks die Tugend der Geschicklichkeit machen und aus dem Mangel an Geburts- und Geldadel eben den Geistesadel einer Bildungsaristokratie, die sich unendlich verfeinert. Nicht nur der Geist des Hysterikers baut sich seinen Körper. Das Entsagen eines Wilhelm Meisters, der bei Goethe Chirurg wird, sah Bergbauingenieur Novalis als ein Versagen. Die romantische Berufung zum Unendlichen hasste den bürgerlichen Brotberuf nicht nur pubertär, aber schon die bloße Kombinatorik der "Ideen" von 1800 verrieten den nobilitierten Konvertiten „von Schlegel", während ein Novalis ganz urromantisch lebte und starb.

"Menschheit ist eine humoristische Rolle." *(Novalis)* Für Friedrich Schlegel war der "Witz Prinzip und Organ der Universalphilosophie ... logische Chemie ... Leibnizens gesamte Philosophie besteht aus wenigen in diesem Sinne witzigen Fragmenten und Projekten. Kant ... hat noch mehr ... kritischen Witz als Leibniz."

Hier kommt Schlegel der verhassten Aufklärung nahe, denn Lichtenberg hatte seinen ersten "witzigen Einfall" 1765 mit der Differentialrechnung von Leibniz in Verbindung gebracht.

"Wie die Novelle in jedem Punkt ihres Seins und ihres Werdens neu und frappant sein muß", so "unendlich bizarr" sollte auch das Fragment sein. "Nur der, welcher sich selbst setzt, kann andere setzen. Ebenso hat nur der, welcher sich selbst annihiliert, ein Recht, jeden anderen zu annihilieren." Schlegel suchte in der "klassischen Form" diesen "unendlichen Gehalt" und entdeckte hinter dem "barocken Äußern" des Concetto die "kristalline Durchsichtigkeit" jener Diamanten, die später auch Nietzsche schliff, der an der Philosophie des unaufhörlichem Selbstwiderspruchs ja schließlich verrückt wurde. Auch daß der Fragmentarist zugleich Philosoph und Philologe sein sollte, erfüllte sich erst in Nietzsche.

Lichtenbergs Fragmente stellten den romantischen Witz schon vor aller Romantik in den Dienst ihres Todfeinds, der Aufklärung, zurück. Adorno sah in der "Tathandlung" des Romantiker-Vorbilds Fichte nur "die auf den Himmel über uns projizierte Schändung" der Natur. Nietzsche und Adorno schrieben von der literarischen Form her mehr kurzessayistische Fragmente als genuine Aphorismen.

"Zur Welt suchen wir den Entwurf – dieser Entwurf sind wir selbst.- Was sind wir? personificirte allmächtige Punkte." (Hardenberg, Werke Band 11, 541) Der Weg von Kant zu Novalis ist der Weg vom Selbstdenken zum Sichselbstdenken. Novalis sprach von der "sonderbaren Harmonie des Zufälligen im atomistischen System" (111, 446). "Der Autodidaktos ... Gelegenheit zu originellen Verbindungen und — neuen Entdeckungen." (11, 579)

"Zentripetalkraft – ist das synthetische Streben – Centrifugalkraft - das analytische Bestreben des Geistes - Streben nach Einheit - Streben nach Mannigfaltigkeit - durch die wechselseitige Bestimmung beider durcheinander - wird jene höhere Synthesis der Einheit und Mannigfaltigkeit selbst hervorgebracht - durch die Eins in Allem und Alles in Einem ist." (11, 589) Das ist Hegels romantische Identität von Identität und Nichtidentität. "Eine wahre Antinomie ist eine absolute Gleichung." (111, 177) "Indem a, b zu bestimmen sucht - bestimmt es sich selbst - und indem es sich selbst bestimmt, bestimmt es b. Indirecte Construction der Absicht." (III, 373) "Sollte der Mensch die Einheit für die Natur (das Weltall) sein i.e. das Differential der unendlich Großen, und das Integral der unendlich kleinen Natur- ... das Organ ihres Contacts ?" (111,292) "Das Paradies ist gleichsam über die ganze Erde verstreut und daher so unkenntlich geworden ... um ein Ideen-Paradies zu bilden." (111, 446) Soll der misogyne Mann die androgyne Einheit von Mann und Weib realisieren? "Mithin ... müßten wir wieder von dem Baum der Erkenntnis essen, um in den Stand der Unschuld zurückzufallen." *(Kleist,* „Über das Marionettentheater", 1810) "Der bildliche Witz kann entweder den Körper beseelen oder den Geist verkörpern ... Ursprünglich, wo der Mensch noch mit der Welt auf *einem* Stamme geimpft blühte, war dieser Doppel-Tropus noch keiner; jener verglich nicht Unähnlichkeiten, sondern verkündigte Gleichheit; die Metaphern waren, wie bei Kindern, nur abgedrungene Synonyme des Leibes und Geistes." (*Jean Paul*, "Vorschule der Ästhetik", § 50)

Die „transzendente Moralistik" Pascals säkularisierte sich zur „transzendentalen Moralistik" Lichtenbergs. "Der doppelte Prinz" wurde niemals geschrieben, aber Lichtenbergs Aphorismen waren schon die Romane, zu denen sie nie wurden. Jean Paul verkettete Aphorismen zu Romanen. Der letzte Großplan wurde nicht mehr ausgeführt : "Der Papierdrachen. Prahltitel: Sammlung und Anleitung zu allen Gedanken, Enzyklopädie der Gefühle, der Scherze und Gedanken" "Die Lehrlinge zu Sais" (Novalis): *catena aurea* von Keimen und Fluktuationen. Fr. Schlegels "Lucinde": Allegorie des Erkenntnisaktes durch Gedankenexperimente. Goethe : „Wahlverwandtschaften" zwischen Ottilies sechs Aphorismengruppen.

Gutzkows "Wally, die Zweiflerin" schrieb nur noch Aphorismen. "Wolken sind fliehende Wasser" (Roman von Hans Kaspar, 1970) Hanspeter Keller: "Geschichten? – Im Aphorismus die Epopöe ... Enzyklopädie in der Nußschale." – Fr. Nietzsche: "Es läßt sich eine vollkommene Analogie führen zwischen dem Vereinfachen und Zusammendrängen zahlloser Erfahrungen auf Generalsätze und dem Werden der Samenzelle, welche die ganze Vergangenheit verkürzt in sich trägt: und ebenso zwischen dem künstlerischen Herausbilden aus zeugenden Grundgedanken bis zum 'System' und dem Werden des Organismus als einem Aus- und Fortdenken." – "Der Aphorismus gibt keine Erfahrung ... Wer Aphoristik macht, ohne daß wir sein Leben kennen, gibt nichts als die obersten Blumenköpfe." (*Max Frisch*, Tagebuch). – "Die Gelegenheit des Denkenden lebt in der Gelegenheit des Lesers auf." "Seit Krieg ist, sind Gedanken und Sätze kurz geworden, dem Ton der Befehle angepaßt. Man will alles, nur nicht verlängern und fortsetzen, was in dieser Zeit entstanden ist. Man möchte es wie Maschinengewehrschüsse hinter sich lassen." (*Elias Canetti*: "Aufzeichnungen") Canetti verschweigt, daß der apodiktische Ton des aphoristischen Diktums selbst eine gewisse diskursfeindliche Kommandokürze hat.

Geistreicher Witz und Geisteswissenschaft

Eine einfache nackte Wahrheit leidet nicht darunter, daß sie in eine literarisch schlechte Form verpackt wird. Wenn sie nur klar und unmißverständlich formuliert ist, kann sie auch in beliebig andere Ausdrucksweisen übersetzt und zurückübersetzt werden, ohne Schaden zu nehmen. Es ist geradezu ein Kriterium ihrer wissenschaftlichen Gediegenheit, daß sie nicht aufhört, wahr zu sein, wenn sie nicht gut ausgedrückt wird. Die Philosophen haben das Ideal einer gegen ihre rhetorische Darstellungen gleichgültigen Allgemeingültigkeit von Wahrheiten übernommen, um wissenschaftlich und nicht literarisch beurteilt zu werden. Die Philosophen haben einem Nietzsche immer den Titel Philosoph abgesprochen; sie nannten ihn einen bloßen Rhetoriker, weil er es gewagt hatte, in jeder Philosophie eine bloße Rhetorik zu sehen. Ein Denker, der so gutes Deutsch schreibt wie Schopenhauer, hört in Deutschland schon dadurch auf, ein wissenschaftlicher Philosoph zu sein, und bringt es höchstens zum 'philosophischen Schriftsteller', obwohl natürlich nicht jeder rhetorisch Gewandte im rhetorischen Gewande eine Wahrheit versteckt hält. Nicht jeder flache Stil verrät tiefe Gedanken, zugegeben, und nicht jeder glänzende Stil, daß diese Gedanken nur durch Abwesenheit glänzen. Am sichersten ist noch die Auskunft: Gut geschrieben ist alles, was wahr ist; Irrtümer, Irrsinn und Irreführungen lassen sich nur in schlechtem Stil ausdrücken. Leider ist einem Satz und einem Aufsatz leichter anzusehen, ob er gut geschrieben ist, als was ihn von einer Lüge unterscheidet. Wer mit der Sprache ringt wie ein Schlamm- Catcher, muß deshalb noch keine klaren Gedanken haben, die der Rede wert wären, und der stilistische Schmuck muß nicht schon immer Gedankenlosigkeit verkleiden, wie in Deutschland unterstellt wird. Stets werfen die Rhetoriker den Rhetorikern vor, nur rhetorisch zu sein, statt sachlich zu argumentieren, aber wer mich einen Sophisten schimpft, hat sich dadurch allein noch nicht als ernster Philosoph ausgewiesen, er kann auch noch so etwas wie ein *Philosophist* sein.

Allzu viele Essays sind lediglich schlechte wissenschaftliche Abhandlungen, d.h. nur Ersatzhandlungen von Schreibtischlern, und zu viele wissenschaftliche Werke sind nur mißglückte Essays von Leuten, die nicht schreiben können. Was ist wissenschaftlicher Anspruch oft mehr als nur der Anspruch, Halbwahrheiten auch schlecht ausdrücken zu dürfen, ohne daß sie dadurch kompletter Blödsinn werden. Der Wissenschaftler sagt sich : Ist es auch schlecht geschrieben, so ist es doch umso wahrer. Der Schriftsteller sagt : Ist es blanke Lüge, so doch glänzender formuliert als jede langweilige Wahrheit. Wenn nach Hannah Arendt das Böse auf Deutsch banal ist, dann kann nicht schlecht sein, was nicht trivial ist.

Vielleicht wird eine Wahrheit kein Irrtum, wenn sie geschickter in Worte gekleidet werden könnte, aber ein Unsinn wird sicher nicht größer, wenn er in wohlgesetzter Rede geäußert wird. Im Übrigen werden meist zu wenige Gedanken in zu viele Bücher gepackt, statt einmal zu viele Ideen auf zu wenige Seiten zu verteilen. Spätestens seit Marx und Nietzsche ist ein Intellektueller verpflichtet, sich kurz zu fassen, d.h. sich nicht vor der beschämenden Entdeckung zu fürchten, daß dann auf dem Papier nicht genug da steht, um Staat damit zu machen. Aber was nützt es mir, Unwichtiges wegzulassen, damit das Entscheidende hervortritt, wenn ich nicht die Kunst beherrsche, im Gegenteil gerade den Kern der Sache auszusparen, damit er aus den so köstlich gestalteten Schalen sicherer und stimulierender erraten wird? Engländer nicht anders als Franzosen haben für Geist und Witz das gleiche Wort. Auch Deutsche haben in ihrer Sprache die etymologische Verwandtschaft von Witz und Wissen, aber sie machen selten Gebrauch davon. Im Deutschen ist der Erfahrene nicht der Gewitz(ig)te, sondern ein alter Trottel, und wer im Geiste die Zukunft kurz vorwegnimmt, gilt als so vorwitzig, daß ihm ein *ekstatisches Sich-vorweg-sein* (Heidegger) bescheinigt wird und ein 'Vorschein von Möglichkeit' (E. Bloch). Hier ist die Wissenschaft so witzlos, daß alles Witzlose schon als wissenschaftlich passieren darf, und der Geist ist nur eine kuriose Spielart von Unwissenschaftlichkeit. Will man der Wissenschaft hierzuvaterlande glauben, lassen sich über Paradoxe wissenschaftliche Wahrheiten finden, nicht jedoch die wissenschaftliche Wahrheit in Paradoxien ausdrücken, ohne sogleich wissenschaftliche Unwahrheit oder unwissenschaftliche „Wahrheit" zu werden. Nun gibt es inzwischen schon eine „Kritische Wissenschaft", und wer will heute nicht kritisch sein? Kritisch denken heißt, das Wahre vom Falschen zu sch(n)eiden. Die kritische Unterscheidung und das unkritische Scherzen haben die gleiche etymologische Wurzel, das saubere Trennen, Sondern und kastrierende Abschneiden. Der kritische Scherz ist als ehrloser Ehrabschneider verpönt. Man macht keine Witze über ernste Dinge, und ernsthaft sprechen läßt sich heuer nur über witzlose Dinge.

In Wirklichkeit und in Wahrheit ist es damit natürlich so genau umgekehrt, dass zwar alle Intellektuellen gegen die Orthodoxie gleich welchen Lebensbereiches sind, aber die allermeisten ebenso fähig sind, Paradoxes zu verstehen und zu verurteilen, wie sie unfähig sind, nun ihre Ketzerei in Paradoxen glaubhaft zum Ausdruck zu bringen. Wenn Dialektik die Fähigkeit ist, eine paradoxe Realität angemessen wiederzugeben, ist dieses Talent so selten wie Genie. Die allermeisten Bücher, die hier erscheinen, sind zu homöopathischen Dosen verdünnte Schwefelsäure, hinter der nur Apfelsäure steckt. Ein einziger halbverstandener Gedanke wird zu mindestens einem ganzen Buch, statt daß ein Buch, wenn es schon nicht hundert Gedanken enthält, wenigstens auf hundert andere Gedanken bringt, als im Buch drinstehen. In Deutschland sind es ja nicht Romane, die fehlen, denn "die Dichter lügen zu viel" (Plato). Was in Deutschland schmerzlich fehlt, sind Essays, die die Wahrheit gut sagen, und noch schmerzlicher als die Essays fehlen die Leser solcher Essays. Wenn nach Essays keine Nachfrage besteht, durch die ein Angebot erzeugt wird, dann muß es eben ein Angebot von Essays geben, durch die eine Nachfrage produziert werden kann. Statt an Menschen zu appellieren, endlich die Bücher zu lesen, die es nicht gibt, müßte an die Schriftsteller appelliert werden, diese Bücher und ihre Leser zu schaffen. Solange es nur Bücher gibt, auf deren Seiten der Blick wie auf einen Fernsehschirm fällt, gibt es in Deutschland keine intellektuelle Auseinandersetzung mehr, und die Diskussion darüber hat noch gar nicht begonnen. Begonnen hat ja nicht einmal die klare Feststellung, daß sie noch gar nicht begonnen hat.

Auf hundert eindimensionale Autoren kommt kaum ein einziger Intellektueller, der dialektisch denken und die Orthodoxien in Paradoxa diskutieren kann. Nicht jeder Witz ist ein Paradox, aber wirkliche Dialektik ist eine Form des Witzes: Erwartungen werden geweckt, um sie leerlaufen zu lassen. Die dabei ersparte Energie steht für Revolutionen oder

Gelächter zur freien Verfügung, ob es sich um Gefühle, Vorstellungen oder Hemmungsaufwände anderer Art handelt.

In der Bewegung ein und desselben Satzes müßten gängige Erwartungen aufgebaut und durchkreuzt werden und als Einwände gegenstandslos verpuffen. Man sollte Bücher boykottieren, in denen nicht jeder Satz ein Sprung hinaus ist aus dem Gegensatz der Sätze auf eine Ebene, wo der Widerspruch verschwindet und zugleich als ein neuer „dummer Spruch" wiederauftaucht. Nietzsches 'Fröhliche Wissenschaft' hat heute so verdächtig viele Kenner im Lande, weil sie so wenige Könner hat. Zu viele Leute machen aus der Not, zum wissenschaftlichen Establishment nicht zugelassen zu sein, die eher zweifelhafte Tugend, Nietzsches menschlich-allzumenschliche Rhetorik nur zu bewundern, statt sie selbst zu beherrschen. Ein Zeitungsartikel, der kein Scherzartikel ist, läßt sich nicht ernstnehmen, und ein Buch, das nicht mit dem Entsetzen Scherz treibt, ist entsetzlich witzlos, weil es durch den Überfluß seiner seriösen Feierlichkeit überflüssig wird. Dialektik ist der Witz an der Sache und bei der Ur(ur)sache.

Das Wissenschaftlichkeitsritual setzt stets ein ernstes Gesicht auf, wenn die methodische Zurüstung des verhandelten Themas als eine zwangsneurotische Pedanterie sich lächerlich machen will. Die umständliche Betulichkeit und Schwerfälligkeit der permanenten Absicherung nach allen Seiten kommt nie zur Sache und nennt genau das ihre Sachlichkeit. Aus der Not, nicht schreiben zu können, ist dann die Tugend schmuckloser Nüchternheit gemacht, die sich durch kein Blendwerk beirren läßt. Der wissenschaftliche Wachsabdruck der Wirklichkeit ist das Wachs in den Ohren des Wissenschaftlers gegen die Sirenenklänge der Kunst, und damit ist die Unsachlichkeit erfolgreich verwechselt mit einem brillanten Feuerwerk funkelnder Paradoxe. *Anything goes?* Paul Feyerabend ist nur der ernste Programmatiker einer fröhlichen Wissenschaft und nicht der elegant scherzende Praktiker seiner einen gelehrten Vision. Er beherrscht nur die eine Methode, keine ernsthafte Methode auszuschließen, und ist nur der würdevolle Prediger einer ihm unzugänglichen gelehrten Frivolität. Wir reden mit grotesker Feierlichkeit dauernd von Dingen, die ohne jede Bedeutung sind wie Friedensbewegungen und Alternativkulturen, aber mit den schwerwiegendsten und entsetzlichsten Dinge der Welt treiben wir ständig unseren größten Spott wie mit Ehe, Kinderkriegen und AIDS-Tod.

Zum Lachen ist nur die Feierlichkeit der Experten und Spezialisten, während es auf der Welt nichts Ernsteres gibt als die Leichtfertigkeit eines erzdialektischen Taschenspielerkunststücks. Worüber soll man am lautesten lachen, wenn nicht über die ernstesten Dinge. Wie anders sollen die tiefsten sozialen Probleme des gemeinen Volkes denn gelöst werden als durch frivolste Scherzrätselfragen, und was soll man ernster nehmen als den Witz, mit dem Egon Friedell seine umfassend profunde Kulturgeschichte der europäischen Neuzeit erzählt hat auf 2000 Seiten. Friedell unterhält nicht glänzend, *obwohl* er belehrt, sondern *weil* man mehr weiß, wenn man ihn gelesen hat, und er bringt dem Leser nichts Neues bei, obwohl er ständig scherzt, sondern weil er dauernd geistreich spielt mit den blutigsten Fürchterlichkeiten der Weltgeschichte und die lächerlichsten Nichtigkeiten aller Epochen studiert, als ginge es um Leben und Tod. Es gibt gar kein besseres Geschichtsbuch für den, der nicht so beliebig viel Zeit für das lustige Studium wenig lustiger Zeiten hat wie ein Historiker, der seine Seriosität nicht gefährden will.

„Es gibt Schriftsteller, die schon in zwanzig Seiten ausdrücken können, wozu ich manchmal sogar zwei Zeilen brauche" (Karl Kraus). Man beklagt zu Recht die nicht zu bewältigende Flut der Neuveröffentlichungen, die steigende Selbstrevolutionierungsrate der Wissensbestände. Wir haben nicht nur taubstumme Zuschauer und die Einbahnstraße der TV-Kanäle, sondern auch dicke Bücher und einsilbige Leser. Es war einmal eine Zeit, lang ist es her, die liebte lange Reden und kurze Schriften. Daß die Bücher immer dicker werden, hat nicht nur verlagstechnische Gründe. „Die geistige Situation der Zeit" bezeichnete Habermas 60 Jahre nach Jaspers als „neue Unübersichtlichkeit". Die ganz „automatische Textverarbeitungsmaschine namens Habermas" (W. Pohrt) ist das beste Beispiel für die von ihm monierte Misere. Seine Werke sind geschwollen durch die Lesemassen der von ihm „kritisch angeeigneten" Autoren.

Was bei Naturwissenschaftlern noch einen sachlichen Grund in der rasanten Zuwachsrate ihres Erkenntnisstandes hat, wird bei den Geisteswissenschaftlern zur puren Unfähigkeit, zur Sache zu kommen und bei der Sache zu bleiben. Die rechte Alternative zum komprimierten Schlagwort ist nicht das uferlose Auswalzen. Diese „schlechte Unendlichkeit" (Hegel) moderner Diskussionen, die überbordende Logorrhoe, zu der jeder etwas beisteuern will, wenn er sie nicht hochmütig boykottiert, ist mit der Idee eines kontinuierlichen wissenschaftlichen Fortschritts nur schwer vereinbar. Wer seine unmaßgebliche Meinung wenigstens einmal sagen durfte, findet sich leichter damit ab, daß er sie im Schlusskommuniqué nie berücksichtigt findet

Wer eine in umfangreichen Abhandlungen niedergelegte wissenschaftliche Theorie kritisiert, wird nicht jeden einzelnen Satz auskritisieren, sondern macht sich von den besprechungswürdigen „Ausführungen" erst einmal eine handliche Kurzfassung zurecht. Er „beschränkt sich auf das Wesentliche" und kommt auf die wenigen springenden Punkte zu sprechen. Man fragt sich natürlich, warum der zu kritisierende Autor sich nicht schon selbst auf diese bequemer diskutierbare Kondensversion beschränkt hat.

Jeder fühlt sich „verkürzt" dargestellt und stellt doch jeden anderen selber verkürzt dar. Er breitet sich genüßlich auf vielen Seiten aus und ist so frei, vom Widersacher nur eine leichter kritisierbare karikaturistische Schrumpfversion gelten zu lassen. Bei der Referierung gegnerischer Positionen fällt jedem die Kürze leicht, die ihm bei der Darstellung der eigenen unzumutbar dünkt. Der Verdacht muß erlaubt sein, hier handle es sich eher um Eitelkeit als um Sachlichkeit. Das Oberflüssige wird nicht gekürzt, damit es der Gegner leichter hat, sondern das sachlich Gebotene eher aufgebläht damit es nach mehr aussieht.

Das Viele im Einen zu sehen, ist Sache der Sinne, und das Eine im Vielen zu sehen, ist Sache des Begriffs. Etwas auf einen Begriff bringen heißt nicht nur, verschiedene Dinge, sondern sogar gegensätzliche Standpunkte zusammenzufassen. Dieser Begriff darf die Kontroversen, die er umfaßt, nicht noch erst vor sich haben, sondern muß sie schon hinter sich haben, wenn er denn etwas begreifen und nicht nur versprechen soll. Ganz gewitzte Begriffe greifen den Kontroversen schon vor, die sie erst resümieren sollen. Je weiter die fraglichen Positionen auseinander liegen, desto witziger das Urteil, das ganze Diskussionen enthält und nicht abschneidet. Sich von Streitgesprächen einen Begriff machen heißt, die Übereinstimmungen wie die

Differenzen zu protokollieren. Gesucht ist da nicht die Parole, die Widersprüche einfach unterschlägt, sondern der schlagende Begriff, der sie übersichtlich ausdrückt. Der „lapidare" Stil der Alten hatte sein Maß an den Stein-Inschriften. Wer das, was er sagen will, in einen Gedenkstein einmeißeln (lassen) muß, faßt sich notgedrungen kürzer als einer, der beliebig viel geduldig Papier oder Speicherplatz vor sich hat. Wer keine Erwiderung will, der findet kein Ende. Nicht ein schwammiges Zerreden, sondern handliche Engführung der Gedanken beweist Höflichkeit gegen den Leser. Wo kommt aus Disputen etwas heraus, das in neue Dispute eingehen kann, und was dicken Romanen recht ist, sollte geisteswissenschaftlichen Abhandlungen nicht billig sein.

Lakonische Prägnanz der Darstellung will Diskussionen niemals abwürgen und einsparen, sondern gerade freigeben und ermöglichen. Die Alten noch wußten das. Ein Diskurs, der nicht vergeblich gewesen sein soll, läßt sich ohne Substanzverlust nur durch Prägnanz für Anschlußdiskussionen retten. Wie werden ganze Gedankengebäude zu Bausteinen neuer Gebäude gemacht? Wenn Informationstheorien einen praktischen Sinn haben sollen, der auch theoretischen Ansprüchen genügt, dann muß die Quintessenz ganzer Wissenschaftsdispute unter Marginalisierung ganzer Etappen sich ohne Sinnentstellung miniaturisieren lassen. Geist ist Gespenst oder denkökonomische Verdichtung ergebnisträchtiger Palaver zu weiterführenden Formeln. Das Verdichtete wird dadurch nicht zum Gedicht. Alle müssen zu Wort kommen, ihre Beiträge gehen als Momente in der Selbstentwicklung der verhandelten Sache nicht unter. Gerade das vielgeschmähte romantische Fragment wäre zu rehabilitieren, nicht als verwässernde Popularisierung, sondern als Problembewußtsein und prägnantes Konzentrat des potentiell unendlich fragmentierten Wissens. Geistesgeschichte ist Abbreviatur endloser Diskurse. Von daher entpuppt französischer Esprit sich einfach als praktikablerer Aggregatzustand verfügbaren Wissens. Er ermöglicht die paradigmatischen Kurswechsel der theoretischen Neugierde, wenn „immer mehr vom Gleichen" (P. Watzlawick) immer mehr vom immer gleichen Unsinn wäre. Ein neuer Essentialismus kundiger Destillate tut not.

Wenn jeder mitreden dürfen soll, wird es umso wichtiger, vielsagend wenig zu reden. Das demokratische Ritual leidet heute daran, daß nicht alle zu Wort kommen, weil einige das Wort nicht wieder abgeben können, und wo jeder Zeit hat zu reden, hat niemand mehr Zeit zuzuhören. Der breite Brei der rücksichtslos seelenruhigen „Ausführungen" erstickt uns alle. Langweilige Wortmeldungen der Experten und der Laien ufern aus und laufen aus dem Ruder. Enzyklopädische Pedanterie ist kein Monopol der Gelehrten. Die Besten von uns können ganze Schachpartien ohne Partner im Kopf imaginieren. Wir anderen spielen die Partien, die Genies gegen sich selbst spielen, mit Partnern nach. Hegel hat die breiten Dialoge Platons zu schlagfertiger Dialektik verschärft. Nur Quintessenzen lassen sich angreifen, deshalb zieht niemand sie gern aus seinen eigenen Wälzern und Tiraden.

Kritik, die sich gegen Kritik immunisieren will, macht aus dem Gegner keinen leichter prügelbaren Popanz, aber dampft seine Ausführungen auf ihre Aporetik ein. Die prägnant entfaltete innere Antithetik jeder These wird zur neuen These. Die „Quintessenz" einer Sache ist ein feinster Stoffauszug. Sie ist das Wesen der Sache in der Nußschale einer zugespitzten Formulierung. Je angreifbar konziser die kontroversen Positionen formuliert sind, desto ganz unangreifbarer geraten ihre überprüfbaren Resultate. Novalis nannte seine Fragmente „litterarische Sämereyen", die noch aufgehen sollten. An ihren Früchten, die Keime ausstreuen, sollt ihr sie erkennen.

Warum soll der Leser sich die Zeit nehmen, die sich der Autor gespart hat? Der Verfasser muß die Zeit haben, sich kurz zu fassen. Wir haben immer weniger Zeit, weil wir immer breitere Darstellungen bevorzugen, die immer mehr Zeit kosten. Wer sich Zeit nimmt, spart Zeit, und wer keine Zeit hat, verliert viel Zeit damit. Ich habe nichts gegen dicke Bücher, ziehe aber hundert Ideen auf einer Seite einer Idee auf hundert Seiten vor, auch wenn ich die Gedanken dort nicht lese, sondern nur auf sie gebracht werde. Der Aristokrat hat Zeit und faßt sich kurz, weil sein Leser keine hat. Der Autor, der keine Zeit zur Prägnanz hat, findet auch niemanden, der Zeit genug hat, seine Wälzer zu lesen. Kurz: Wer viel denkt, der sagt und schreibt wenig, aber dieser Satz läßt sich leider nicht einfach umkehren, ohne zu verlieren. Wer viele Worte macht und verliert, will oft nur nicht nachdenken müssen und nachdenken lassen.

„Wenn man vor den Deutschen Geist zeigt, so bemühen sie sich zu verstehen … Sie tun sich zusammen, um ein Bonmot zu verstehen." (*Rivarol*, 1753-1801) Und sie entwickelten trockene Geisteswissenschaften, um den fehlenden Witz und Esprit akademisch zu ersetzen und zu überbieten, bis der kurze Geistesblitz langweilig entschärft und diskursiv ganz zerredet ist. War der Franzose virtuos und geistreich, wurde der Deutsche pedantisch breit und gründlich, auch und gerade im Zeitalter der Aufklärung.

Moralistik oder „Moral sciences"?

Philosophische Bedeutung und psychologische Ausdeutung in poetisch vieldeutiger Andeutung

Auch wenn man nicht so weit gehen will wie Derrida, der alle unter verschriftete Textproduktionen ablegte, rückt der vollberedete „linguistic turn" die „Sprachspiele" *(Wittgenstein)* der Literatur, Philosophie und Psychologie näher zusammen. Bekanntlich lesen sich Freuds Fallbeschreibungen wie literarische Novellen. Auch „das Unbewusste ist wie eine Sprache strukturiert" *(Lacan)* und das „Buch der Natur" mehr als eine poetische Metapher. Philosophie nun reflektiert die allgemeinsten Formen des „Sprachgebrauchs", aber auch der „Metasprachspiele". Hamann nannte Poesie die Muttersprache des Menschengeschlechtes.

„Der Philosoph vergesse nie, dass er eine Kunst treibt und keine Wissenschaft." *(A. Schopenhauer)* Auch die Tiefenpsychologie dürfte eher eine hermeneutische Deutungskunst sein als eine methodische Natur- oder Geisteswissenschaft. „Man kann ihn (d. i. Larochefoucauld) ... ohne weiteres den Ahnherrn der Tiefenpsychologie nennen. Die Aussagen seines Buches sind eine Art Psychotherapie und Psychohygiene *avant la lettre* ..." „Das erinnert uns an die Psychoanalyse, die mehr als drei Jahrhunderte später kam, aber von einem ähnlichen Menschenbild ausging." (J. Rattner, G. Danzer: „Europäische Moralistik in Frankreich von 1600 bis 1950", Würzburg 2006, Seite 34 ff.) Schon beim aphoristischen Ahnherrn Larochefoucauld erhält der tiefere philosophische Gehalt eine tiefenpsychologische Interpretation in literarischer Gestalt. In der europäischen Moralistik werden mindestens diese drei

Dimensionen sinnreich zusammengeführt : tief(gründig)e philosophische Bedeutung, tiefenpsychologische Ausdeutung und literarische Andeutung. (Es dürften noch weitere Sinnhorizonte hinzukommen, aber die sind nicht mehr Gegenstand dieser Arbeit.)

Im kernkranken „Lebensphilosophen" und aphoristischen Entlarvungspsychologen Nietzsche, den Freud neben Schopenhauer als einen seiner Vorläufer anerkannte, erreichte dieses Tripel einen vorerst letzten europäischen Höhepunkt. Dabei muss man ja nicht so reduktionistisch ansetzen wie ein Theodor Lipps: „Die Psychologie ist *die* philosophische Wissenschaft, und umgekehrt ... die Philosophie, das ist die Psychologie." Psychologie verhält sich zur Philosophie (über Gott und die Welt und die Seele) und zur Poesie wie der Denkakt zum Gedanken und zum Sinnbild dafür. „Philosophie und Poesie sollen vereinigt sein", forderten die Jenaer Frühromantiker zudem.

Der anti-scholastische, naturwissenschaftliche „Forschungsaphorismus" (Hippokrates, Bacon) unterlag inzwischen der literarischen Sentenz, die den Kampf gegen Ideologien nicht mehr vom aristokratischen Salon oder vom Dandy aus führt und deren Esprit eher Objekt oder unwissenschaftlicher Feind der Geisteswissenschaftler wurde. Beim Physiker Lichtenberg und Ingenieur Novalis waren beide Stränge noch enger verbunden als später beim Chemiker Canetti, und der Biochemiker E. Chargaff richtete den Aphorismus sogar gegen naturwissenschaftliche Hybris.

Das prägnant pointierte Aperçu ist den Natur- und Kulturwissenschaftlern inzwischen zu literarisch subjektivistisch, den Künstlern aber viel zu philosophisch abstrakt.

Vom Zeitgeist zur geistreichen Zeitlosigkeit

Deutschland entwickelte akademische Geisteswissenschaften und eine genuin philosophische Anthropologie (*moral sciences*), weil es nie rechten Anschluß an die Entwicklung der europäischen, vor allem der französischen Moralistik gesucht und gefunden hatte, woran der Kompensationsphilosoph Odo Marquard erinnert hat. (Auch *Robert Zimmer*: „Die europäischen Moralisten", Hamburg 1999, S. 119 f.)

Siegte Hegels systematischer Weltgeist über Schlegels geistreiche Fragmente oder die katholische Werkgerechtigkeit über evangelische Gnadenmoral? Anders gewendet: Siegte die konstruktivistische *Philosophie des Geistes* über Chestertons *witness* oder der Geist Gottes über die protestantische Arbeitsmoral? (Eine „Phänomenologie des Geistreichen" bleibt jedenfalls noch lange ein geisteswissenschaftliches Desiderat.)

Kant hatte mit dem Kategorischen Imperativ der praktischen Vernunft das objektive Gesetz Gottes in die menschliche Wahlfreiheit überführt, *Fichte* aber die Willensfreiheit als subjektive Willkür von allen natürlichen Fakten emanzipiert und von aller objektiven „Stellung des Menschen im Kosmos" abstrahiert, bis sie zerbrach in *Schlegels* unzählige ironische Fragmente, die *Hegel* dann durch sein dialektisches System in das objektive Gesetz Gottes zurückzubinden suchte, ohne die subjektive Freiheit und Selbstgewißheit des Individuums rückgängig zu machen. Lag der Sündenfall schon im Schritt vom transzendentalen Kant zum idealistischen Fichte oder erst im Fortschritt von einem subjektivistischen Fichte zum ironistischen

Schlegel, der seine individualistischen Bruchstücke doch katholizistisch universalisieren wollte? Fichtes „Thathandlung" war nach Kant praktische Vernunft menschlicher Autonomie statt eine Theonomie, aber Schlegels philosophisch-poetische Fragmente waren nur noch hypothetische Imperative und ungeneralisierbare Maximen einer ästhetischen Einbildungskraft und teleologischen Urteilskraft. Schlegels aphoristische „Igel" verstanden sich als endliche Bruchstücke unendlicher Totalität und wollten damit den Anschluss an Fichtes transzendent(al)e Mystik und an Kants „Religion innerhalb der Grenzen der bloßen Vernunft" nicht verlieren, obwohl die Frühromantiker die kategorische Allgemeingültigkeit ihrer fragmentierten „Ideen" als Einheit von Gegensätzen im christlichen *Katholon* suchten. Die ironistische Selbstaufhebung jedes endlichen Bruchstücks in die unendliche Bewegung des absoluten Geistes blieb für Hegel zu selbstmörderisch beschränkt. Die alles „übergreifende Subjektivität" seiner nationalen Volksgeister war zwar universeller als die Willkür des geistreichen Subjekts, aber kollektivistisch viel beschränkter als Kants universales „Volk Gottes", das Moralität gegen bloße Legalität absicherte. Hegels Urgegner wurde Schlegel. Zitate aus Schlegels Werken: „Fragmente als biblische Philosophie müssen im Centrum der Enzyklopädie thronen." „Fragmente (Sprüche) sind die eigentliche Form des biblischen Vortrags." „Ironie steht in der nächsten Beziehung zu Gott." „Die Religion ist das revolutionäre Princip im Menschen." „In Hegel ist der Grundirrtum, das er den Satan mit dem lieben Gott verwechselt." „Der Geist des Christentums in politischer Hinsicht ist eine allgemeine Opposition gegen den Staat überhaupt." „Das Christentum hat eine ewige Tendenz. Philosophie zu werden." „Affinität des Christentums und des Witzes durch Absolute Philosophie." „Nichts ist witziger als ... die Bibel." „Alle Vereinigung des Heterogenen führt auf Unendliches."

Erst der späte Frühromantiker *Nietzsche* trieb den relativistischen Subjektivismus sophistischer Satzungen bis zum A(nti)theismus, und das haltgebende Gegengewicht wanderte von Gottvater zu Mutter Natur. „Als meine Mutter lebe ich noch und werde alt." Objektive Wahrheit wird nur noch gesucht in naturwissenschaftlich methodischer Intersubjektivität der *scientific community*, deren Logik Wittgensteins protestantische Mystik liefert. Es geht nun um die Frage, wie menschliche Wahlfreiheit das göttliche Grundgesetz „verabschiedet", ob bekämpft oder nur „subjektiviert". Der Schritt vom Fragment des Katholiken Schlegel zur Sentenz des Pastorensohns Nietzsche ist der Weg vom magischen Idealismus zum sophistischen Perspektivismus, der das Gesetz Gottes nicht mehr in unsere Hände legt, sondern es brechen will in autonomer Selbstermächtigung. Nietzsche hat weder das biblische Gesetz noch den kategorischen Imperativ guten Willens erfüllt, sondern durch den bloßen Machtwillen ersetzt und dem elitären Sklavenstaat das gute Gewissen verschafft. Man will nicht mehr selber, was Gott will, sondern selber Gott sein – ein Über-Mensch ohne Über-Ich. *Wittgenstein* machte diesen Schritt mit Tolstoi wieder halb rückgängig, indem er seine mystisch-poetische Subjektivität hinter der Objektivität von Logik und Physik in solipsistischen „Privatsprachen" versteckte. Wenn der Schöpfer samt Schöpfung die Idee des Objektiven (des Dinges an sich) schlechthin ist, wird Subjektivismus tendenziell A(nti)theismus, wo er das objektive Gesetz nicht zur Sache von jedermanns freier Intersubjektivität macht, sondern durch (mehr oder weniger pragmatische) menschliche Satzungen ersetzt.

„Aphorismen sind Einfälle der Philosophen."
(Vauvenargues, Luc de Clapier)

„Was der Laie an der Philosophie wichtig findet,
ist fast immer aphoristisch." *(Erwin Chargaff)*

Eine verschwindend geringe Anzahl von Menschen
nimmt zur Kenntnis, was professionelle Philosophen
der Jahrhunderte aus ihrem Denken veröffentlicht
haben. Und so wenig die interessierten Laien davon
auch aufgenommen haben, so wenig hat sie davon
auch beeindruckt und beeinflusst. Gemeint ist hier
nicht, was von vornherein als „Popularphilosophie"
hergestellt wurde, sondern was vom Berufsdenken
beim Bildungsbürger am Ende hängenbleibt, durch
allerlei vermittelnde Instanzen hindurch. Das sind
meistens Verkürzungen, Verzeichnungen, Missverständnisse, Entstellungen, Simplifizierungen, selbst
Verballhornungen, die oft genug satirische Parodien
streifen. So aber wird die Philosophie wirkmächtig
durch die Zeiten, in Schlagworten und formelhaften
Redewendungen. Vom kleinbürgerlichem Existenzialisten Sartres z.b. bleibt nicht viel mehr als „zur Freiheit verurteilt" und dass er, um der Rechten nie zu
dienen, den Stalinismus weichzuspülen half.

Auf dieser beinahe feuilletonistischen Ebene ist dem
Denken des Bildungsbürgers zu begegnen, nicht auf
dem Niveau akademischer Fachphilosophie, die er
nicht wahrnimmt und deren Abrakadabra ihn nicht
prägt. Das durchschnittliche Gebrauchsdenken des
„gesunden Menschenverstandes" besteht aus triviali-
sierten Versatzstücken aus vielen unbekannt bleibenden Originalphilosophien und ist eigentlich nur apho-

ristisch aufzufangen und zu kritisieren. Denn Philosophie in universitärer Institutionalisierung ist randständiger noch als das geistreiche Bonmot der *europäischen Moralisten*, die eine unsystematische Herausforderung methodischer Begriffsspekulation betrieben. Sie hatten ihre Epoche von Montaigne bis Joubert (oder bis zu Valéry), in literarischen Formen von Essay, Porträt, Fragment und Aphorismus. Die außerphilosophische Kritik am methodischen Denken etablierter Philosophenschulen hatte ihre Kernzeit von etwa 1600 bis 1800. Es wäre an der Zeit, diese wichtige Tradition wiederzubeleben, um die Philosophie auf ihrem Weg zum Nichtphilosophen nicht zu ermäßigten Preisen zu verschleudern, sondern als ihre immanente Kritik, durch literarische Wendung ihres eigenen „linguistic turn", statt sich vom innerphilosophischen *linguistic turn* allzu bald wieder wegzuwenden oder gar wegzustehlen. Hans Blumenberg hatte die begrifflich ganz unauflösbaren *absoluten Metaphern* der Philosophie herausgestellt, und Aphoristik lebt vom ewigen Konflikt zwischen Metapher und Metaphysik, Bild und Begriff, Konkretem und Abstraktem. Das hatte seine Geschichte.

Heraklits dialektische Rätselsprüche kritisierten den gesunden Menschenverstand nur immanent, und der römische Stoiker *Seneca* förderte das aphoristische Stilideal. *Francis Bacon* attackierte die methodische Vorurteilsstruktur der scholastischen Summen nicht durch mathematische, sondern durch aphoristische Formeln. Der Urmoralist *M. Montaigne* knüpfte an beim Platoniker Plutarch wie bei den hellenistischen Skeptikern, Stoikern und Epikureern, der Uraphoristiker *de Larochefoucauld* bei sophistischen Gegnern Platons, aber auch beim vorplatonischen Sokrates. Die Frühromantiker um *Fr. Schlegel* und *Novalis* suchten Poesie und Philosophie dialektisch fragmentiert zu

194

vereinen. *Adornos* „Kritische Theorie" war auch eine streng philosophische Rechtfertigung des aphoristischen Denkens, wenn sie das Individuelle gegen die Allgemeinheit verteidigte durch begriffliche Begriffskritik. So bewahrte er Schlegels geistreiches Fragment vor Hegels totalem Geistessystem.

Aphoristiker hatten Ideen, ohne Idealisten zu sein, verteidigten die Lebenserfahrung, ohne Empiristen gegen Rationalisten auszuspielen, und machten Gedankenexperimente, ohne naturwissenschaftlichen Experimenten das Wort zu reden und entdeckten die Paradoxien in systemphilosophischen Konstrukten. Moralisten enthüllten verschwiegene antinomische Maximen in moralischen Grundsätzen der Ethiken, führten Scheinevidenzen ad absurdum. Sie übten rationale Vernunftkritik wie gedankenexperimentelle Empirismuskritik, sie entdeckten Unsittliches in geltenden Sitten oder die Moral der Unsitten, auch Normwidriges in normalen Norm(ierung)en etc.

Philosophie ist wesentlich dualistisch strukturiert, und Aphoristik treibt ein „Erkenntnisspiel" mit den Grunddualismen einer philosophischen Begriffskonstruktion. Für Schiller ist der Mensch nur dort ganz Mensch, wo er spielt. Huizinga hat das noch vertieft.

Parmenides verteidigte das eine *Sein* gegen vieles Werden, Demokrit das *Atom* gegens Ganze, Platon ideelle Urbilder gegen ihre realen Abbilder, Aristoteles *Form* gegen Stoff, Descartes die *res cogitans* gegen die res extensa, ein Spinoza stellte *Deus sive natura naturans* gegen natura naturata, Leibniz die *Monade* gegens Kontinuum, Kant das *Ding an sich* gegen raumzeitliche und kategoriale Erscheinungen und *Pflicht* gegen Neigung, Fichte das *Ich* gegens Nicht-Ich, Hegel den *absoluten Geist* gegen verabsolutiertes

Geistreiches oder Geistloses, Marx das *Materielle* gegen den Überbau, Kierkegaard die *Existenz* gegen Vernunft, Schopenhauer das *Wissen* gegen den Willen, Nietzsche den *Machtwillen* gegen das Kopfwissen, Bergson den *élan vital* gegen toten Raum, Husserl die *Wesensschau* gegen abstrakte Begriffe, Adorno die *nichtidentischen* Einzelheiten gegen ihre Einheit, Heidegger das *Seyn* gegen alles Seiende, Jaspers das *Selbstsein* gegen Objektivität, Sartre ein *Fürsichsein* gegens Ansichsein, Habermas das *kommunikative Handeln* gegens soziale System, Blumenberg die menschliche *Selbsterhaltung* gegen eine absolutistische Rabenmutter Natur, etc. etc.

Die Aphorismen thematisieren den unschlichtbaren Konflikt zwischen den jeweiligen Basisdualismen einer Philosophie, das ist laut Gerhard Neumanns „Ideenparadiesen" (1976) seit Kants „kopernikanischer Wende" und spätestens seit der romantischen Ironie ihr Wesensgrund. Zur Einheit des Entgegengesetzten kommt es nur in witzigen Teilsynthesen, nie in einem geistigen und sozialen Gesamtsystem.

Adorno zitiert einen Aphorismus vom Paul Valéry: „Was nicht festgehalten wird, ist nichts. Was festgehalten wird, ist tot." (*Paul Valéry* : „Windstriche"). *„Darf etwas den Namen von Philosophie überhaupt noch beanspruchen, dann solche Antithesen.* Indem sie unversöhnt stehenbleiben, drückt der Gedanke die eigene Grenze aus : die Nichtidentität des Gegen-standes mit seinem Begriff, der ebenso jene Identität fordern, wie ihre Unmöglichkeit begreifen muss." (*Th. Adorno*: „Valérys Abweichungen" (1960), In : „Noten zur Literatur", Frankfurt/M. 1981, Seite 177)

Die meisten Philosophen halten nicht viel vom Aphorismus, der ihnen zu subjektiv rhetorisch, sophistisch, vieldeutig und unverbindlich ist. Sie entfalten lieber umständlich argumentativ, was im Aphorismus ein „impliziter Schluss" (Klaus von Welser) bleibt. Der Aphoristiker spart sich die Begründungen des Philosophen, weil laut Hegel ein Beweis der Sache nichts hinzufügt, sondern nur dem besseren Begreifen dient.

Der Denker misstraut der Dialektik, die eher mit der Rhetorik überrede als mit dem Argument überzeuge. Der Sprüchemacher sieht sich einem schwerfälligen Pedanten, der Philosoph einem windigen Sophisten gegenüber. Sicher lassen sich „Dichter und Denker" auch nicht einfach als allgemeine Textproduzenten vereinen, wie Dekonstruktivisten über den *linguistic turn* denken. Der wahre Aphorismus hat die philosophische Begriffsanalyse nicht noch vor sich, sondern schon hinter sich. Als ein postphilosophisches Philosophem schließt er einen Gedankenstreit ab und neue Gedanken auf, ohne sie auszuführen. Auch er will Dingen auf den Grund gehen, aber nicht pedantisch gründlich, sondern außerhalb methodischer Zurichtung des Materials, unabhängig vom systematisierten Vorurteil über die Sache selbst.

Der Aphoristiker macht immer neue Anläufe in verschiedenste Richtungen, von verschiedensten Ausgangspunkten aus. Die Natur macht keine Sprünge, aber die Kultur sehr wohl, abrupte Wendungen, Umwege by trial and error. Der Wissenschaftstheoretiker Paul Feyerabend empfal ein Denken „wider den Methodenzwang", und der Aphoristiker stellt immer neue Hypothesen auf, fällt wahllos unverbindliche „hypothetische Urteile" (Kant), um nicht alles Beliebige derselben bewährten Methode zu unterwerfen, sondern dieselbe Sache den beliebigsten Verfahren. Das aphoristische *Erkenntnisspiel* der Begriffe ist und hat weder eine formal geeichte Methode noch eine empiristische Stoffhuberei, sondern sie schillert zwischen Binsenwahrheit, versucherischen Irrtümern und berückenden Verrücktheiten. Der Leser entscheidet, was der Aphorismus taugt, nicht die Untersuchungsmethode. Aphoristik will sie nicht mit neuen Gewissheiten beliefern, sondern philosophische Experten des Staunens ins Staunen versetzen und den „gesunden Menschenverstand" in Verwirrung stürzen. Sie geht zurück auf den Sophisten Sokrates, bevor er in die Hände Platons gefallen war, der von Aristoteles systematisiert wurde, ohne auf Sokrates zurückzugehen.

Aber hat Hegel den bösen Schlegel jemals widerlegt?

Philosophen denken oft konventioneller, als es den Anschein hat und als sie selber glauben. Sie geben dem gesunden Menschenverstand zu schnell nach, um mit eingängigen Argumenten oder Gegenargumenten Anerkennung zu finden, und fürchten das Abseits inzwischen mehr als das Jenseits. Sie suchen eher zeitgemäße Plausibilitäten als unbegangene Pfade. Für Heidegger war der Mensch ein wesentlich „verrücktes Wesen". „Wahr sind nur Gedanken, die sich selber nicht verstehen." (Theodor Adorno: „Minima moralia", Nr. 122) „Eine (Philosophie), die nicht abstürzen kann in den Abgrund ... des Wahnsinns ..., wird ... potentiell Tautologie." (Th. Adorno : „Negative Dialektik", Frankfurt/M. 1975, Seite 45) An Benjamin faszinierte Adorno, der habe begrifflich gerettet, was sich an Wahrheit in der Schizophrenie anmelde. „Nur wenn man noch viel verrückter denkt als die Philosophen. kann man ihre Probleme lösen." (Wittgenstein) Aphoristiker denken nicht zu verrückt, sondern Philosophen oft nicht verrückt genug, um uns und die Dinge angemessen zurechtzurücken.

Der geistreiche Sophist spielt mit den Begriffen, die der Philosoph analysiert, und er spielt verrückt genug, um einer Wahrheit zuweilen näher zu kommen als mancher Philosoph. Heidegger sah in Gedichten und Gedankengebäuden „nachbarliche Stämme". Warum hat er sein *Seynsgeschick* eher bei Hölderlin verfehlt als etwa bei Novalis gesucht? Auch Heraklits Rätselspruch war oder ist ein (Irren-)Häuschen des Seins. Ein Aphorismus gibt den anderen, nicht nur sein Gegenteil oder seine Variation, und der widersprüchlicher Spruch anderer führt zu ganz anderen Sprüchen. Er ist ein Denkanstoß auch für den Aphoristiker und umso besser, je weiter er von ihm wegspringt zu ganz neuen Gedanken. Dieses „Widerspruchsdenken" aus der Sprache heraus ist Philosophie in Literatur und Literatur in Philosophie. Meine Idee regt an zu deiner ganz anderen Idee, eine Kettenreaktion von Gedanken entbindet geistige Energien. Sie lösen einander aus. So entsteht sogar etwas so Widersprüchliches wie ein *aphoristisches System*, das die eine unverwechselbare Physiognomie des Autors zeigt. Man kann einen Aphoristiker zusammenfassend charakterisieren, wie Peter Krupka es mit dem Begriffssystem von Stanislaw Lec tat. Nichts wird bei einem Aphorismus an den fremden Aphorismus anderer erinnern, der für ihn Anlass, Auslöser und springender Ausgangspunkt war. Syntaktische und semantische Abgründe zwischen den Sätzen desselben Aphoristikers setzen sich fort in den Abgründen zwischen den gegensätzlichen Sätzen verschiedenster Aphoristiker …

Rätselhafte Zwerg-Satiren

Der Philosoph will meine falschen Klarheiten verwirren, um begründetere Klarheit zu gewinnen. Er ist bedeutend, wenn er nur dadurch deutbar ist, daß er undeutlich macht, was eindeutig schien, indem er etwas mehrdeutig macht, damit es nicht zweideutig bleibt. Für den Bruchteil einer Sekunde wenigstens raubt er, wenn er etwas kann, dem Leser die Fassung, überrascht ihn mit einer Abweichung vom Geltenden, die sich so schnell nicht abweisen läßt, macht ihn schwankend, ob das Rätsel zu lösen sei, und der Coup gelingt, wenn die Irritation permanent und ein Pfahl im Fleisch des Lesers bleibt, der nur noch Gründe für die Unlösbarkeit des Rätsels suchen kann. Diese »Unstimmigkeiten« sind nicht nur subjektive, sondern auch objektive.

Nach Franz Mautner besteht der Aphorismus aus »Einfall und Klärung«, also zweistufig aus intuitiver Eingebung und späterer intellektueller Verarbeitung. Freud sprach einige Jahrzehnte früher von vorbewußtem Material, das für einen Augenblick der Überarbeitung durch das Unbewußte überlassen werde, bevor das Resultat sich in eine Form bringe, die der Realitätsprüfung wie der Gewissenszensur genügt. Die pointierte Fassade solle dem unbewußten Tabubruch das Anstößige nehmen, ohne ihn rückgängig zu machen, und uns mit ihm versöhnen. Das sei keine hinter unserem Rücken ablaufende Kompromißbildung zwischen Es und Über-Ich wie im Traum, sondern eine elegante und soziale Befriedigung beider divergenten Ansprüche zugleich. Wenn diese »Witzlust« nicht gleich »abgelacht« wird, bleibt sie als Lust zum philosophischen Weiterdenken noch verfügbar. So etwas wie eine Psychoanalyse des philosophischen Aphorismus wäre dort anzusiedeln, wo Freud zwischen leichtverständlichem Witz und kopfzerbrechendem Rätsel unterscheidet. Der Aphorismus, der die vorbewußte Sprachpointe und unbewußte Sachpointe sinnig verknüpft, verschafft Lust und fordert dennoch zum Nachdenken heraus, weil er Denkarbeit verlangt und trotzdem Vergnügen macht an der Düpierung der Zensurinstanz, die über die Einhaltung der Denk- und Sittenschablonen, der Gefühlsstereotype und Vorurteile wacht. Der Aphorismus unterscheidet sich vom Witz durch den größeren Denkaufwand, den er dem Leser zumutet, und vom Rätsel durch die Auflösung, die er versteckt mitliefert und die sich dann doch regelmäßig als ganz ungenügend erweist. Hermann Schmitz hat die Struktur des Unbewußten als zahlunfähig »chaotische Mannigfaltigkeit«, die Struktur des Bewußtseins aber als »instabile« zwischen mehrdeutig chaotischer und numerisch eindeutiger Mannigfaltigkeit analysiert. Darauf läßt sich zurückgreifen, um das im *Metaphorismus* geistreich werdende Verhältnis zwischen *unbewußt* und *vorbewußt* begrifflich strenger zu fassen. Wenn der Traum ein (für andere witzloser) Witz im Schlaf ist, dann der Witz ein weitererzählbarer Wachtraum. Er entbindet nicht nur den Sinn im Unsinn der frühkindlichen Wortlust, sondern auch Lust an infantilen erotischen wie aggressiven Affekten, die sich da Luft verschaffen und doch das soziale Gewissen zufriedenstellen oder elegant austricksen.

Adorno verteidigt im schneidenden Aphorismus ein Kastrationsmesser und kein Beschneidungsmesser. Der Spruch wird zum Ein-Spruch gegen Hegels postödipale Versöhnung von Vater und Sohn, die die fruchtbare eheliche Vereinigung von männlichem

Begriff und weiblichem Liebesobjekt ermöglicht. Adornos *schneidender* Aphorismus will die (bürgerlich ausphantasierten) Väter kastrieren, um zu den Müttern heimzukehren. Er kündigt die Kumpanei des Geistes mit dem vermeintlichen »Machtwillen« der Väter auf und bekämpft dann geistreich einen patriarchalischen Zeitgeist, den es gar nicht gibt. Vielleicht ist es kein Zufall, daß er sich lieber nach seiner korsischen Mutter Adorno als nach seinem askenasischen Vater Wiesengrund benannte. Seine Affirmation der »bestimmten Negation« bewaffnet das Bündnis des Einzelkindes mit seiner Mutter (Natur) gegen das Prinzip Vater, aber bekämpft den vermeintlich väterlichen Machtwillen nicht durch Willenlosigkeit, sondern durch mächtigen Unwillen.

Den Machtwillen der Zwangssysteme bekämpft ein aphoristischer Machtwille, der geistreiche Ohnmachthaber attackiert die Macht der Dummheit. Der Aphoristiker akzeptiert, was jeder an seiner Stelle ebenso gut sagen könnte, aber er leugnet, daß es wichtiger als das ist, was nur er sagen kann. Jeder ist dazu bestimmt, sich selbst zu bestimmen, und bestimmt sich dann meist nur dazu, über sich selbst bestimmen zu lassen. Die Gesellschaft bewegt mich zur Selbstverantwortung, und dann bin ich so frei, mich zum Produkt der Gesellschaft zu machen. Jeder Aphorismus registriert auf engstem Raum den plötzlichen Zusammenprall zwischen Einbildungskraft und Urteilskraft, zwischen dem Geschöpf und seiner Selbstschöpfung, zwischen dem, was ich selber gebe, und dem, was sich daraus anderes ergibt, zwischen dem, was ich wohl will, und dem, was die Welt aus dem macht, was ich aus mir selber mache. Den Aphoristiker trennen vom Existenzialisten die objektiven Befunde und vom Positivisten die subjektiven Selbsterfindungen. Kants dritte kosmologische Antinomie über die *„dynamische*

Causalität der Natur und aus Freiheit" wird bei Fichte zum sukzessiven Wechsel von Abhängigkeit und Unabhängigkeit des Ich, von Endlichkeit und approximativer Unendlichkeit, von aktiver Tathandlung und passiver Leidenschaft. Jedes frühromantische Fragment ist ein zündender Witz aus der auf jeder Ebene sich erneuernden Ambivalenz von Bestimmtheit und Selbstbestimmung, ein Potenzgrad der Reflexion.

Durch die Art ihrer Aussage gibt die Ironie immer das Gegenteil zu verstehen, jeder Satz meint seinen Gegensatz mit und parodiert ihn zugleich. Fichtes endlose Reflexion zerbricht an ihrem ewigen Widerspruch von Ich und Nicht-Ich in unendlich viele Fragmente. Das Ich ist ein synthetisches Vorurteil apriori, das sich zu beweisen sucht und dabei nur reproduziert. Jeder Spruch ist eschatologischer Einspruch gegen den abschließenden Schiedsspruch des Jüngsten Gerichts.

Hegels »übergreifendes Allgemeines«, die Idee als dialektische Identität von Begriff und Realität, ist die Einheit von romantischer Ironie und naturwissenschaftlicher Empirie, also die (transzendentale) Subjektivität als Einheit von (empirischem) Subjekt und (empirischem) Objekt. Dadurch ist der aphoristische Teufel von der *List der Vernunft* in göttlichen Dienst genommen und die destruktive Ironie der Romantiker in der List der Vernunft gut aufgehoben, d. h. dekonstruiert, funktionalisiert und sublimiert zugleich. In Hegels »Phänomenologie des Geistes« werden die Frühromantiker moralisch schon so verdächtigt wie später im § 140 der Rechtsphilosophie, aber ihr »reines Gewissen der schönen Seele« bei aller vermeintlichen »Heuchelei« doch als epochale Schwelle zum »absoluten Wissen« gewürdigt. Der »verrückte« Novalis und der böse Tatmensch Napoleon verzeihen einander gut christlich, und die Romantik hebt sich auf in der griechischen Kunst, die dann ihrerseits über den gemeinen Menschen hinter erhabenen Theaterrollen überleite zum Menschen Jesus hinter dem göttlichen Christus, also zu Religion und Philosophie. Daß die romantischen Gnomiker alles frech verlachen, was ihm und seiner Zeit heilig ist, erregt Hegels lebenslangen Zorn, und er sucht die geistreichen Spötter mit ihren eigenen Waffen zu schlagen, doch dabei treibt er seine eigene moralische Heuchelei so weit, sie moralische Heuchler zu schimpfen.

Schlegels ironisch selbstentfremdete Subjektivität soll ihre Einseitigkeit verlieren, indem sie mit der positivistisch entfremdeten Objektivität in einer dialektisch »übergreifenden« Subjektivität versöhnt wird, durch beide Extreme hindurch. Beide sind Idealisten, aber Hegels Subjekt weiß sein Objekt in sich, Schlegel aber ewig unerschöpflich außer sich, als Ideal. Hegel reserviert für sich die Einheit der Vernunft und weist Schlegel die »bloßen Reflexionsbestimmungen« des Verstandes zu, die dieser stolz annimmt. Adorno und nach ihm Manfred Frank haben darauf hingewiesen, daß das romantische Fragment durch die reflexive »Unerschöpflichkeit des Gegenstandes« das »antiidealistische Motiv inmitten des Idealismus« vertrete und nicht die davon selbstironisch »entfremdete Subjektivität«, wie es Hermann Schmitz behauptet. Gegen Schlegels vermeintlich egoistisch frivolen Narzissmus setzte Hegel erst die sinnliche Gattenliebe und später den sittlichen Rechtsstaat.

Um die philosophische Vernunft nicht in beliebige einzelne Witze zerfallen zu lassen, ist Hegels Systematik als Universalwitz von Witzen ein Prinzip, aphoristisch zündende Witze methodisch *aufzuheben*, d. h. weiterzuerzählen, ihren ernsten Kern aus der witzigen Verkleidung zu schälen und auf die witzlose Moral von der Geschichte abzuheben. Mit jeder Gnome wird etwas gesetzt und damit von anderen Gnomen abgesetzt. Jedes Fragment kann immer auch ganz anders, wie Musils Mann ohne Eigenschaften, und ist über seine eigenen Festlegungen auch immer wieder ganz leicht und flexibel hinaus. Die »Stellung des Menschen im Kosmos« *(Max Scheler)* ist ihm objektiv zugewiesen und zugleich subjektiv von ihm selber gewählt : Die unauflösliche Spannung dazwischen entlädt sich in immer neuen witzigen Einfällen. Der Aphorismus ist die paradoxe Einheit von produktiver Setzung und distanzierender Absetzung, bis zu Schlegels identifizierender »Selbstschöpfung«, die Hegel zum *Außersichsein* des Geistes macht, und Schlegels »Selbstvernichtung«, die Hegel zur Rückkehr der einseitigen Subjektivität in substantielle Allgemeinheit veredeln will. Schlegels »Selbstschöpfung und Selbstvernichtung« lebt wieder auf in Sartres Wesensbestimmung der Existenz, die sich durch Selbstüberschreitung selber erschafft und durch Selbsterfindung hinter sich läßt. »Ich bin nicht, was ich bin, und bin, was ich nicht bin«: Das wäre eine Definition des Witzes und ist doch ganz witzlos gemeint, obgleich Sartre den Geist der Seriosität hasst und den Menschen für das Wesen hält, das einen Menschen einfach nur spielt. Sartre ist so witzlos pedantisch wie die postmodernen Differentialphilosophen, die heteronome, heterologische und heterogene Abweichungen von allem Homophilosophischen ganz homophilosophisch kultivieren. Gnomische Sprüche sind »jemeinige« Meinungen, ohne allgemeingültige Ansprüche deshalb preiszugeben, und umgekehrt platonische Ideen, ohne deshalb die widersprüchlichen Doxai aufzugeben. − Der Adressat muß selber entscheiden, wieweit er sich getroffen fühlen will und wie unverbindlich die unverbundenen Urteile über ihn sind.

Phänomenologen sind inzwischen auch nur noch Experten für Nichtexpertenfragen und ergänzen den Dilettantismus der Spezialisten. Sie normieren den Otto Normalverbraucher und sehen nicht die manipulierte Befangenheit gerade ihrer »unbefangenen Lebenserfahrung«. Das »Erstgegebene und Letztbegründende« (Waldenfels) der heutigen Phänomenologie ist weder die Gottesidee noch die proletarische Hundelebenswelt und das physikalische Weltall, sondern der spätbürgerliche Alltag der Klassengesellschaft. Der heute fundierende »Weltglaube« ist ideologisch durch und durch und kein Boden für ein Wahrheitskriterium. Die unmittelbare Lebenserfahrung des phänomenologischen Lebensweltbürgertums ist gesellschaftlich vermittelter, als sie wahrhaben will. »In den Netzen der Lebenswelt«, die heute alternative Netzwerke heißen, hängen die kleinen Fische, und die Phänomenologie-Beamten als demokratische Edelleute reflektieren nur noch (auf) ihre eigenen privilegierten Alltagssorgen.

Bei Hippokrates wird die Medizin zum Aphorismus, bei Kant der Witz zur Medizin. Lachen trage zum körperlichen Wohlbefinden bei und findet auch Platz in Wittgensteins Idee eines »therapeutischen Philosophierens«. Sind Aphorismen nach dem pragmatistischen Kriterium von William James *sinnvolle Sätze*, bei denen es »für das konkrete Leben nützlich ist, sie zu glauben«, und einen Unterschied macht, ob sie wahr sind oder nicht? Hans Blumenberg sagt in seinen »Höhlenausgängen«: „Die Weisheit von Sprüchen entwöhnt schnell vom Umgang mit Kontexten" – der Konsenskonformisten.

Jede witzig paradoxe »Vereinigung des Unvereinbaren« als Kehrseite von Adornos Selbstverschiedenheit des Identifizierten hebt Hegels schlußdialektische »Identität von Identität und Nichtidentität« wieder auf. Das Ich kommt bei Novalis nicht ins Schweben, sondern ist nichts als dieses Schweben zwischen Selbstbindung und Selbstauflösung. Gottlieb Fichtes Ich-Substanz brauchte noch einen äußeren Anstoß, den sie dann nie wieder ganz in sich aufheben konnte; die Einbildungskraft des Novalis dagegen hat das Prinzip des Selbstgegensatzes in sich und ist aphoristisch witzige Identität von Homogenität und Heterogenität zwischen Individuen und ihren Begriffen.

Kurzum : Das multivalente Ich des Frühromantikers zwischen zählbar eindeutigen und chaotisch verschwommenen Bestimmungen ist der geborene Aphoristiker. Bei ihm erhält die von objektiven Tatsachen »entfremdete Subjektivität« (H. Schmitz) der unendlichen Reflexion gleich eine aphoristische Binnenstruktur. Und Hegel holte nicht Schellings Objektivismus, sondern Friedrich Schlegels Subjektivismus dialektisch zurück in seinen eigenen *objektiven Geist.*

»Progressive Universalpoesie« als Universalphilosophie war der unendliche Progressus von Fichtes transzendentalem Zirkel, die Schraube endloser Reflexionen der investierenden und dann distanzierenden Einbildungskraft. Jede Schraubendrehung der potenzierten Reflexion war ein eigenes Fragment. Die bei Novalis ambivalent »geraffte Ironie« (H. Schmitz) ist eben aphoristisch gerafft zu einer schwebenden Irritation in Permanenz, einer objektiven Unstimmigkeit, die sich nicht auflösen läßt wie bei einem Witz oder einer optischen Täuschung. (Edmund Husserl nannte die Schaufensterpuppe, die für einen Moment wie ein Mensch aussieht.) »Witzverhalte könnten auch Tatsachen sein, und die Welt könnte von unauflöslichen Unstimmigkeiten nach Art der Husserlschen Puppe durchzogen werden ... Wenn das Flackern des Charakterwechsels ... zur simultanen, nicht weichenden gegenseitigen Überschiebung zusammenrückte, müßte die Husserlsche Puppe auch als Ding an sich, als nicht auflösbarer Weltbestand ernst genommen werden ...« (Schmitz: „Neue Grundlagen der Erkenntnistheorie", Bonn 1994, S. 142 ff.) Diese *Dinge an sich* mit instabilen Wesenszügen sind bevorzugte Objekte des Aphorismus, der paradox klingt, weil er Objekte beschreibt, die von sich selbst verschieden sind, ohne sich deshalb zu vernichten oder in mehrere Objekte zu zerfallen.

Marx, Schopenhauer, Nietzsche, Wittgenstein, Bloch, Heidegger, Sartre, Adorno, Habermas, Foucault, Derrida ... haben wenigstens eins gemeinsam, außer daß sie die international renommiertesten Philosophen der Neuzeit darstellen: Es sind Denker, für die der Ewige so tot ist, daß sie ihn längst nicht mehr vermissen oder bekämpfen. So revolutionär sie sich auch sonst gerieren, darin sind sie unkritische Nachbeter des Zeitgeistes, der nun schon zwei Jahrhunderte lang unangefochten herrscht. Der »Herr der Geschichte« läßt sie machen und überlebt den »Gott der Philosophen« ganz mühelos. Er macht sich rar nicht in der Wirklichkeit, sondern im akademischen Überbau, und seine lange Abwesenheit nährt die Gegenkräfte, die ihn zurückerwarten.

Gott ist ein Naturgesetzgeber und milder Anwalt von Naturgesetzbrechern nur nebenbei. Christen brechen Gottes Gesetz und plädieren für mildernde Umstände und auf Unzurechnungsfähigkeit, aber kein Christ sollte die Absurdität »glauben«, daß Gott ihm zuliebe dauernd seine Spielregeln suspendiert. Für Gott ist das Absolute der Begriff, der das All umfasst und deshalb in allen Details aus sich entlassen kann. Nichts anderes sprengt diesen Begriff von allem als das »Nichtige«, das Hegel »faule Existenz« nannte, und das »absolut Böse« der »wahnsinnig gewordenen Subjektivität«, die er in den Frühromantikern sah. Die göttliche Idee, wie Hegel sie kannte, läßt auch unzählige Aphorismen frei, die sie allerdings nicht wieder in sich selbst zurücknehmen kann. Das Absolute sei immer schon bei uns Menschen, aber nicht beim Aphoristiker vom Schlage eines Novalis oder Schlegel. Aphorismen sind Individuen, die gleichsam keinen übergeordneten Allgemeinbegriff kennen und dulden, sondern ihren systematischen göttlichen Inbegriff permanent sprengend erfüllen und erfüllend sprengen.

Frege und Husserl verbannten die Psychologie aus der Philosophie, aber die Psychoanalyse war da noch nicht mitgemeint, und Freud psychoanalysiert die Motive dieser philosophischen Psychologismuskritik. Hegel ließ die philosophische Eule der Minerva erst in der Dämmerung ihren Flug beginnen, sobald eine Kultur sich längst ausgestaltet hat, und diese Dämmerung ist keine Morgendämmerung. Mit der Philosophie hat die Aphoristik gemeinsam, daß beide die ausdifferenzierten Wissenssysteme voraussetzen, die sie abschließend beurteilen. Die philosophische Funktion des Aphorismus liegt darin, die Synthesen zusammenzuziehen in Einzelthesen, die ihre Antithesen in sich haben. Vorsokratische Fragmente begannen vorwissenschaftlich, wurden bei Bacon bis Lichtenberg innerwissenschaftlich als heuristisch positivistische Arbeitshypothesen, ehe sie von Novalis bis Nietzsche nachwissenschaftlich wurden.

Der Aphorismus : die Schlußsynthese als Einzelthese, die ihre Antithese in sich hat, das größtmögliche Ganze im kleinstmöglichen Urteil, das selber kein Teil des Ganzen mehr ist, sondern es ergänzt um seinen Inbegriff, die Einheit von Gegensätzen in *einem* Satz.

Aphorismen sind keine Grundsätze, sondern Sätze, die das Mißverhältnis unseres Verhaltens zu ihnen festhalten. Sie sind logisch nicht auseinander zu schließen, sondern schließen einander nur aus, weil jeder schon ein »impliziter Schluß« *(Welser)* ist, oft auch ein gewagter Analogieschluß. Der Einzelaphorismus schließt (ana)logisch, aber nicht auf einen anderen, und ist selber der logische Schluß, der nicht mit einem anderen Urteil verbindet. Er sagt in einem Satz mehr, als in ihm Platz findet. Im einzelnen Urteil ist ein Ganzes (ganz oder nur in einem Aspekt) enthalten, das macht ihn zu einer literarischen Form. Ein Ganzes spiegelt sich in einem seiner Teile oder in einem Teil eines anderen Ganzen. In der Einzigkeit jedes Einzelsatzes will eine Einheit des Wissens sich ausdrücken durch Einzigartigkeit des Verfassers hindurch. Ein Satz will in einem geistreichen Satz über den Zeitgeist hinaus sein und setzt sich in Gegen-Satz zu üblichen Satzungen und Voraussetzungen. Er ist eine Synthese heterogener Vorstellungen, aber die Synthese dieser aphoristischen Teilsynthesen ist nur eine Idee aus der Einheit des Verfassers. Es gibt keinen kausalen Weg von Einzelsynthese zu Einzelsynthese, und wenn es eine Kausalkette von A nach B und eine von C nach D gibt, dann muß es deshalb noch keine von AB nach CD geben – oder auch nur von AB nach AC.

Nach der 1. kopernikanischen Wende traten die ersten französischen Moralisten auf, nach Kants 2. kopernikanischer Wende traten die nachsokratischen Fragmente der Frühromantiker auf. Aphorismen verlieren nicht viele Worte, weil sie das letzte Wort behalten wollen. Sind sie die erste Sprache im Paradies, wie Aphoristiker Canetti vermutete, oder die letzte Sprache nach aller Wissenschaft?

Auch der Aphorismus kann eine paradox formulierte religiöse Spruchweisheit sein, sofern er die Selbstaufhebung innerweltlicher Positionen mit philosophisch-rhetorischen Mitteln vorführt : Etwas fällt aus einem konsistenten menschlichen Sinnsystem heraus – eine Kontingenz wird erfahren und dann zugleich in ein ganz anderes Bezugssystem eingefügt – diese Kontingenz wird wieder transzendiert und renormiert.

Existenziell bedeutsame Kontingenzerfahrungen und auch transzendente Kontingenzbewältigungsformen sind auch und gerade in der Aphoristik möglich und besonders sinnvoll, ohne ihre theologische Dienstverpflichtung zu betreiben. Hegels Dialektik sollte den Subjektivismus von Schlegels Aphorismen aufheben, doch Adornos Verteidigung des Aphorismus sollte den Subjektivismus von Hegels Dialektik aufheben. Die Aphorismen kritisieren irreführende Denkkonventionen und werden von analytischen Philosophen selber als »irreführende Redewendungen« kritisiert und mit »Sinnlosigkeitsverdacht« belegt.

Die aphoristische Formel ist ein Satz, der einen GegenSatz formuliert zwischen jeweiligen Grundantagonismen eines Bezugssystems. Wo Ideologien die vermeintlich bereits gelungene Aufhebung von schmerzlichen Dualismen postulieren, betonen Aphorismen aufreizend die fortdauernden Widersprüche innerhalb der propagierten Versöhnungen. Wo etwa der soziale Konsens sich für längst geglückt ausgibt, verweist der Aphoristiker – auch und gerade nach dem verdienten Ende des Sozialismus – auf den ungelösten Konflikt zwischen Kapital und Arbeit. Er greift den Chorismus zwischen Idee und Erscheinung dort auf, wo er ihn historisch vorfindet. Die Kluft zwischen Wirklichkeit und Möglichkeit wird plötzlich wirksam, die Differenz zwischen Sosein, Bewußtsein und Dasein ist mit

211

einem Mal da und wird bewußt, die Existenz ist »noch
nicht« *(Bloch)* die Existenz ihrer Essenz, die Realität
realisiert immer »noch nicht« ihren Begriff, der Verstand steht vor seinem Gegenstand dumm da, der Intellekt hat den Affekt nicht intelligibel gemacht, der
Abgrund zwischen Gefühlen und Gedanken wird
entweder nur gefühlt oder gedacht, Utopie und Entropie verdrängen einander, Denken und Handeln sprechen grundverschiedene Sprachen, die Neigungen
verneigen sich nicht vor den Pflichten, Menschensatzungen widersetzen sich dem ewigen Gesetz des
Ewigen, die Quantitäten disqualifizieren ihre Qualität,
outrierte Mittel werden zum Selbstzweck und desavouieren die Zweckmäßigkeiten, Akzidentelles erklärt
sich selber für substantiell, abstrakte Systeme grenzen
konkrete Lebenswelten systematisch aus, Phänomenales fragt nicht mehr nach Dingen an sich, Subjekte und Objekte, obwohl unvereinbar wie eh, geben
sich füreinander aus; nur der Zufall selber ist noch
notwendig und die Notwendigkeit nur zufällig, der
Graben zwischen Sinn und Sinnlichkeit wird im
Aphorismus unüberbrückbar sinnfällig etc. etc.

Aphorismen sind Urteilssprüche, die lange Ermittlun-
gen und Plädoyers enthalten. Die geistige Welt zerfällt
in gesetzmäßige Gesetzesverstöße und einzelne Zusammenhänge ohne erkennbaren Zusammenhang. –
Da Bacons Aphorismen Hegels holistische Geistessynthese nicht mitmachen, bleiben ihre Antithesen zur
Logik stehen auf dem Boden der physikalischen Naturgesetze, des »unglücklichen Bewußtseins« der
Skeptiker und im »geistigen Tierreich« der frühromantischen Bildungsfragmente. Nach Rickert und
Adorno gehen Naturwissenschaften auf das nomo-
the-tisch Allgemeingültige und Geisteswissenschaften
auf das idiographisch Besondere. Bei Hegel steht
umgekehrt die Natur für das ganz Besondere und der

Geist für das Allgem-Eine. Der Aphorismus, ein Vernunftschluß aus Verstandesurteilen über sinnliche Mannigfaltigkeiten, vereint Verschiedenes aufs Neue zu einem Torso, der instabil mehrdeutig wieder auf Verschiedenes verweist. Selbstbestimmung des Daseins erreicht er auf dem Boden von phänomenologischen Wesensbestimmungen des Soseins. Etwas hat wesentlich mit etwas anderem weit davon Entlegenen zu tun, und die »Verbindung des Heterogenen« wird erreicht durch analogische Mehrdeutigkeit des Kunsttorsos. Vereint der Allgemeinbegriff, was die fünf Sinne trennen, und/oder unterscheiden die Gedanken, was die Gefühle verschmelzen? Aphoristik ist eine philosophische Methode, die für unkonventionelle oder verborgene Zusammenhänge *und* Unterscheidungen eine besondere Sprache schafft. Im Übrigen gibt es keine hegelsche Schlußsynthese der antithetisch aphoristischen Einzelsynthesen: Jeder der Aphorismen ist ein besonderer Aspekt des Ganzen, das sie zusammen nie bilden. Gnome bilden zusammen nicht das Ganze, das jeder schon für sich ganz allein ist. Karl Popper läßt Erkenntnis entstehen durch aphoristische Falsifikation von Gesetzeshypothesen, nicht durch induktive Kumulation von Aphorismen. Noch so viele Aphorismen können nicht eine einzige Hypothese beweisen, aber ein einziger Aphorismus kann sie zurückweisen. Dieser antiautoritäre Anti-Holistiker widerlegt fremde Vermutungen durch widerlegbare eigene Vermutungen. Er übt Sachkritik an Werturteilen ebenso wie Normkritik an vollendeten Tatsachen. Die isolierte Singularität der Aphorismen ist wissenschaftstheoretisch bedeutsamer als ihre induktive Kumulation. Die Prinzipien des *Kritischen Rationalisten,* Fallibilismus, *piecemeal engineering* und methodische Selbstkritik, werden gerade vom prinzipienlos unmethodischen Aphoristiker so gut erfüllt, daß er von Popper und Albert gar nicht erwähnt wird.

Vielleicht ist er oft nicht nur der bessere kritische Rationalist, sondern auch der bessere *Hermeneutiker,* da er sogar heterogenste »Sinnhorizonte verschmelzen« kann. Er lebt vom unschlichtbaren Konflikt zwischen dem naturwissenschaftlichen Sachverstand und dem geisteswissenschaftlichen Sinnverständnis. Seine zusammenhanglosen Verstandesurteile verstehen sich auf das Verständnis für unselbstverständlichste Sinnzusammenhänge ohne Einverständnis mit ihnen. Isolierte Aphorismen erfassen historisch idiographische Sinngehalte gerade durch »Reflexion auf umfassende Vorverständnisse« von »vorwissenschaftlicher Lebenspraxis« *(W. Dilthey).* Auch für Aphorismen sind historische Situationsanlässe und die Lebensgeschichte des Autors »unhintergehbar«. Die Anthropologie des Neo-Phänomenologen Hermann Schmitz exemplifizierte das Wesen menschlicher Biographie am »instabilen Mannigfaltigen« jenes »Witzverhalts«, der als Witz an der Sache gerade der Gegenstand des Aphorismus ist, die gleichzeitige rationale Unterscheidung und affektive Verschmelzung verschiedenster Vorstellungen.

Der Aphorismus zwischen Andeutungen und Bedeutungen ist jener Teil des Ganzen, der das Ganze ganz enthält. Wenn der »hermeneutische Zirkel«, alle Teile aus dem Ganzen und das Ganze aus seinen Teilen zu verstehen, nach Heidegger zum Wesen des menschlichen Daseins gehört, dann ist jedes Dasein gerade aphoristisch besonders verständlich. Stimmungen entsprechen nicht, sondern widersprechen meist den Selbst- und Wesensbestimmungen, die sie ermöglichen. Der rationale Hintergrund irrationaler Abgründe und der dunkle Untergrund rationaler Begründungen verbinden sich nicht so harmonisch, wie der Hermeneutiker gemeinhin wahr haben möchte. Erst opponierte der Aphorismus naturwissenschaftlich den

214

scholastischen Systemen und dann geisteswissenschaftlich den naturwissenschaftlichen Deutungsmonopolen. Er versteht die Unerklärlichkeiten und erklärt die Mißverständnisse seiner Gegner. Er rekonstruiert Weltbilder nicht, ohne sie gründlich zu kritisieren, und rekonstruiert dann die Geschichte der Kritik selber. Auch der aphoristische Mut zu Vermutungen ist als vorwitziges Vor-Urteil ein begrifflicher Vorgriff, den schon Kant zu würdigen wußte :»Baco von Verulam hat an seiner eigenen Person von dieser Kunst vorläufig zu urteilen (iudicii praevii) ein glänzendes Beispiel in seinem Organon gegeben, wodurch die Methode der Naturwissenschaft in ihr eigentliches Gleis gebracht wurde.«(»Anthropologie in pragmatischer Hinsicht«, Werke XII, Frankfurt 1982, S. 538)

Für *Diderot* ist der Geist die Fähigkeit, an einem Gegenstand Beziehungen wahrzunehmen, die vorher noch von niemandem wahrgenommen wurden. Geist ist für *Fichte* das, „was man sonst auch produktive Einbildungskraft nennt" („Eigne Meditationen über Elementar-Philosophie", *1793/94, II/3*). „Der Mensch ist nur in sofern Mensch und in dem Grade Mensch, als er Geist hat." Dieser menschliche Geist sei aber „nichts als Tathandlung".

„Die Philosophie des Geistes ist eine ästhetische Philosophie. Man kann in nichts geistreich sein, selbst über Geschichte kann man nicht geistreich räsonnieren – ohne ästhetischen Sinn." *(Schelling: „Das älteste Systemprogramm des deutschen Idealismus", 1796)* „Geist heiße mir, was für sich selbst ist." Geist liege „in der Tendenz, sich selbst anzuschauen." „Der Geist ist alles nur durch sich selbst" und „führt in einen ewigen Selbstbeweis." – „Philosophie ist nichts als eine Naturlehre unseres Geistes." „Geist, als Prinzip des Lebens gedacht, heißt Seele." – „Alle Handlun-

215

gen des Geistes also gehen darauf, das Unendliche im Endlichen darzustellen. Das Ziel aller dieser Handlungen ist das Selbstbewußtsein … Die äußere Welt liegt vor uns aufgeschlagen, um in ihr die Geschichte unseres Geistes wiederzufinden."

Die Romantiker schrieben nicht nur über, sondern auch mit Geist. *Novalis* : „Der Geist soll – total Genie werden." „Witz ist unbedingt geselliger Geist, oder fragmentarische Genialität." „Der Geist ist der Künstler ... Die Natur zeugt, der Geist macht." „Die höhere Philosophie behandelt die Ehe von Natur und Geist." („Das allgemeine Brouillon", 1798/9)

Für *Hegel* war Geist „das absolute Sichselbstbestimmen" und nicht mehr mir ästhetisch; die Kunst war kein ‚Organon der Philosophie' mehr wie für Schelling. Geist sei „das Ich, das Wir, und Wir, das Ich ist." Er ist nicht mehr Fichtes intellektuale Selbstanschauung, sondern „Wissen seiner selbst in seiner Entäußerung; das Wesen, das die Bewegung ist, in seinem Anderssein die Gleichheit mit sich selbst zu behalten." („Phänomenologie des Geistes") „Der Geist ist belebendes Gesetz in Vereinigung mit dem Mannigfaltigen, das alsdann ein Belebtes ist", heißt es in den „Theologischen Jugendschriften". „Der Geist, der sich als frei weiß und sich als diesen seinen Gegenstand will, d.i. sein Wesen zur Bestimmung und zum Zweck hat", hebt alle geistreichen Sprüche von Heraklit über Montesquieu bis Schlegel in sein System auf. Hegels Geist objektiviert sich in Reflexionsbestimmungen subjektiver Sprüche, durch die er immer durch muß. Er ist nur bei sich, wo er fragmentierend außer sich gerät, aber auch nur aphoristisch selbstentäußert, wo er systematisch neu zu sich kommt. In der „schlechten Unendlichkeit" der Reflexionsbegriffe wehrt Hegel die unabschließbare Endlosigkeit immer neuer in sich vollendeter Sprüche ab und damit Fichtes und Schlegels infinite Reflexionsspirale zwischen dem Ich und Nicht-Ich. Anders als sein Freund Schlegel kennt Novalis wie Hegel auch den Spruch, der alle dialektische Bewegtheit in sich enthält und zur Ruhe bringt. Anders als Hegel verstößt Novalis aber nicht gegen seine Prinzipien, wenn sein Aphorismus allen Gegensatz und alles Für und Wider implizit schon enthält : Hegels Metasätze *über* Dialektik kommen erst am Systemschluß selber ganz undialektisch zur Ruhe, was Hermann Schmitz als Selbstwiderspruch monierte.

Aphoristik erfüllt Fichtes Programm einer sukzessiv endlosen Annäherung an ein unerreichbares Ziel, das sie mit jeder Gnome weiter vor sich herschiebt wie ein moralisches Plansoll, aber man könnte mit Novalis sagen, daß Aphorismen das Erreichen des Ziels verzögern wollen, indem sie jeden geistigen Weg zerlegen in eine potentiell unendliche Zahl von potentiell immer kürzeren Sätzen, um Kants Idee der unendlichen Ergänzbarkeit und Teilbarkeit von Raum und Zeit zu realisieren. Der Geist als Nicht-Ich von Affekten und Objekten überwältigt das Ich, der Geist als Ich überwältigt das Nicht-Ich, und die Unbesiegbarkeit von beiden garantiert die systematisch freigegebene Zukunftsfähigkeit des aphoristischen Fragments.

Engländer und Franzosen haben für Geist und Witz das gleiche Wort. Im Deutschen ist der Erfahrene nicht der Gewitz(ig)te, sondern ein Greis, und wer im Geiste die Zukunft vorwegnimmt, gilt als so vorwitzig, daß ein Heidegger ihm „ekstatisches Sich-vorweg-sein" bescheinigte. Gemeinhin ist die Wissenschaft so witzlos, daß fast alles Witzlose schon als wissenschaftlich passieren darf, und Geist ist nur eine Abart von Unwissenschaftlichkeit. Über Paradoxe lassen sich wissenschaftliche Wahrheiten sagen, nicht aber wissenschaftliche Wahrheiten in Paradoxen ausdrücken, ohne wissenschaftliche Unwahrheit oder unwissenschaftliche Wahrheit zu werden.

Was uns so durch den Kopf geht, nennen wir Gedanken, und was wir lesen, nennen wir Bücher, auch wenn es nur Scheckbücher sind. In einer Welt der Comic-Blasenentzündungen ist es schon anspruchsvoll, eine kritische Arbeit über Comics zu lesen, aber Schreib- und Leseschwäche sollte sich nicht mit tatkräftig praktischem Sinn verwechseln. Wer nicht lesen will, muß fühlen, und „deutsche Männer lesen nicht" *(Stefan Andres)*. Jeder ist stolz darauf, nicht nur den Fernseher abzuschalten, sondern dafür Schundromane zu verschlingen. Entweder werden da schöne Gefühle in schlechten Gedichten gesucht oder gute Poesie in bösen Emotionen. Einen Umwelt-Report liest man, weil man sowieso alternativ wählt, aber denkt nicht alternativ, weil man Untersuchungen studiert hätte, die diesen Namen verdienen. Niemand findet es mehr merkwürdig, daß niemand mehr an der Öko-Apokalypse zweifelt.

Früher waren die Linken Leute, die Dialektik priesen, um nicht dialektisch denken zu müssen. Die meisten Bücher über Dialektik sind undialektisch. Nicht jeder Witz ist Dialektik, aber jede Dialektik ist ein gebildeter Witz an der Sache. Besondere Befähigung zum analytischen Denken der Franzosen schließt die zum dialektischen Denken der Deutschen so wenig ein, wie eine analytische Denkschwäche noch keine dialektische Kompetenz garantiert.

Adorno kritisierte an Hegel jenen wahnhaften Subjektivismus, den Hegel an Schlegel und Novalis kritisiert hatte, aber verteidigte deshalb nicht die Frühromantiker von 1800 gegen Hegel, sondern den vermeintlichen Realismus Schopenhauers und Nietzsches gegen Hegel und die Romantiker zugleich. Vor Marx und Adorno waren Hegel und Schlegel Brüder im romantischen Geiste. Die Mängel von Hegels Naturphilosophie waren nicht nur Mängel der Naturwissenschaft seiner Zeit. Antinomische Widersprüche liegen nicht in der Vernunft selbst, sondern in der vom Romantikerphilosophen Fichte zur Vernunft erhobenen „poetischen Einbildungskraft" *(Maimon)*, die sich das immer abwesende Ganze möglicher Objekte als ein eigenes Objekt unter anderen vorstellt. Hölderlin und Novalis waren vom „batavischen Plato" Hemsterhuis beeinflußt, Valéry-Vorbild Joubert von Plato selbst.

Maimon war über Fichte, Leibniz war über Maimon der Ahnherr Hegels und Schlegels, und auf diesen infinitesimalen Leibniz berief sich auch noch Lichtenberg. „Poetische Einbildungskraft", die Fähigkeit, sich geistig vorzustellen, was nicht leibhaftig da ist, war für Kant die Wurzel von Verstand und Sinnlichkeit. Die frühromantischen Selbstparodien und Nietzsches sprachtrunkene Sprachparodien *(Heinz Krüger)* unterscheiden sich wie Poesie und Prosa. Prosaist Nietzsche spricht über die Welt, indem er über die Sprache spricht, und Poet Novalis spricht über die Sprache, indem er über die Weil spricht. Aphorismen bestätigen auch durch sich selbst, was sie an der Welt entlarven : Tugend verbirgt lächerliche Anmaßung (Lichtenberg), Eigenliebe (Rochefoucauld), Liebeshunger (Schopenhauer) oder Machthunger (Nietzsche). Der Aphoristiker demütigt seine Leser, indem er sie entlarvt oder gestehen läßt, daß er es viel besser kann als sie. Metaphysisches wird metaphorisch durch Physisches vertreten und widerlegt. Jeder fällt unter seinen gleichschaltenden Allgemeinbegriff gerade durch seine lächerliche Prätention, etwas ganz anderes und Besonderes zu sein.

„Vita longa, ars brevis" : Erasmus suchte den „sensus non vulgaris". Perez und Gracian trennten die Regel vom Anwendungskommentar, Larochefoucauld provozierte durch Überverallgemeinerung seiner Beobachtungen den Leser ironisch dazu, sich als Ausnahme zu fühlen, welche die Regel bestätigt. „Paradoxes, mélés de Réflexions et de Maximes" (Ersttitel von Vauvenargues). Lichtenberg suchte Erkenntnis als Wechselkorrektur von logischen und ästhetischen Irrtümern zu begründen. Das eine Auge sollte ein Fernrohr, das andere ein Mikroskop benutzen. Geist und Sinnlichkeit : Witz integriert, Scharfsinn differenziert. Geist und Esprit : Französisches Distanzpathos und erzdeutsche *unio mystica*. Der Aphorismus ist zu scharfsinnig, um irrational zu sein, aber auch zu ästhetisch, um wissenschaftlich beweisbar zu sein. Im Aphorismus gibt sich ein Gefühl die Logik des Gedankens und der Gedanke die Tiefe des Gefühls. *Vor* Kant richtete der kluge Weltmann sich stoisch ein in einer fix und fertigen Gesellschaft, *seit* Kant entwarf der Moralist seine eigene Welt. Die kopernikanische Wende : Erst richtete er sich nach dem richtigen Bild von ihr, dann richtete er sich eine richtigere Welt (wenigstens auf dem Papier) ein. Der reale Sozialismus war wahrer Staatskapitalismus, und die soziale Marktwirtschaft ist der wahre Sozialismus? „Traumarbeit": Der Mensch träumt bei der Arbeit und arbeitet im Traum. Arbeit ist die häufigste Form der Bewußtlosigkeit, und wer einen Platz an der Sonne will, geht mit ihr unter.

A.W. Schlegels Chamfort-Rezension 1796 blieb skeptisch : „Ein allgemeiner Satz, in welchem unzählige Erfahrungen zusammengedrängt werden, ist immer in einem gewissen Sinne unwahr", aber der „verständige Leser" werde es schon richtig aufnehmen. Sein Bruder Friedrich schrieb dann „kritische Chamfortaden". Jean

Pauls „Ideenwürfel" erinnern an Mallarmés Würfel, der „nie den Zufall besiegen wird". „Von jeher sucht die Wissenschaft nach dem Punkt, wo das Seyn das Erkennen, das Erkennen das Seyn umschließt." (*F. W. Schelling*: „Aphorismen zur Naturphilosophie", 1806) Bacons aphorism suchte translatio, variatio, inversio et sortes experimenti.

Hofmannthals „Lord Chandos", der in seinem berühmten fiktiven Brief an Francis Bacon, den Autor einer Sammlung „Apophthegmata New and Old" (1625), die Realitätsinsuffizienz jeder Sprache beklagte, plante nach dem Vorbild der (verlorenen) Sammlung Cäsars eine eigene Aphorismensammlung – die Hofmannsthal mit dem „Buch der Freunde" (1922) dann vorlegte.

Die Systematiker sind zusammen mit ihren aphoristischen Gegnern ausgestorben. In Deutschland ist der Aphorismus heute nicht tot, aber zur zweitklassigen Subkultur abgesunken. Er überlebt nur um den Preis, von seriösen Dichtern, Wissenschaftlern und Kritikern nicht ganz ernst genommen zu werden, wie Nietzsche schon im letzten Jahrhundert wortreich klagte. Auf Französisch überwintert er im Bonmot, auf Deutsch in Sprühwandgraffiti. Der klassische Gnomiker ist zum billigen „Sprücheklopfer" heruntergekommen, aber Weniges inspiriert den Aphoristiker mehr als die Aphorismen seiner Vorgänger und Konkurrenten; sie lassen sich weiterentwickeln, wenn sie als bloße Rohstoffe genommen werden.

Ein fester Forschungstopos ist der Vorwurf, dieses *jeu des maximes* sei in ständiger Gefahr, leere Mechanik, eitler Spieltrieb und virtuose Effekthascherei zu werden. Diese Gefahr ist viel geringer als die, vor dieser kleinen Gefahr dauernd auszuweichen und die schönsten Effekte daran zu hindern, daß sie das Licht der Welt erblicken. Entweder ist ein Aphorismus formvollendet brillant oder er ist schlecht, das ist alles. Ist er misslungen, dann nicht deshalb, weil er zu viel, sondern zu wenig in Form ist. Formalistisch wirkt er nur, wenn er einfach nicht originell, sondern ein Plagiat ist. Oft werden die gelungensten mechanisch genannt, weil sie gelungen sind, und ein schlecht konstruierter ‚Saillie' wird nicht dadurch besser, daß er „existenziell ernst macht". Dort tobt sich nur wieder der tiefe deutsche Sinnspruch am leeren welschen Bonmot aus, der schwerfällige Geist wütet gegen den leichtsinnigen Esprit, innere Formen gegen äußerliche Formeln und das unvermeidliche Ganzheitsdenken, um in seinen Ressentiments nie durchschaut zu werden, gegen analytisches Räsonnieren.

Harald Frickes sonst ausgezeichnete Monographie „Aphorismus" (1984) leidet nur an dem Fehler, die vom Aphoristiker selbst verantwortete „kotextuelle Isolation" zu überschätzen bei der Frage, was zum authentischen Aphorismus gehört. Es mag bedenklich sein, Jean Pauls Romane als apokryphe Aphorismensammlungen zu mißbrauchen, aber warum soll der Leser, wenn er die penetrante Aufforderung zum Mitmachen einmal ernst nimmt, daraus keine glänzenden Bonmots ziehen dürfen? Die witzigen Einfälle lassen sich aus Jean Pauls „assoziativer Verknüpfungstechnik" leicht re-emanzipieren. Gängige „Blütenlesen" und „Chrestomathien" sind ja nicht deshalb bedenklich, weil sie an Sentenzen roh herausbrechen, was „kotextuell integriert" war, sondern weil dieses Spruchgut oft so witzlos ist. Dem „Büchmann" und „Zoozmann" ist gar nicht vorzurechnen, daß sie Rosinen barbarisch aus dem weggeworfenen Teig klauben, sondern daß die Rosinen zu selten Rosinen und die Sentenzen zu oft nicht wert sind, zitiert zu werden.

Fricke zählt die konzise Originalität der Pointe, das Hauptqualitätskriterium dieser Gattung, nicht zu den Essentials, sondern nur zu wahlweise „alternativen Merkmalen", nicht zum Muss, sondern zu einem Nice-to-have. Ob ein Aphorismus schon als solcher konzipiert oder einer Dramenfigur von Schnitzler aus dem Mund genommen wurde, ist für seine Qualität belanglos. Warum soll der Leser, der sonst so großzügig beschworene aphoristische Co-Autor, sich keine Aphorismensammlung aus den Romanen und Theaterstücken der Weltliteratur selbst zusammenpulen? Und wenn das Dramenzitat noch kein gattungstheoretisch sauberer Aphorismus ist, läßt es sich vom Leser oft spielend leicht dazu machen. Ein Aphorismus ist etwas, was seine Leser in Gesellschaft und Reden manchmal zitieren, um zu glänzen, und ein gutes Zitat ist etwas, das sie manchmal zur blendenden Gnome machen können.

Die meisten Verfertiger von ‚Reflexionen und Maximen' sind nicht Metaphysiker genug, um philosophische Fragen aphoristisch zu stellen und zu lösen. Die Philosophen aber müssen nicht Könige, sondern Aphoristiker werden, und Aphoristiker sind jene Dichter, die Denker sind, ohne aufzuhören, Künstler zu sein. Wenn sie Künstler sind, dann müssen sie keine Lebenskünstler sein. Die eingeforderte „existenzielle Verbindlichkeit" ist häufig nur ein Spitzname für Qualitätsdefizite und umgekehrt. Allein im Aphoristiker ist der Dichter Denker und der Denker Dichter geworden.

Vielleicht ist die Interdisziplin der Kulturformen, die Antizipation künftiger Einheit von Kunst, Religion, Wissenschaft und Philosophie, heute nur aphoristisch möglich, aber wahrscheinlicher bricht der Aphorismus unter solchen romantischen Missionsaufgaben zusammen. Er ist ja gar keine poetische Knospe, sondern philosophische Frucht und Same zugleich. Gewöhnlich faßt der Denker nicht in feste Begriffe, was der Dichter vorher schon in schönen Bildern gesagt hat, sondern umgekehrt bringt der Künstler in glänzende Form, was der Philosoph an unerhörten Neuigkeiten ihm vorstammelt.

Nicht bei jedem Wort läßt sich auch etwas denken. Die Sprache legt Möglichkeiten nahe, denen in der Sache nicht immer etwas entspricht. Dinge gibt es in der Welt, die nicht in Worte zu fassen sind, aber noch mehr Worte gibt es, denen keine Wirklichkeit korrespondiert. Manche Sprachschöpfungen hören sich aber noch heute ganz so an, als könnten sie schon morgen mehr bedeuten. Wort- und Sprachspiele können eine fruchtbare *ars inveniendi* sein, eine *Lullische* Kunst der Kombinatorik : Worte werden so lange gegen alle semantische Wahrscheinlichkeit mechanisch verdreht, bis sie etwas bedeuten, worauf der übliche Sprachgebrauch nie gekommen wäre. Aphoristik ist die Kunst sprachlicher Sollbruchstellen, und jede geistreiche Bemerkung zu jedem Sujet ist aphorismusfähig.

Aphoristiker müssen sich wieder an wissenschaftliche und philosophische Themen herantrauen, wenn sie nicht vom Witz der Sprühwandmaler weggelacht werden wollen. Sie sind zu wenig Wissenschaftler, um denen den Rang abzulaufen, und Philosophen sind selbst längst keine Systematiker mehr. Die frischen Wandgraffiti und frechflotten „Sponti-Zaubersprüche" könnten heilsame Vitaminspritzen gegen die betulich gewordene Sentenzenschmiede werden, aber die seriöse Zunft hat die literarische Herausforderung von den Häuserwänden noch gar nicht an- und wahrgenommen.

Fricke hat völlig Recht, Schopenhauer nicht Aphoristiker zu nennen, aber schüttet das Kind mit dem Bad aus, wenn er auch Nietzsche fast davon ausnimmt. Adornos Plädoyer für den philosophischen Wert des Aphorismus ist das gleiche wie für den Essay, und Heinz Krügers „Studien über den Aphorismus als philosophische Form" (1957) sind durch Adornos Vorwort zurecht bekannt geworden. Es gibt viel zu wenige philosophische Aphoristiker und aphoristische Philosophen. Der philosophische Aphorismus ist die Krone der Aphorismen, und das aphoristische Philosophieren ist ein Königsweg der Philosophie. Nietzsche kommt bei Fricke mit ebenso wenig Recht zu kurz wie Jean Paul. Daß die Aphorismen in Richters „Titan" wie im „Zarathustra" Nietzsches oder in Schnitzlers Komödien nicht frei flottieren, ändert nichts an ihrer Qualität. Die von Fricke verspotteten „Metaphysischen Grundlagen des aphoristischen Denkens" (Fußhoeller, 1953) liegen einfach darin, daß das metaphysische Denken auch paradoxale Grundlagen haben kann und haben sollte, ohne aufzuhören, ein „Gesellschaftsspiel für Einzelgänger" zu sein. G. Neumann hatte 1976 in seinen sehr verdienstvollen „Ideenparadiesen" Franz Mautners aphoristische „Polarität zwischen rationalem und mystisch emotionalem Denken" zur „Dialektik des Einzelnen und der Allgemeinheit" gemacht, und genau das dürfte denn auch Adornos philosophische Ehrenrettung des Aphorismus gemeint haben : das Absonderliche von heute als Binsenweisheit von übermorgen zu verstehen.

Auch *aphorismoi* entstehen selten im luftleeren Kinderspielraum. Am besten wachsen sie in gedankenexperimentellen Essays und lassen sich dann als reife Früchte abpflücken vom Baum der Erkenntnis, wenn sie nicht von selbst aus dem Text fallen. Falls nicht der Autor sie erntet, sollte das der Leser tun. Jede geistreich geschliffene Bemerkung, die auf eigenen Füßen stehen kann, ist aphorismusverdächtig genug, und wer genug beisammen hat, kann versuchen, eine alphabetische Ordnung nach Hauptbegriffen zu so etwas wie einer gnomischen Enzyklopädie zu machen. Jeder Aphorismus fängt neu bei Adam und Eva an, und die thematische Komposition innerhalb einer Sammlung ist meistens für Autoren reizvoller als für Leser. In der neuen Umgebung einer Aphorismenkollekte haben auch manche Schillerzitate alle Merkmale „verweisungsfähiger Isolation", „kotextueller Unabhängigkeit" und „freier Kommutierbarkeit", die Fricke fordert, der besser daran getan hätte, das Bedingungsverhältnis von Sach- und Sprachpointen genauer zu erforschen. Die legendäre Einheit von Form und Inhalt nimmt hier nämlich die schöne Form an, daß Sprachpointen gerade die Sachpointen selbst sind und umgekehrt. Die originelle Abweichung von der linguistischen Norm und die innovative Abweichung von der ideologischen Norm gehen oft eine Ehe ein, deren Frucht der Aphorismus ist. Beides dient einander, beides ist Mittel für das andere. Das sprachlich Wesentliche wird weggelassen und das Unwesentliche rhetorisch ausgeschmückt, bis das Fragment etwas mehr als ein- oder zweideutig wird.

Aber wo sprachliche Redundanzen zu Essentials werden und das Minimal Must zum Nice-to-have-not, haben wir noch keine *aphorismi*. Das Ingenium liegt dabei in der künstlich erzeugten sprachlichen Bruchstelle, die auf sehr verschiedene Weise ergänzbar gemacht ist. Eisgraue Trivialitäten klingen dann plötzlich wie unerhörte Entdeckungen, und letzte Schreie entpuppen sich als Schnee von vorgestern bei diesem *concisum genus humile dicendi*. Im Aphorismus ist die Prosa von der Poesie ganz emanzipiert, der Baustein vom Gedankengebäude und die Form von der

Norm wie die Invention von der Konvention. Er schafft sich seine eigenen Zusammenhänge, aus denen er nicht erst zu reißen ist, und im Glücksfall liegt die Logik in der Emanzipation der Erfahrung von der Logik, also größere Vernunft. Durch Sprachpointen wird Sachinnovation erzeugt oder etwas ganz Trivialgewordenes renoviert. Ein neuer Gedanke nimmt nur Form an, wenn sich bei der neuen Form etwas Neues denken läßt, und der Produktionsweg geht seltener von der Idee zur Formel als von der schönen Gestalt zum tiefen Gehalt – oder wenigstens zur tieferen Wirkung auf Leser.

Ein Aphorismus ist kein Witz, aber ein witzloser ist ein schlechter, also gar keiner. Das Qualitätsmerkmal ist fast sein Gattungsmerkmal. In einem einzigen Satz enthält er so viele Sätze und Gegensätze, wie sich in ihn hineinlesen lassen. Aus manchen Witzen, Bonmots und Anekdoten lassen sich brauchbare Aphorismen machen und umgekehrt. Der gute Aphorismus hat den Witz, der er nicht ist, und der König der Aphorismen ist das ebenso originelle wie brillante Mini-Paradox. Auch im Aphorismus arbeitet der Witz als „ersparter Hemmungsaufwand" (Freud), als „Inkongruenz von anschaulichem Individuum und seinem abstrakten Begriff (Schopenhauer), wo das Individuum sich vor seinem Inbegriff nicht weniger blamiert als umgekehrt der Allgemeinbegriff vor seinen diversen Einzelobjekten.

Der französische Dekonstruktivist Le Man hat zu zeigen versucht, wie sehr die Philosophie Nietzsches Rhetorik ist, und diese Sprache ist selbst die Philosophie, die sie nicht nur gut ausdrückt. Die Grundlage dieses *Philosophorismus* ist die Allgemeingültigkeit individueller Abweichungen von der Allgemeinheit oder eine persönliche Abweichung vom Konformis-

mus individueller Abweichungen. Was gestern allgemeingültig war, ist nun eine Skurrilität, und was heute
idiotisch klingt, mag morgen sprichwörtlich sein.

Gerhard Neumanns „Ideenparadiese" (München 1976)
wollen weismachen, daß literarische Aphoristik etwas
zu habe mit Kants „kopernikanischer Wende" vom
Objekt zum Subjekt, vom Wissen zur Gewißheitsver-
gewisserung, also Verallgemeinerungsfähigkeit von
Individualität, mit angewandter Vernunftkritik, die
sich um selbstbewußte Subjektivität dreht und nicht
um systematische Objektivität. Das mag für Kants
Zeitgenossen Lichtenberg, Goethe und Novalis gelten,
wie Neumann zeigt, aber was ist mit einem „vorkriti-
schen" Aphoristiker wie Larochefoucauld, der gegen
das zentralistische Frankreich von Richelieu und
Descartes schrieb, aber die kopernikanischen Wendehälse doch nicht vorwegnehmen konnte?

Frickes Invektiven gegen Neumann und gegen philosophische Aphoristik sind unverständlich, wenn Frickes Philosophieverständnis verstanden wird. „Denn
die Philosophie behandelt Probleme zweiter Stufe : sie
gibt keine Theorie der Welt, sondern eine *Metatheorie*
des sprechenden, erkennenden, handelnden, moralisch
und ästhetisch urteilenden Verhaltens zur Welt."
(a.a.O., S. 40) Sie spricht über die Welt, indem sie
über die Art spricht, wie man über die Welt spricht,
und genau das tut nach Neumann auch der vernunft-
kritische Aphorismus, wenn er seit Kant von der Verallgemeinerungsfähigkeit aller Einzelfälle lebt. In der
Metaphoristik und Metaphysik wird der *linguistic turn*
vorausgesetzt, und im Aphorismus wird der philosophische Begriff von einer Sache durch linguistische
Kunstgriffe gewonnen. Jeder Aphorismus ist schon
ein *Metaphorismus (Bert Berksträter)*. Harald Fricke
scheint den Ansatz zu unterschätzen, den Gerhard

Neumann überdehnt, und erkennt seine Metatheorie der Metaphysik in Neumanns kopernikanischer Wende nicht wieder.

„Die durch Adornos Vorwort einflussreichen, aber überschätzten" Studien von Heinz Krüger über den „Aphorismus als philosophische Form" (1957) arbeiten mit der Dialektik von Verallgemeinerung und Vereinzelung, von Gesellschaft und Individuum, am Beispiel von Nietzsches Werk. Natürlich hat Nietzsche nicht nur Aphorismen geschrieben, auch nicht immer dort, wo er es getan haben soll, aber seine in Essays eingearbeiteten Aphorismen gehören zum Besten, was er geschrieben hat.

Nach Fricke haben Kierkegaard und Adorno dort, wo sie philosophieren, nicht aphorismiert, und wo sie Aphorismen geschrieben, nicht Philosophie getrieben. Vielleicht ist Frickes Philosophie- und Literaturverständnis hier zu eng. Sein Schüler Habermas sagte über Adornos „Minima moralia" großzügiger, sein Hauptwerk sei eine Sammlung von Aphorismen. Krausverehrer Wittgenstein sagte von seinem „Tractatus": „Die Arbeit ist streng philosophisch und zugleich literarisch, es wird aber doch nicht darin geschwefelt." Valéry lehnte Philosophie in Aphorismen ab, um „nicht einen Maler von Seestücken mit dem Schiffskapitän zu verwechseln".

Man kann dichten, bevor man denkt und statt zu denken, Aphoristik aber kann man nur schreiben *nach* dem Nachdenken und nicht anstelle des Denkens. Sie greift Angriffe an, ohne das Angegriffene zu verteidigen, lehnt sich gegen Ablehnungen auf, ohne sich an das Abgelehnte anzulehnen, und wenn sie Negationen negiert, dann nicht, um die Negation zurückzunehmen und zum Negierten zurückzukehren, sondern sich von

These und Synthese noch weiter zu entfernen als die Antithese selbst. Der Aphorismus ist nicht nur pars pro toto et contra totum et contra Totem, sondern Bruchstück vieler Ganzheiten, zu denen er ergänzbar ist. Dieses Fragment transzendiert sich durch sein *metonymisches Potential* auf komplette Denkfiguren hin, die einander widersprechen und zerstören können. Durch thematische Verkettung hören Sätze nicht auf, mögliche Aphorismen zu sein, wenn ihr Sinn nicht aufgeht in ihrem Stellenwert zwischen Folgesätzen und Satzvorgängern, sondern wenigstens zum Teil auch dazu quer steht. Das ist bei dem Dichter Jean Paul nicht anders der Fall als beim Denker Wittgenstein. Viele Thesen haben einen Sinn im Zusammenhang mit anderen Thesen und zugleich unabhängig von ihnen. – „Die Bedeutung eines Wortes ist sein Gebrauch": das ist ein Aphorismus unabhängig davon, daß er inmitten anderer Sätze noch andere Bedeutungsvaleurs entfaltet.

Es gibt viel mehr Gedichtbände, Romane und philosophische Werke als Aphorismensammlungen. Es gibt sogar noch viel mehr gute Lyrikbände als schlechte Sentenzenbände auf der Welt. Auch und gerade die Großen der Gattung wie Lichtenberg und Lec haben es lebenslang auf nur etwa 3000 Gedanken gebracht. Wer unter seinen 2222 „Saillis" wenigstens 222 gute Gedanken oder auch nur 22 oftzitierte Ideen hätte, dürfte zufrieden die weiterblickenden Nachweltzwerge auf seine Riesenschulter setzen.

Nur wenige Gedankensplitter stoßen auf ungeteilten Beifall oder auf ungeteilte Gleichgültigkeit. Der eine honoriert Sprachwitz schon allein, ein anderer kann die Form gerade noch ertragen im strengen Dienst eines Inhalts. Dem einen genügt alter Wein in neuen Schläuchen, anderen genügt die bewährte Gestalt für einen taufrischen Gehalt. Für Berufsdenker sind Aphorismen gemeinhin zu literarisch und für Schriftsteller zu theoretisch. Wenn Hegels Definition der Kunst als „sinnlicher Schein der Idee" einen Sinn hat, dann auch und gerade für den Aphorismus, der einen abstrakten Gedanken anschaulich vorführt und gleichzeitig ein handgreifliches Bild auf allgemeine Begriffe bringt. Hier ist eine „Wahrheit ins Werk gesetzt" (Heidegger) durch „winzige Abweichung von ihr" (Lichtenberg). Daß diese Wahrheit leicht ein Opfer von wortverspieltem Pointenzwang werden kann, ist allerdings immer noch besser, als wenn der Witz an der Sache einer Pedanterie geopfert wird, die sich mit Seriosität verwechselt.

Daß mehr Objektivität aus mehr Subjektivität zu gewinnen ist, verbindet einen Lichtenberg und Kant. Neumanns These von der Geburt des europäischen Aphorismus aus dem Geist der kopernikanischen Wendehälse krankt nur daran, daß die neuentdeckte Subjektivität keine Individualität hat, sondern ein Kollektiv ist, während Aphoristiker doch keinen Verein von Einzelgängern gründen. Der Aphorismus sagt nichts Neues, er sagt alles neu.

Dilthey wollte in den französischen Moralisten jene *philosophes* wiederentdeckt wissen, die den Menschen verstehen und nicht nur naturwissenschaftlich erklären. Von alttestamentarischen Spruchweisheiten ging es über die scholastische Theologie zurück zu empirisch säkularisierten Widersinnsprüchen. Das Latein des heidnischen Roms wurde gegen das Latein des christlichen Roms ausgespielt, aber Pascal wollte wie Erasmus antike Rhetorik an den Theologen vorbei in den Dienst biblischer Wahrheit zurückstellen. Von Doderer hat erinnert an den *apperzeptiven* und nichtrezeptiven Aphorismus. Das „Ich denke selbst weiter" muß alle meine Vorstellungen begleiten können. Unter deutschen Aphoristikern gibt es so auffällig viele Pastorensöhne wie unter deutschen Philosophen: Lichtenberg, Schlegel, Jean Paul, Nietzsche ... Das Jenaer *Symphilosophieren* war eine andere Antwort auf Kant als der spekulative deutsche Idealismus. Entdeckt wurde der Witz als das „Prinzip und Organ der Universalphilosophie". „Hier erscheint in Deutlichkeit die Vermittlungsfunktion des Witzes im Erkenntnisprozeß ... seine zugleich synthetische und analytische Kraft ... des Zentrifugalen und Zentripetalen, des Potenzierens und Radizierens." *(Fr. Schlegel, 1798).* Die Natur macht keine Sprünge, also ist der Aphorismus keine Naturform? Ein Aphorismenband ist ein Spiegelkabinett, in dem jeder autarke Solitär vor dem Hintergrund der übrigen Solitäre leuchtet, Licht auf sie wirft und Licht von ihnen empfängt. Jeder Diamant verdrängt eifersüchtig alle anderen Edelsteine und wird von ihnen verdrängt. Selig scheint er in sich selbst wie Mörikes berühmte Gedichtlampe, Heidegger hin, Staiger her. Sie werden selbständig : Der Aphoristiker grenzt sich vom Aphoristiker (und Nichtaphoristiker) so ab wie der Aphorismus vom Aphorismus. Mit Sartre zu sprechen, läßt sich der Aphorismus wie der Mensch als nie ganz gelingende Synthese von *Ansichsein* und *Fürsichsein* verstehen, ohne nur für andere da zu sein.

Reine Aphoristiker sind definitiv nicht anonym, aber meist Unbekannte. Wenn ihr Leben nicht unbekannt bleibt, dann nur deshalb, weil sie auch noch anderes geschrieben haben als Biographorismen. Über Sartre wissen wir alles, über Lec so gut wie gar nichts, obwohl beide Autoren nicht anonym blieben, aber die „unfrisierten Gedanken" haben wir gelesen, „Das Sein und das Nichts" aber nicht. Wenn also wirklich, wie Literaturwissenschaftler Fricke höhnt, Zunftkollegen wie Wehe, Fieguth und Requadt immer wieder das aphoristische Existieren und Denken auseinander abzuleiten unternehmen, dann sind solche Versuche noch sinnloser, solange wir das Leben der passionierten Aphoristiker gar nicht kennen. Wie lebte Lec, wie liebte Kraus, warum haßte Lichtenberg, wovon lebte Seume, hatte Jean Paul Depressionen und Canetti einen Ödipuskomplex? Pascal, Voltaire, Vauvenargues hatten schwache Konstitutionen und kränkelten zeitlebens, Novalis und Morgenstern starben an der Schwindsucht, Lichtenberg, Kierkegaard und Kraus waren verwachsene Hypochonder, Heine lebte ein Jahrzehnt lang in seiner „Matrazengruft", Nietzsche wurde mit 44 Jahren wahnsinnig, und der ehemalige KZ-Häftling St. Jerzy Lec starb schon 1966 an Krebs.

Viele starben auffällig früh : Pascal mit 39 Jahren, Vauvenargues mit 30, Seume mit 47, Novalis mit 29, Feuchtersleben mit 43, Platen mit 39, Börne mit 51, Hebbel mit 50, Hofmannsthal mit 55, Morgenstern an Tb mit 33, Hille mit 48, Leisegang mit 31 an Suizid. Von den Deutschen starben durch Selbstmord Friedell mit 60 Jahren, Benjamin mit 48 und Tucholsky mit 45. Junggesellen blieben Pascal, Novalis, Kierkegaard, Nietzsche, W. Busch, Altenberg, Kraus, Wilde.

Der Stilwille ist aristokratisch, die ersten Aphoristiker waren Adlige, die autoritäre Kommandokürze gibt sich liebenswürdig. Die französischen Moralisten suchten eine Bildungsaristokratie quer durch alle Stände, Nietzsche nahm das später auf. Larochefoucauld wollte den Schwertadel nicht zum Hofadel, sondern zum Geistesadel entmachten. Die ersten nichtadligen und ungelehrten Aphoristiker waren Chamfort und Jean-Paul. Proletarische Aphoristiker gab es bisher noch nicht. Die Bürger Chamfort, Seume, Benjamin und Hohl starben verarmt. Vom Familienvermögen lebten Heine, Kierkegaard, von Ebner-Eschenbach, Wilde, von Hofmannsthal, Benjamin, Kraus. Als Schriftsteller und Journalisten verdienten ihren Lebensunterhalt z.b. Jean Paul, Canetti, Chesterton, Doderer, Jünger, Shaw, Tucholsky, Morgenstern, Brudzinsky, Lec, Goetz, Valéry, Laub, Günther, Bierce ...

Hippokrates, Feuchtersleben, Schnitzler und Jörgensen waren Mediziner, Novalis Ingenieur, Lichtenberg Physiker, Goethe Naturforscher, Canetti Chemiker, Schröder Architekt, Gürster Diplomat, Radbruch und Bittner waren Juristen, Pascal und Kästner Mathematiker gewesen. Universitätsbeamte waren Lichtenberg, Friedrich Schlegel, Nietzsche und Schweppenhäuser.

Politisch eher links standen Chamfort, Lichtenberg, Seume, Jochmann, Jean Paul, Heine, Börne, Bierce, Petan, Lec, Brudszinski, Crnevic, Altenberg, Adorno, Benjamin, Tucholsky, Shaw, Kraus, Marcuse, Gustav Radbruch, Laub, Kasper, Finck, Deschner, Gerhard Schweppenhäuser ...

Der griechische *Apo-horismus* ist auch die lateinische *De-finition* : Abgrenzung, Absonderung, Bestimmung. Der Aphorismus ist jener Teil des Ganzen, der das Ganze ganz enthält und als Ganzes damit hinter sich läßt; er ist die Grenze, die etwas Bekanntes ganz abschließt und für Neues aufschließt. Er ist ein einzelnes Urteil über das Ganze, über einzelne Sachverhalte aber nur, soweit sie ein Ganzes repräsentieren. Er antwortet auf den Anspruch eines Systems, ein Urteil über jedes seiner Teile zu fällen, mit dem Anspruch, über diesen systematischen Anspruch des Systems seinerseits ein Ur-Urteil zu fällen. Aphorismen sind logische Schlüsse, die heterogenste Vorstellungen zusammenschließen, in Form von Urteilen, also Bestandteile, die als „implizite Schlüsse" *(K. von Welser)* Aufschlüsse über Abschlüsse geben. Die einzelne Idee, die ein Ganzes ganz darstellt, hat dessen Ganzheit damit auch schon aufgebrochen und herabgestimmt zu einem relativen Ganzen in nur bestimmter Hinsicht. Das Ganze fällt unter ein Ur-Teil, das über das Ganze gefällt wird. Wer ein Ganzes noch einmal ganz zusammenfaßt in charakteristischen Details, hat es von außen betrachtet und damit schon um seine Beurteilung ergänzt.

Aphorismen machen aber auch das System erst ganz sichtbar mit seinem Anspruch, das Ganze zu sein, und systemsprengend wirken sie gerade durch Fakten, die das System überhaupt erst als solches komplettieren. Das System muß nach Russell schon abgeschlossen vorliegen, bevor sich sein Inbegriff davon bilden kann, und darf nicht durch diesen Inbegriff mitdefiniert sein. Der Aphorismus ist ein Inbegriff und kein Bestandteil einer systematischen Ganzheit, eine in Kants Sinne *regulative Idee* jedes „kleinstmöglichen Ganzen" *(R. Musil)*. In einem einzigen Satz (aus ihm heraus) ist das Ganze ganz da, als seine Pointe, die es relativiert und die seinen Anspruch zerstört, schon das Ganze zu sein. Er faßt sich kurz, indem er ein ganzes System in einer Pointe zusammenfaßt, in einen einzigen Satz – aus dem System heraus. Der Grund-Satz, der ein System von Sätzen prägnant zusammenfaßt, ist nach Russell kein Teil des Systems, sondern ein Meta-Satz, der über ein System Aufschluß gibt, das er abschließt und für Neues dadurch aufschließt.

Gott und die Welt und die Seele : Die Welt ist weder endlich noch unendlich groß und weder unendlich teilbar noch aus letzten Atomen zusammengesetzt, sondern nur für den Verstand potentiell unendlich teilbar und erweiterbar. Der Mensch ist sowohl ganz frei als auch völlig determiniert, aber in verschiedener Hinsicht, also als Naturwesen bestimmt und frei als Ding an sich. Und die Welt ist sowohl aus sich selbst heraus verständlich wie auch als Schöpfung eines notwendigen Wesens. Anders als Kant sah Hegel nicht nur erst in der vollständigen Reihe möglicher Erscheinungen, nicht erst im Ganzen aller Gegenstände eine Idee, sondern schon in jedem Gegenstand die Idee seiner selbst, sofern er ein Ganzes seiner möglichen Aspekte ist. Das Ganze aller möglichen Gegenstände ist nicht selbst ein Gegenstand u.a., aber umgekehrt ist jeder einzelne Gegenstand selbst ein Ganzes seiner potentiell unendlich vielen Aspekte.

Adorno rechtfertigte den Aphorismus als Idee, die jede Idee eines vollendeten Ganzen aufhebe. Wie Hegel schon in jedem Einzelobjekt die antinomischen Selbstwidersprüche sah, die Kant nur im Ganzen aller möglichen Gegenstände sah, so sehe ich in jedem Sachverhalt den „Witzverhalt", den der Neophänomenologe Hermann Schmitz nur in Bewußtsein und Biographie eines Menschen sieht.

Die *progressive Universalpoesie* der Jenaer Frühromantiker war fragmentiert, weil sie nach Fichte wie jeder Aphorismus eine „Simultankonkurrenz" von Identität und Selbstwiderspruch ist. Jedes Objekt fällt aus dem aphoristischen Begriff, unter den es gleichzeitig doch auch fällt, und Novalis sah in dieser Identität und Differenz, Immanenz und Transzendenz, Selbstbegrenzung und Selbstentgrenzung, in dieser Selbstschöpfung und Selbstaufhebung nur die zwei ironischen Kehrseiten derselben romantischen Goldmedaille, aber nicht in unendlicher Sukzession von Fichtes und Fr. Schlegels „transzendentalem Zirkel", sondern in schwebender Ambivalenz des verewigten Augenblicks.

„Systemfeindschaft der Aphoristik ... beruht nämlich nicht, wie Kritiker immer wieder unterstellt haben, auf einer gleichsam angeborenen Unfähigkeit zu intellektueller Kohärenz und folgerichtigem Denken, auf einem Defizit oder Defekt also, der es dem Aphoristiker unmöglich macht, mit dem Systematiker zu konkurrieren. Im Gegenteil beginnt „das aphoristische Denken offenbar genau dort, wo *gelehrtes* Denken aufhört" *(Heinz Krüger)*, weil es überempfindlich ist für die Folgen der Kategorisierung und Funktionalisierung von Lebenszusammenhängen. „Geistesgeschichtlich älter als alle naturphilosophischen und naturwissenschaftlichen Weltmodelle reagiert es auf sie nicht mit dem ohnmächtigen Trotz des Anachronistischen und an den Rand Gedrängten, sondern mit der Offenäugigkeit des Zeitgenossen – und mit seinem Erfahrungsschatz. Spätestens seit Bacon kann nur der Aphorismen schreiben, der selbst im Räderwerk der Systeme steckt und es durchschaut hat, also Sachverstand besitzt. Der Systematiker mag glauben, sich der Aphoristik gegenüber eine abschätzige Ahnungslosigkeit leisten zu können, sein Gegenspieler ist klüger und hat seine vorsokratischen Tugenden nachsokratisch kultiviert." „Vielleicht mit Ausnahme der französischen Moralisten fällt die abendländische Aphoristik nicht auf und schon gar nicht ins Gewicht. Die Gattung ist an Unscheinbarkeit, Verkanntheitsgrad und Unverkäuflichkeitsgrad nicht zu überbieten – und eben deshalb das Mekka des wahren Freigeistes", dem es „darauf ankommt, in äußerster Konzentration ständig unerhörte Sätze zu formen... Im Mikrokosmos des Aphorismus gehen die Gesetze des Makrokosmos nicht mehr." (*Ulrich Horstmann* : „English Aphorisms", Stuttgart 1993, Vorwort)

237

„Ich stelle mir vor, daß die Menschheit einmal dazu kommen wird, alles in Aphoristischer Weise auszudrücken, ausgenommen im Erzählbereich." *(Dr. Samuel Johnson).* „Der Aphorismus ist die Zukunft der Literatur." *(Gabriel Laub)* Fink sah „natürliche Erotik der Gegensätze, um Gedanken zu erzeugen."

„Im Aphorismus hält die Wahrheit mit dem Allgemeinen den Fall fest, in ihm ist die Wahrheit des Falls. Sie ist nicht fatalistisch, nicht widerlegbar auch. Es sei denn durch einen besseren, stärkeren, treffenderen Aphorismus. Das ist die Wahrheit der Stärke, die Nietzsche suchte und fand – in Form seiner Aphorismen! Hier war ihm Klarheit und Leidenschaft vereinbar ... Abbild seiner Existenz! In der Objektivität der naturwissenschaftlichen Fakten erweist sich alle Besonderheit nivelliert und allemal als regelrecht. Sie ist fatalistisch." *(Günter Schulte:* „Nietzsches Philosophie der verdrängten Weiblichkeit des Mannes", Köln 1989, Seite 86) Nietzsche „eskamotiert mögliche Gründe durch die aphoristische Verkürzung", meint Schulte: „Seine Gründe aber mußte er im Dunkeln lassen". „Was sich erst beweisen lassen muß, ist wenig werth." – „Man geht zu Grunde, wenn man immer zu den Gründen geht." – Dann würde die aphoristische Verkürzung bei Nietzsche im Dienste von Verdrängung und Abwehr der „dionysischen Tunte" stehen, also im Dienste eines wilhelminischen Machokultes, der die eigene Effeminiertheit des Philosophen abwehrte?

„Vielleicht ist die Wahrheit ein Weib, das Gründe hat, ihre Gründe nicht sehen zu lassen? Vielleicht ist ihr Name, griechisch zu reden, Baubo?" *(Fr. Nietzsche,* Vorrede zu „Fröhliche Wissenschaft". Siehe: „Baubo, die mythische Vulva" von George Devereux.) „Noch nie fand ich ein Weib, von dem ich Kinder mochte, es sei denn dieses Weib, das ich liebe: denn ich liebe

238

dich, oh Ewigkeit!" Unsterblich werden wollte ein
Nietzsche jedoch durch diese geistigen Kleinkinder,
die aphoristisch „kleinen Formen der Ewigkeit", nicht
durch leibliche Kinder von einer leibhaftigen Frau.
„Geschichten müßten aus Einfällen erwachsen und
nicht die Einfälle aus der Geschichte."
(Lewis *Carroll* : „Sylvie and Bruno", 1889)

In den „Disputationes metaphysicae" definierte Franz
Suarez die ‚perfecta substantia' als „natura sua nullo
subjecto indigens ad existendum", und das ähnelt weniger Gott als einem Aphorismus. „All events seem
entirely loose and separate. One event follows
another; but we never can observe any tie between
them." *(David Hume : „*Enquiry concerning human
understanding", dt. Hamburg 1973, S. 90) Aphorismen „bedürfen keines Anderen, das den Träger der
Existenz abgäbe. Sie sind also Substanzen (ut nulla
alia re indigeat ad existendum)." Tangiert die „äußere
Relation" der Aphorismen eines Bandes oder Autors
deren „Substanz" und „Qualität" als Inbegriff der inneren Eigenschaften? Jeder Aphorismus, der nach
außen geschlossen auftritt als einfache spröde Substanz, hat aber eine innere Qualitätsstruktur von Modi,
Eigenschaften und Eignungen. Ist der Aphorismus die
letzte ‚forma substantialis'? „All relative ideas are
comparisons made only by mens thought and are ideas
only in mens mind" *(Leibniz).* „Und so entstehet der
Begriff einer Substanz, indem ich an mir selbst wahr-
nehme, daß ich kein Prädikat an einem anderen Dinge
sei." *(„*Vorlesung über philosophische Religionsleh-
re") „Denn wie will man sich die Möglichkeit denken,
daß, wenn mehrere Substanzen existieren, aus der
Existenz der einen auf die Existenz der anderen
wechselseitig etwas (als Wirkung) folgen könne ...
Denn dieses wird zur Gemeinschaft erfordert, ist aber

unter Dingen, die sich ein jedes durch seine Subsistenz völlig isolieren, gar nicht begreiflich." *(Kant, Kritik der reinen Vernunft, B 292 f.)* „Es versteht sich nicht schon von selbst, daß Substanzen in commercio sind; denn Substanzen sind gerade das, was allein für sich existiert, ohne von einem anderen abzuhängen." „Das Wesen der Dinge" und der isolierten Aphorismen, die sie reflektieren, „ändert sich durch ihre äußeren Verhältnisse nicht." *(Kant,* Grundlegung zur Metaphysik der Sitten). „Intime präsent ist keine Substanz der anderen; denn jede kann ohne die andere existieren; aber äußerlich gegenwärtig." *(Aus Kant:* „Danziger Rationaltheologie", Vorlesung 1783/4).

Kurz und bündig. Der *Aphorismus* sucht einen Sinn in möglichst wenig Worte zu pressen; er wirkt anregend wie ein Destillat oder ein Gewürz ... In unserer Welt spielt das Momentane eine große Rolle – so in den Explosionen, Motoren, Spaltungen und Blitzlichtem. Die hohen Geschwindigkeiten erfordern schnelle und präzise Reaktion ... Das schafft Voraussetzungen, die der knappen Formulierung günstig sind. Daher hat in der Literatur der Aphorismus einen besonderen Rang gewonnen, auch wenn sonst wenig gedeiht. Beispiele geben Stanislaw Lec und Erwin Chargaff. Im politischen und sozialen Raum kommen Wegstrecken, in denen, außer vom klassischen Erbe, der Geist nur noch aphoristisch Nahrung erhält. Ihn dürstet wie den Reichen im Gleichnis vom Armen Lazarus. Der A. ist atomistischer Natur. Daher läßt sich aus einer großen Zahl von A. wie aus kleinen Steinen ein Haus bauen oder ein Mosaik auslegen – nicht nur eines, sondern ... beliebig viele, eine ganze Stadt ... Vielleicht werden sich damit dereinst Philologen befassen wie die heutigen mit den Vorsokratikem". (*Ernst Jünger:* „Autor und Autorschaft", Stuttgart 1984)

Ein Gedanke ist schlecht formuliert, wenn er in anderer Formulierung kein schlechterer Gedanke ist. Fehlt ein Wort, ist alles verfehlt; ein Wort zu viel: vorbei am Ziel. „Je größer die fragmentarische Zersplitterung, desto größer die Annäherung an Totalität." *(P. H. Neumann)*

Dietrich Simon bescheinigte 1974 der aphoristischen „Randerscheinung der Literaturgeschichte" gar eine „außerordentliche Affinität zum Philosophischen." Erwin Chargaff schrieb 1992 : „Was der Laie an der Philosophie wichtig findet, ist fast immer aphoristisch. – Tatsächlich sind Aphoristiker eine seltene Spezies, seltener noch als gute Dichter." Der Aphorismus „kommt aus einer Folge und bringt Folge. Er ist ein Mittelglied einer großen, produktiv aufsteigenden Kette." *(J. W. Goethe)*

„Er erscheint als literarische Anthropologie im 17. und 18. Jahrhundert, als lebendigster Ausdruck des Konflikts von logisch-mathematischer und ästhetischer Wahrheit (Neumann) um die Wende zum 19. Jh. in Deutschland, als Integration von Poesie und Philosophie im romantischen Fragment, als Einheit von Erleben und Denken... bei Nietzsche, als Synthese von Wissenschaft und Literatur bei Valéry ... "
(Friedemann Spicker (Hgb.) *: „Aphorismen der Weltliteratur", Stuttgart 1999, Nachwort)*

„Der Aphorismus ist nur aus seiner Stellung zwischen Philosophie und Poesie beschreibbar." *(Stefan Fedler)*

„Toute écriture est aphoristique." *(Jacques Derrida: „L´Ecriture et la différence", Paris 1979, S. 207)*

„Dichter und Denker" in Personalunion?

Dieser Teil geht aus von der These, dass Philosophie noch lange nicht ausgeschöpft hat, was sie von europäischer Moralistik profitieren könnte. S. Maimon sah als erster, daß Dialektik aus den Selbstwidersprüchen nicht der Vernunft, sondern der Einbildungskraft stammt, die die romantische Synthese von Kunst und Philosophie in ironische, von Hegel nicht mehr reintegrierbare Fragmente zerlegte. Friedrich Hegel hatte die aphoristische Mehrdeutigkeit in der Vorrede zur „Phänomenologie" als eitel subjektive „Konversation" abgetan, weil er durch dialektische Systematisierung die frühromantischen Ideenfragmente von F. Schlegel und Novalis entschärfen und dann noch überbieten wollte, was der Kieler Neophänomenologe Hermann Schmitz in „Die entfremdete Subjektivität. Von Fichte zu Hegel" (Bonn 1992) als eines der wahren Hauptmotive von Hegels ganzem „objektiven Idealismus" interpretierte. Manfred Frank sah in den frühromantischen Aphoristikern „Auswege aus dem deutschen Idealismus" (Frankfurt/M. 2007) und dessen hypersubjektivistischen Bezugssystemen. Adornos „Negative Dialektik" wollte die Aphorismen gegen die Wissenssysteme so immunisieren wie alles Individuelle gegen die (potentiell totalitären) Allgemeinheiten. Die Philosophie habe in Nietzsches Nachfolge durch „Verwandlung in Methode" ihre moralistischen Traditionen „der intellektuellen Nichtachtung, der sentenziösen Willkür und am Ende der Vergessenheit" überantwortet : „Verschwindet heute das Subjekt, so nehmen die Aphorismen es schwer, dass „das Verschwindende selbst als wesentlich zu betrachten" sei." („Minima moralia", Frankfurt/Main 1962, S. 9) „Eindeutig praktischen Sinn haben die Maximen insbesondere in der Moralistik." (*Rüdiger Bubner* : „Handlung, Sprache und Vernunft", Frankfurt/M. 1976, S. 197) „In den Maximen äußert sich die einfache praktische Vernunft." (S. 210) Für Bubner „muß alles Handeln, das Ziele verfolgt, maximenfähig sein." „Der Bereich möglicher Maximen und der Bereich dessen, was Handlung heißt, ist deckungsgleich." (S. 195) „Der kategorische Imperativ lässt sich nämlich nur aussprechen, wenn Maximen schon vorliegen" (S. 188), die bei Kant dann nur noch auf reine, gesetzförmige Moralität geprüft werden. Der Moralist „Gracian hat die Figur des *descifrador*, des Entzifferers, geschaffen, der die gesellschaftlichen Masken durchschaut, divinatorisch die eigentlichen Beweggründe des sozialen Lebens erkennt und sie in knappen Formeln benennt." (*Heinz Schlaffer* : „Aphorismus und Konversation". In : „Merkur", München 1998)

Heraklit, der Dunkle

Wilhelm Capelle nennt die "von unerhörtem Selbstbewußtsein getragene, in schneidenden Aphorismen gegossene Sprache" Heraklits. ("Die Vorsokratiker", Stuttgart 1968, S. 126). Harald Fricke bestreitet, daß die Vorsokratiker Aphoristiker gewesen seien : "Heraklit und mit ihm die anderen ... sogenannten Vorsokratiker ... haben so wenig 'Fragmente' geschrieben, wie antike Bildhauer ihre Statuen ohne Kopf geformt haben : sie sind uns nur fragmentarisch überliefert." (*Harald Fricke* : "Der Aphorismus", Stuttgart 1984, S. 41) Dagegen aber spricht Platons Bericht über die Herakliteer : "Wenn du einen etwas fragst, so ziehen sie aus einem Köcher rätselhafte kleine Sprüche hervor und schießen diese ab; und willst du eine Erklärung, wie es gemeint gewesen, so wirst du von einem ähnlichen getroffen ..." (Dialog "Theaitetos", 180 a).

Heraklit von Ephesos hat die ersten Aphorismen geschrieben, aber "Aphorismoi" nannte zum ersten Mal der Arzt *Hippokrates* seine "Gnome" (Erkenntnisvermögen). Die europäische Aphoristik mit ihren Heilregeln entstammt der griechischen Aufklärung und demokratischen Sophistik, die die Bürger verdarb, indem sie ihnen "Diskussionskompetenz" beibrachte. In den Meinungen dieser nomadischen Wanderlehrer steckten wirkliche Gedanken, welche umgekehrt die bloßen 'Doxai' in Platos Ideen aufdeckten. Daraufhin glaubte Aristokrat Plato, der keine Honorare nötig hatte, sie in den Dialogen "Gorgias" oder "Sophistes" allein dadurch widerlegt, daß er ihnen vorwarf, für ihre Weisheiten Geld zu nehmen. Er hielt sie für zweifelhafte Subjekte, weil sie subjektivistisch dachten und das menschliche Subjekt ernst nahmen, während er als Antidemokrat, der laut Russell eine totalitäre Republik entwarf, die objektive Wahrheit gepachtet zu haben meinte. Diese skeptischen Individualisten und Ur-Pädagogen lebten davon, zu skeptischen Individualisten auszubilden, d. h. zu mündigen Staatsbürgern, in Grammatik, Rhetorik und Dialektik, in Arithmetik, Geometrie, Astronomie und Musik. Diese Relativisten machten nicht den Menschen zu Gott, sondern stellten seine Interessen erstmals in den Mittelpunkt des Interesses. Individuelle Interessen sahen sie durch die Idee „objektiver Wahrheit" der Oberschicht gefährdet. Sitten und Gesetze seien nur willkürliche Satzungen und keine Naturgesetze. Einige dieser Sozialrevolutionäre waren sogar Frühsozialisten, Feministen und Theoretiker der Sklavenbefreiung. Ihre Domäne war wie bei den späteren französischen Materialisten des 18. Jahrhunderts die "kritische Betrachtung aller menschlichen Einrichtungen in Staat und Gesellschaft, Religion und Moral, Recht und Sitte." (W. Capelle, a.a.O., S. 320)

An seinem Vorgänger *Xenophanes* faszinierte Heraklit die anti-anthropomorphe Vorstellung eines absoluten Gottes, an seinem Vorgänger *Anaximandros* von Milet beeindruckte ihn das Weltgesetz einer ewigen Bewegung durch Gegensatzpaare hindurch und das unbegrenzte *Apeiron*, das er dann aphoristisch abgrenzte. Simplicius schrieb : "Anaximandros nimmt die Entstehung nicht infolge einer qualitativen Veränderung des Urelements an, sondern infolge einer Ausscheidung der Gegensätze auf Grund ewiger Bewegung." (Fr. 29) "Von den Philosophen, die eine unendliche Zahl von Welten angenommen haben, hat Anaximandros behauptet, daß sie gleich weit voneinander entfernt seien." (Fr. 35)

Gegen Mathematiker *Pythagoras*, "Anführer der Schwindler" und "Vieleslerner", sagte Heraklit: "Was man sehen, hören, erfahren kann, das ziehe ich vor." Sein entmythologisierter "Logos", der Homers Götter entthronte, war Einheit von Wort und Sinn, von Rätselsprüchen und Weltvernunft. Dieser erste Aphoristiker war nicht zufällig der erste Europäer, der den Menschen ausdrücklich zum Forschungsgegenstand machte und ihn anthropologisch im Horizont eines nicht-anthropomorphen Absoluten entdeckte. Als erster Abendländer verstand er den Menschen organisch von kosmischen Prinzipien her, den Logos nicht als Logistik und die Mantik nicht als mathematische Mystik. Logisch nannte Herakleitos, "der Dunkle" (Skoteinos), nur seine unlogischen Sprüche, und vernünftige Rede fand er nur in unverständlicher Gnomik. Heraklits Aphorismen sind fulminante Geistesblitze : "Alle Dinge steuert der Blitz."

Empedokles, Plato und Demokritos gelten als die Denker, welche den Statiker Parmenides und den Dynamiker Heraklit versöhnen wollten. *Empedokles von Agrigent* sah das Entstehen und Vergehen der Dinge als liebende Vereinigung und hassende Trennung zwischen den Ur-Teilen Erde, Wasser, Luft und jenem Feuer, an dem Heraklit seine Aphorismen zünden ließ. Sein Spiel von gespanntem „Sphairos" und entspannter „Akosmia" war ein Antagonismus von polemischer Eris und platonischem Eros.

Vielleicht gab es keine Geburt der idealistischen Dialektik aus dem aphoristischen Geist Heraklits, aber Hegel sagte, daß es keinen Spruch des Heraklit gebe, den er nicht in seinem eigenen System gut 'aufgehoben' habe. "Wir steigen in denselben Fluß und doch nicht in denselben; wir sind es, und wir sind es nicht." (Fr. 49 a). Bei Hegel liest sich das 2400 Jahre später so : "Es bewegt sich etwas nur, nicht indem es in diesem Jetzt hier ist und in einem anderen Jetzt dort, sondern indem es in einem und demselben Jetzt hier und nicht hier, indem es in diesem Hier zugleich ist und nicht ist." ("Wissenschaft der Logik, Band II", Frankfurt am Main 1981, S. 76) Erst die von ihm bekämpften Romantiker haben diese Fragmente Heraklits dann wieder aus Hegels System so befreit wie Platons Dialoge aus Hegels Dialektik. G. Cantarutti erklärte sich die Vorbehalte der deutschen Forschung gegen die Aphoristik daraus, daß diese Forschung noch im Bann der Ästhetik Hegels stehe, der den Aphorismus in der Vorrede zur "Phänomenologie" als bloße Konversation abgetan hatte. (siehe *Cantarutti*: "Neuere Studien zur Aphoristik und Esayistik", Frankfurt/Main 1986)

Hegel hat Schlegel besiegt – bis heute. Erst der genuine Aphoristiker Nietzsche hat Heraklit dann frühromantisch gerettet: „Heraklit wird nie veralten."

Kants anthropologische Theorie des Geistes

Wenn es nicht nur Eitelkeit anzeige, schreibt Kant, daß "das Paradoxon das Gemüt zur Aufmerksamkeit und Nachforschung erweckt, die oft zu Entdeckungen führt." ("Anthropologie in pragmatischer Hinsicht", Werke Band XII, Frankfurt/M. 1982, S. 410) „Von den Vorstellungen, die wir haben, ohne uns ihrer bewußt zu sein" : "So ist das Feld *dunkler* Vorstellungen das größte im Menschen." "Wir spielen nämlich oft mit dunkelen Vorstellungen, ... öfter aber noch sind wir selbst ein Spiel dunkeler Vorstellungen. So ist es mit der Geschlechtsliebe bewandt... " (419) "Das Passive in der Sinnlichkeit (die an sich Pöbel ist, weil sie nicht denkt), was wir doch nicht ablegen können, ist eigentlich die Ursache alles des Übels, was man ihr nachsagt. Die innere Vollkommenheit des Menschen, besteht darin: daß er den Gebrauch aller seiner Vermögen in seiner Gewalt habe, um ihn seiner freien Willkür zu unterwerfen." (433) "Die Sinne betrügen nicht." (436) Kant sagt, daß "ein Oberhaupt ohne Volk (Verstand ohne Sinnlichkeit) gar nichts vermag." (505) "So wie das Vermögen, zum Allgemeinen (der Regel) das Besondere auszufinden, *Urteilskraft,* so ist dasjenige: zum Besonderen das Allgemeine auszudenken, der *Witz* (ingenium)." (511)
"Das Vermögen der (Assoziation) Vereinbarung fremdartiger Vorstellungen der Begriffe durch den Verstand ist der schöpferische Witz." (S. 537) "Der Witz paart (assimiliert) heterogene Vorstellungen, die oft nach dem Gesetze der Einbildungskraft (der Assoziation) weit auseinander liegen, und ist ein eigentümliches Verähnlichungsvermögen, das dem

Verstande (als dem Vermögen der Erkenntnis des Allgemeinen), sofern er die Gegenstände unter Gattungen bringt, angehört. Er bedarf nachher der Urteilskraft, um das Besondere unter dem Allgemeinen zu bestimmen, und das Denkungsvermögen zum *Erkennen* anzuwenden." (S. 537 f.) "Baco von Verulam hat an seiner eigenen Person von dieser Kunst, vorläufig zu urteilen, ein glänzendes Beispiel in seinem Organon gegeben, wodurch die Methode der Naturwissenschaft in ihr wahres Gleis gebracht wurde." (538) "Es ist angenehm, beliebt und aufmunternd, Ähnlichkeiten unter ungleichartigen Dingen aufzufinden und so, wie der Witz tut, für den Verstand Stoff zu geben, um seine Begriffe allgemein zu machen. Urteilskraft ... ist aber ernsthaft, strenge und in Ansehung der Freiheit zu denken einschränkend, eben darum aber unbeliebt. Des vergleichenden Witzes Tun und Lassen ist mehr Spiel; das der Urteilskraft aber mehr Geschäfte. – Jener ist eher eine Blüte der Jugend, diese mehr eine Frucht des Alters. – Der im höheren Grade in einem Geistesprodukt beide verbindet, ist sinnreich." – "Witz hascht nach Einfällen; Urteilskraft strebt nach Einsichten." (S. 539) Sofern der Witz "durch das Bildliche, was er den Gedanken anhängt, ein Vehikel oder Hülle für die Vernunft ... sein kann, läßt sich ein gründlicher Witz (zum Unterschiede des seichten) denken." (S. 540 f.) Von einer Hypothese anfangen : „Um etwas zu entdecken (was entweder in uns selbst, oder anderwärts verborgen liegt), dazu gehört in vielen Fällen ein besonderes Talent, ... *vorläufig zu urteilen* (iudicii praevii), wo die Wahrheit wohl möchte zu finden sein ... Die Logik der Schulen lehrt uns nichts hierüber. Aber ein Baco von Verulam gab ein glänzendes Beispiel an seinem Organon von der Methode, wie durch Experimente die verborgenen Eigenschaften der Naturdinge könne aufgedeckt werden." (S. 542) "Nun heißt das Talent zum Erfinden das Genie", "die musterhafte Originalität" (S. 543). Genie sei ein Talent, "durch welches die Natur der Kunst die Regel gibt." (S. 545)

„Das eigentliche Feld für das Genie ist das der Einbildungskraft, weil diese schöpferisch ist, und weniger als andere Vermögen unter dem Zwange der Regeln steht, dadurch der Originalität desto fähiger ist."

"Geist ist das belebende Prinzip im Menschen. In der französischen Sprache führen Geist und Witz einerlei Namen, Esprit." Was geistvoll heißen solle, müsse "ein Interesse erregen und zwar durch Ideen." (544) Im Alter sei Poesie "in Sachen des kaustischen Witzes, in Epigrammen und Xenien, wo sie aber auch mehr Ernst als Spiel ist." (577) "Das Genie glänzt ... wie sprühende Funken, welche eine glückliche Anwandelung des Geistes aus der produktiven Einbildungskraft auslockt." (667)

Das aphoristische Philosophieren vollzieht genau die von Kant so genannte "sinnreiche" Verbindung von Witz und Urteilskraft. Gewitz(ig)t heißt erfahren, und Aphoristik will unmittelbare Lebenserfahrung vor der Verwissenschaftlichung und sozialtechnischen Verfügbarkeit retten. Aphoristisch denken heißt, daß der Vorwitz den begriffsklassifikatorischen Nachstellungen immer um einen Hakenschlag voraus ist: der *Witz an der Sache* entwischt dem Erkennnungsdienst. Kants heiteres Alterswerk einer pragmatischen "Anthropologie" von 1798 erkennt das höchste Erkenntnisvermögen im "produktiven Witz". Dieser schöpferische Witz (nicht nur des Genies) hört auf, nur 'geistreich seicht' beliebig neue Gattungsbegriffe zwischen einander fremden Kulturen zu generieren, wenn er zugleich die Urteilskraft (UK) besitzt, erfahrbare Besonderheiten unter die richtigen Allgemeinbegriffe zu subsumieren. Die "Kritik der Urteilskraft" von 1790 versteht diese UK als Vermögen der Zwecke zwischen dem Verstand, der der Natur die Gesetze vorschreibt, und der Vernunft, die sich in Freiheit ihr eigenes Gesetz gibt. Die "Kritik der Urteilskraft" (KU) unterscheidet zwischen reflektierender UK, die Allgemeinbegriffe bildet, und bestimmender UK, die Besonderheiten darunter subsumiert. Kants "Anthropologie" nennt also 'produktiven Witz', was die "KU" neun Jahre früher 'reflektierende Urteilskraft' der 'ästhetischen Ideen' nennt, und 'Urteilskraft' im allgemeinen, was die "KU" eine 'bestimmende Urteilskraft' genannt hatte. Die "Kritik der reinen Vernunft" definiert : "Wenn der Verstand überhaupt als das Vermögen der Regeln erklärt wird, so ist UK das Vermögen, unter Regeln zu subsumieren, d.i. zu unterscheiden, ob etwas unter einer gegebenen Regel (casus datae legis) stehe oder nicht ... Und so zeigt sich, daß zwar der Verstand einer Belehrung und Ausrüstung durch Regeln fähig, UK aber ein besonderes Talent sei, welches gar nicht gelehrt, sondern nur geübt sein will ... Der Mangel an Urteilskraft ist eigentlich das, was man Dummheit nennt, und einem solchen Gebrechen ist gar nicht abzuhelfen." Der Witz (reflektierende UK) ist induktiv, die (bestimmende) Urteilskraft ist deduktiv, und der Aphorismus will dieses gewitzte Generalisieren und kluge Spezifizieren gekonnt verbinden. Lord Bacon hatte gegen die scholastische Deduktion eine Renaissance für den Witz der aphoristischen Induktion eingeläutet. Den Aphorismus als Einheit von reflektierendem Witz und bestimmender Urteilskraft nennt Kant nicht mehr seicht und geistreich, sondern sinnreich und gründlich. Die "zweckfreie Zweckmäßigkeit" in der spielerischen Konstellation seiner Begriffe will interesselos interessantes Mißfallen erregen, und das gefällt ganz ungemein, wenn auch meist nur dem Aphoristiker. Der Aphorismus ist somit ein Witz der Urteilskraft und das strenge Urteil ein witzloser Aphorismus. Adorno hat das, was Kant bestimmende Urteilskraft nennt, diskreditiert und authentische Philosophie wieder reduziert auf induktiven Witz an der Sache. Was aber, wenn weder das Besondere noch das Allgemeine 'gegeben' ist, sondern vom späteren Gegen-Stand, der noch gar keinem Subjekt gegenübersteht, vorerst nur eine vag allgemeine Atmosphäre das Subjekt leiblich ergreift und affektiv betroffen macht, wie der Kieler Neophänomenologe Hermann Schmitz schreibt? "Den Schock des drohenden und gerade noch abgefangenen Durchbruchs in primitive Gegenwart gibt es auch ... bei jedem kapierten Witz, aber dann fehlt zum lyrischen Betroffensein die leibliche Ergriffenheit durch die Atmosphäre eines Gefühls, und so pflegt es sich auch beim bloß zündenden Aphorismus zu verhalten." (Brief vom 18. 08. 1993). Aber Gefühlsambivalenzen aus Verstandesparadoxen, die es zum lyrischen Schmelzen allerdings gerade nicht kommen lassen, spielen beim Aphorismus im Gegenteil häufig die Hauptrollen. Das körperliche „Ablachen" der Witzspannung im § 54 der "KU" ist für Kant eher ein gesundes Psychosomatikum als eine schöne hohe Kunst.

Idealisten, Zyniker und Romantiker

Der bedeutendste Philosoph des Altertums war selbst ein begnadeter Künstler und warf dennoch die Künstler hinaus aus seinem utopischen Staat. Platos Dialogkunst stand im Dienste philosophischer Wahrheitsfindung. Hegel erhob – mit welchem Recht auch immer – den Anspruch, die aufeinanderfolgen-

251

den Positionen der platonischen Dialogpartner in die dialektische Selbstbewegung des Begriffs "aufzuheben", aber im Falle der frühromantischen Fragmente gelang ihm diese systematische Integrationsleistung nicht mehr. Sie fallen aus seinem System heraus oder transzendieren es, subjektiv als "eitles Meinen", das angeblich nichts allgemeingültig erkennen will, und objektiv als "faule Existenz", die nicht wirklich vernünftig werden wolle, wie Hegel höhnte und zürnte. Die isolierten Fragmente fragen und antworten einander nicht mehr dialogisch, sie widersprechen ironisch jedes eher sich selbst als einander. Laut Hegel ist der Dialogiker Plato selber so sophistisch geblieben, wie Hegel laut Friedell romantisch und laut Adorno subjektivistisch geblieben ist. Verhielt sich Hegel zu den aphoristischen Frühromantikern ebenso absprechend wie Plato zu den rhetorischen Sophisten und wie Adorno dann zu dem vermeintlichen Zwangssystematiker Hegel? Dem Kritizisten Kant genügt es, daß die Maximen seines Handelns sich nicht selbst widersprechen, um das Richtige und Rechte zu treffen, während J. Habermas den Konsens der Diskurspartner braucht, um dieses Ziel zu erreichen. Um auf dem Weg zur Wahrheit voranzukommen, genügt es Hegel, daß sein Begriff von der Welt nur fortlaufend sich selbst widerspricht, während Plato die verschiedenen Konkurrenten einander produktiv widersprechen läßt. Über das Verhältnis von Platos Dialogen und Hegels Dialektik hat Rüdiger Bubner nachgedacht im Schlußaufsatz des Reclam-Bandes "Zur Sache der Dialektik" (Stuttgart 1980).

"Die Kunst ist … dem Philosophen das Höchste." (*Schelling*, Sämtliche Werke, Cotta : Stuttgart und Augsburg 1856/61, III 628) "Der eigentliche Sinn, mit dem diese Art der Philosophie aufgefaßt werden muß, ist also der ästhetische, und eben darum die Philosophie der Kunst das wahre Organon der Philosophie." (a.a.O., III 351) Schelling war der erste Philosoph von Rang, der der Kunst eine so hohe Funktion für die Philosophie eingeräumt hat. Eine "Philosophie der Kunst" schrieb er 1802, ehe er Kollektivmythen an die Stelle der wirkungslos gewordenen frühromantischen Künste setzte, die er als bloße Privatmythologien verstand.

Schelling schrieb im Schlußkapitel seines "Systems des transzendentalen Idealismus" von 1800: "Wenn die ästhetische Anschauung nur die objektiv gewordene transzendentale ist, so versteht sich von selbst, daß die Kunst das einzige wahre und ewige Organon zugleich und Dokument der Philosophie sei". Als "Prinzip und Organ der Universalphilosophie" sah sein künftiger Schwager *Schlegel* den aphoristischen Witz, und zwar zwei Jahre früher im 1. Band der Zeitschrift "Athenäum".

Sowohl Schelling als auch die Frühromantiker bestimmten das Kunstwerk als den objektivierten Vorschein des unbewußt Unendlichen im bewußt Endlichen. In der "ästhetischen Anschauung", dem Gipfel der stufenweis "potenzierten Selbstanschauung" des Transzendentalphilosophen, hat "die bewußtlose Tätigkeit durch die bewußte bis zur vollkommenen Identität mit ihr gleichsam hindurchgewirkt". (a.a.O., 6. Hauptabschnitt, §1). Das klingt schon nach Freud lange vor Freud. 1800 war das Erscheinungsjahr des frühen Hauptwerkes von Schelling und zugleich der historische Höhepunkt der frühromantischen Kunstbewegung. Diese zeitliche Koinzidenz dürfte wohl kaum ein Zufall gewesen sein. Genau jene frühromantische Fragmentkunst, die für Hegel gar nicht mehr die bevorzugte Gestalt philosophischer Wahrheit war, bildete das paradigmatische Organon für Schellings frühe Transzendentalphilosophie, aber nicht mehr für sein späteres "Identitäts- und Indifferenzsystem" der kollektiven Mythologie und religiösen Offenbarung. Nach 1800 wandten sich sowohl Schelling als auch Schlegel nach Novalis Tod von diesen Forschungsprogrammen ab, Philosophie und Kunst zusammenzudenken, also Freiheit und Notwendigkeit, Bewußtsein und Unbewusstes ästhetisch kurzzuschließen. 1798 – 1800 : Das frühromantisch *universalpoetische* Fragment war nur drei Jahre lang das Kunstwerk als genuines Organon der Transzendentalphilosophie gewesen.

Odo Marquard fragte, ob "Schelling – der merkwürdige Fall eines Denkers mit maximaler Ästhetik-Intention und minimaler Ästhetikdurchführung – alsbald auf eine zentrale Stellung der Ästhetik überhaupt verzichtet hat, gerade um diesen Trend der Genieästhetik nicht vollstrecken zu müssen", daß nämlich nun nicht die harmonische Erlösungskunst mehr fällig war, sondern eine romantische "Ästhetik des Nicht-Schönen" und frappant Interessanten. (*M. Frank/G. Kurz*: "Materialien zu Schellings philosophischen Anfängen", Frankfurt/M. 1975, S. 369)

"Die cynische Schule": "Von derselben ist nichts Besonderes zu bemerken. Die Cyniker haben wenig philosophische Ausbildung, und zu einem System, zu einer Wissenschaft haben sie es nicht gebracht; später wurde es erst durch die Stoiker zu einer philosophischen Disciplin." (Hegel : "Vorlesungen über die Geschichte der Philosophie", Sämtliche Werke, hrsg. von Hermann Glockner, Band 18, Stuttgart 1941, S. 159 f.) Der Kynismus nehme "die Bedeutung eher einer Lebensweise als einer Philosophie an." *Hegel* nannte *Diogenes von Sinope* einen "sehr gebildeten Menschen", durch seine "beißenden, oft auch witzigen Einfälle und sarkastischen Gegenreden ausgezeichnet", und lobte die "Stärke des Charakters des Einzelnen" und seine "individuelle Manier", aber in den späteren Kynikern sah er "weiter nichts als schweinische, unverschämte Bettler, die ihre Befriedigung in der Unverschämtheit fanden, welche sie gegen Andere bewiesen; und sie sind in der Philosophie keiner Beachtung würdig. Sie verdienten den Namen Hunde, der dieser philosophischen Schule beizeiten gegeben wurde, in vollem Sinne; denn der Hund ist dieß unverschämte Tier." (a.a.O., S. 168) "Der Grundgedanke des Kynismus ist demnach, daß das Leben in seiner einfachsten und nacktesten Gestalt, mit dem ihm von Natur beigegebenen Beschwerden, das erträglichste, mithin zu erwählen sei ... Unabhängigkeit, im weitesten Sinne, war ihre Absicht. Ihre Zeit brachten sie zu mit Ruhen, Umhergehn, Reden mit allen Menschen, viel Spotten, Lachen und Scherzen : ihr Charakter war Sorglosigkeit und große Heiterkeit." *Schopenhauer* verglich Diogenes mit Rousseau, da auch „er uns zum rohen Naturzustande zurückführen möchte und das Herabsetzen unserer Bedürfnisse auf ihr Minimum als den sichersten Weg der Glücksäligkeit betrachtet." – "Thematisch gesehen ist Schopenhauer derjenige Philosoph des deutschen Idealismus, der der Tradition der Moralistik am nächsten steht." – Seine Auffassung des Kynismus hat Nietzsches forciert heitere Aphoristik beeinflußt.

"Wir Philosophen sind für nichts dankbarer, als wenn man uns mit den Künstlern verwechselt" (III 1291). "Philosophie will, was die Kunst will" (I 451). Kunst : "ein metaphysisches Supplement der Naturwirklichkeit, zu deren Überwindung neben sie gestellt" (I 130). "Von der Kunst kann man leichter in eine wirklich befreiende philosophische Wissenschaft übergehen." (I 545) Die Kunst "ist mehr wert als die Wahrheit" (III 693, III 709). "Wir haben die Kunst, damit wir nicht an der Wahrheit zu Grunde gehen."

(III 832) "Es ist ein und dieselbe Kraft, die man in der Kunst-Konzeption und die man im geschlechtlichen Aktus ausgibt." (III 924) (*Nietzsche*: Werke in fünf Bänden, Frankfurt/Main-Berlin-Wien 1969) "Dichtungscharakter des Erkennens und Wahrheitscharakter der Kunst" *(D. Jähnig)* : *Platons* Dialogkunst, *Schellings* ästhetisches Instrument der Philosophie, die frühromantisch fragmentierte Konvergenz von Künsten und Wissenschaften vor der unerschöpflichen Natur, *Schopenhauers* Ästhetik der schönen Distanz platonischer Ideen vom leidvollen Weltwillen, *Nietzsches* Artistenmetaphysik, wo das Geschliffenschöne "mehr wert" ist als das Wahre, Gute und Heilige, und schließlich *Adornos* "ästhetische Theorie", in der "Kunst und Philosophie konvergieren im Wahrheitsgehalt", dem soziohistorischen Verhältnis von Produktivkräften und Produktionsverhältnissen.

Karl Joel sah in seiner "Geschichte der antiken Philosophie" (Tübingen 1921) Parallelen zwischen den Kynikern und den Frühromantikern, zwischen Komödiant Diogenes und Aphoristiker *Friedrich Schlegel* : "Die Romantiker denken wie die Kyniker unsystematisch, aphoristisch und suchen den Witz, der ihnen ein "prophetisches Vermögen" und "fragmentarische Genialität" ist. Auch "treffender Witz", echte Lebensweisheit machen den Philosophen." (1. Band, S. 913-915).

Schlegels Vorbilder waren "nicht nur Lessing, sondern auch Chamfort, von dem er am meisten in der Form der fragmentarisch-aphoristischen Reflexion lernte." "Chamfort war, was Rousseau gern scheinen wollte : ein echter Zyniker, im Sinne der Alten mehr Philosoph, als eine ganze Legion trockener Schulweisen." („Lyceum", fr. 111)

"Witz ist ein wesentlicher Bestandteil des Cynismus, aber nur des polemischen und naiven. Der Cyniker verachtet die Kunstpoesie und Kunstphilosophie, hat aber Naturpoesie Naturphilosophie". (*Friedr. Schlegel* : Philosophische Fragmente II 851, Kritische Ausgabe, 18. Band, München 1963, Seite 100) "Das Wesen des Cynismus ist Absonderung von Jurisprudenz und Familie. Die Ironie und die Selbständigkeit wird hier gleichsam zum Stand und Geschäft des Lebens." (Philosophische Fragmente IV 197, a.a.O., S. 212) "Durch die Theorie erhebt sich der Mensch über die Menschheit, also ist das theoretische Leben höher als das praktische. Aber eben darum gilt dem Menschen die Praxis als das erste ... Es giebt auch einen moralischen Witz, dessen Tendenz ist cynisch, nämlich zur Vertilgung der Vorurtheile." (V 696, a.a.O., S. 378)

Karl Joel hatte in der Affinität zum Kynismus eine Verwandtschaft zwischen Friedrich Nietzsche und den frühen Romantikern konstatiert. ("Nietzsche und die Romantik", Jena 1923, S. 93 f. und S. 248 f.) Diese Verwandtschaft konstatierte auch der Neophänomenologe Hermann Schmitz in seiner "Selbstdarstellung als Philosophie" (Bonn 1996), nun allerdings aus einer gemeinsamen Affinität weniger zum animalischen Kynismus als im Gegenteil zur "entfremdeten Subjektivität" der naturfremden Idealisten Fichte und Schlegel. − Ludwig Stein nannte Friedrich Nietzsche einen "Neo-Cyniker", und Nietzsche hieß in seiner Selbstdarstellung *Ecce homo* "das Höchste, was auf Erden erreicht werden kann, den Cynismus". Die Kyniker "übersetzten gleichsam Sokrates in ein literarisches genus, samt dem Satyrgehäuse und dem Gott darin. Also sind sie die Humoristen des Alterthums geworden." (Werke, Leipzig 1905 ff., Bd. XIX, Philologica III, S. 387 f.) *Th. Adorno* und *M. Horkheimer* untersuchten in ihrer "Dialektik der Aufklärung" (Amsterdam 1947, S. 250-253) die "Verwandlung der Idee in Herrschaft" und zählten diese Kyniker zu den "linken Sezessionsströmungen" abseits vom machtstützend machtgestützten philosophischen Mainstream. "Der Schritt zum organisationsfähigen Vedantismus, Stoizismus und Christentum besteht in der Teilnahme an gesellschaftlicher Wirksamkeit, im Ausbau eines einheitlichen theoretischen Systems." „Getadelt werden die Kompromisslosen". Sie standen "ab von dem Verlangen nach Kindern, von dem Verlangen nach Besitz, von dem Verlangen nach der Welt und wanderten umher als Bettler. Denn Verlangen nach Kindern ist Verlangen nach Besitz, und Verlangen nach Besitz ist Verlangen nach der Welt; denn eines wie das andere ist eitel Verlangen", sagten die indischen Upanishaden, die Schopenhauer so verehrt hatte. "Daher wurden sie zu Irren. Sie glichen in der Tat Johannes dem Täufer", sagten Horkheimer/Adorno und nahmen die Kyniker in Schutz vor Platos und Hegels Kritik : "Die theoretischen und praktischen Systeme solcher Außenseiter der Geschichte sind jedoch nicht so straff und zentralisiert, sie unterscheiden sich von den erfolgreichen durch einen Schuß von Anarchie. Die Idee und der Einzelne gelten ihnen mehr als die Verwaltung und das Kollektiv. So fordern sie die Wut heraus. Die Kyniker hat der Herrschaftsmann Plato im Auge, wenn er gegen die Gleichsetzung des Amts des Königs mit dem eines gemeinen Hirten und gegen die lose organisierte Menschheit ohne nationale Grenzen als den Schweinestaat eifert." (Vergleiche : „Politeia", 372; „Politikos", 267 ff.). „Die Kompromißlosen mochten zur Vereinigung und Kooperation bereit sein, zum soliden Bau einer nach unten abgeschlossenen Hierarchie jedoch waren sie ungeschickt."

("Dialektik der Aufklärung", a. a. O., S. 252)

Heinrich Niehuis-Pröbsting verwahrt sich gegen den Vergleich des Diogenes mit dem Täufer (durch Horkheimer) oder mit Rousseau (durch Schopenhauer) und Leo Tolstoi: "Alle diese Vergleiche unterschlagen bezeichnenderweise ein Merkmal der Diogenes-Gestalt, die konstitutiv und unabtrennbar zu ihr gehört: den Witz, aufgrund dessen sie eine ebenso urbane Erscheinung ist wie die Komödie." ("Der Kynismus des Diogenes und der Begriff des Zynismus", Frankfurt/M 1988, S. 208). "... wie den ironischen Sokrates Kierkegaards die Ironie von der Idee (Platos), so trennt den Diogenes der Witz von der Natur ... der Kyniker sinkt dank seines Witzes nicht in die animalische Existenz eines Tieres ... hinab." (a.a.O., S. 210) Niehuis-Pröbsting übersieht dabei jedoch, daß gerade Adorno diesen aphoristischen Menschenwitz philosophisch immer verteidigt hat gegen den systematischen Ernst der Lage, und daß der wüste Diogenes in seiner Tonne zwar nicht wie der ernste Täufer in der Wüste, aber in der Polis lebte, als wäre er in der Wüste. "Tatsächlich sind Aphoristiker eine seltene Spezies, seltener noch als gute Dichter." "Was der Laie an der Philosophie wichtig findet, ist fast immer aphoristisch." (*Erwin Chargaff*, 1992)

Frühromantische Philosophie des Fragments

Wenn jeder Philosoph wesentlich dualistisch denkt, thematisiert der Aphoristiker den ewigen Konflikt zwischen dessen Basis-Antagonisten, z. B. zwischen *Sein* und *Werden* bei Parmenides und Heraklit, *Atomen* und Vakuum bei Demokrit, Erscheinung und *Idee* bei Plato, *Akt* und Potenz bei Aristoteles, *Gottes-*

reich und Weltreich bei Augustin, System und *Aphorismus* bei Bacon, *Denken* und Ausdehnung bei Descartes, *natura naturans* und natura naturata bei Spinoza, *Monade* und Kontinuum bei Leibniz, *Verstand* und Sinnlichkeit (oder *Pflicht* und Neigung) bei Kant, *Ich* und Nicht-Ich bei Fichte, *Geist* und Natur bei Schelling, *Allgemeinheit* und Individuum bei Hegel, *Wille* und Vorstellung bei Schopenhauer, *Sein* und Bewußtsein bei Marx, *Existenz* und Wissen bei Kierkegard, Apollo und *Dionysos* bei Nietzsche, *Noesis* und Noema bei Husserl, *mathematische Logik* und privatsprachliche Mystik bei Wittgenstein, *Drang* und Geist bei Scheler, *Sein* und Seiendes bei Heidegger, Ansichsein und *Fürsichsein* bei Sartre, *Objekt* und Begriff bei Adorno, *Lebenswelt* und System bei Habermas, *System* und Umwelt bei Luhmann, *Regression* und Emanzipation (entfaltete und *primitive Gegenwart)* bei Hermann Schmitz, etc.

Bestimmt Hegel das Schöne als „sinnliches Scheinen der Idee", versteht Schlegel das romantische Fragment als poetisches Scheinen des philosophischen Systems, wo das große Ganze geistig gekonnt im kleinsten Bruchstück erscheint. Das erzaphoristische Ideal erstrebt im sprachlichen Minimum ein subjektives *und* objektives Maximum. Kein Gedanke läßt sich zwischen Anfang und Ende eines Aphorismus in Ideen zerlegen und aus kleineren Ideen aufbauen.

Wenn nach Kant eine Totalität von (potentiell unendlich vielen) Objekten nicht selbst ein Objekt u. a. ist, kann laut Hegel doch jedes Objekt umgekehrt immer noch eine Totalität seiner Aspekte und Unterobjekte sein, muß also jede vernünftige Aussage über jedes Einzelobjekt in Antinomien geraten, die aphoristische Paradoxe rechtfertigen, ohne deren dialektische Aufhebung in Systemtotalitäten zu erzwingen. Obwohl Hegel das *Satzsinngleiten* erfand, konnte er nie zeigen, wie ein einziges Fragment Schlegels in ein anderes übergeht, um das große Ganze abzubilden.

Ein Aphorismenband ähnelt dem stets ambivalenten Bewußtsein und einer persönlichen Biographie, die alle Momente miteinander verspannt, ohne sie in einen Einheitsbrei zu verrühren, und zugleich deren Individualität schützt, ohne sich in beliebiges Sammelsurium zu zerstreuen. Ein Aphorismenband läßt sich verstehen als eine neuplatonische *Vieleinigkeit* wechselseitiger Durchdringung voneinander unabhängiger Bedeutungselemente, immer bezogen auf Transzendenz.

Ein philosophischer Grunddualismus liegt im idyllischen Füreinander und satirischen Gegeneinander. Was so gut ist, wie es zu sein behauptet, wirkt idyllisch; was *nicht* so gut ist, wie es zu sein behauptet, wird von Satirikern beschrieben. Idyllen halten die Einheit, Satiren halten die Verschiedenheit von Sein und Bewußtsein fest.

Kant hielt morali(sti)sche Maximen für bloß *hypothetische Imperative* der Willkür *(unverbindliche Normen* des Beliebens), die sich vom Sittengesetz des reinen Willens durch Mangel an allgemeingültiger Naturgesetzlichkeit unterscheiden.

Schlegel stellte paradoxe Fragmente neben- und gegeneinander, die Hegel auseinander entwickelte. Vor Schlegels dialektischer Ironie floh Hegel in die „Volksgeister", statt Vater Staat zu ironisieren und die romantische Ironie zu vergesellschaften.

Hegels Dialektik wollte Fr. Schlegels romantische Ironie dreifach aufheben, also beweisen, bestreiten und auf die höhere Ebene seines Systems heben. Adorno zerschlug Hegels Bezugssystem wieder in Schlegels Fragmente und ließ sie in Nietzsches aphoristischen Selbstparodien erneut aufleben. Die frühromantische Ironie machte aus jedem witzigen

Fragment eine paradoxe Synthese aus *produktivem* Deklarieren und *rezessivem* Dementieren, also jenen lebendigen Widerspruch aus Selbstbestimmung und Selbstaufhebung, der das unerschöpfliche Ganze symbolisch in einer *Synekdoche* repräsentiert, wobei keines der Symbole, anders als bei Hegel, in andere übergehen oder aus ihnen folgen kann, weil keines den Selbstwiderspruch des anderen auflösen kann und jedes Ganze in jedem seiner endlichen Teile ganz enthalten und zugleich unendlich darüber hinaus ist. Jeder festgestellte Aphorismus rutscht beständig auf sich selber aus, ohne aber beim nächsten zu landen. Adorno sagte „System" und meinte den unmöglichen methodischen Übergang eines Aphorismus in einen anderen oder zu allen anderen. Ein Individuum geht nicht kraft Selbstwiderspruch in ein ganz anderes über wie ein Gedanke logisch in einen anderen. Sachen verhalten sich zueinander nicht wie Sachverhalte und umgekehrt. Wenn Gedanken Individuen werden, werden sie Aphorismen, und wenn Individuen Ideologien werden, entstehen Bezugssysteme. Hegel machte ja Denkfehler, wenn er Dinge wie Gedanken ganz ineinander übergehen ließ. Jeder Aphorismus fällt *extra murum coincidentiae oppositorum (Cusanus)* aus dem geregelten Weitergleiten aller Standpunkte heraus, aber nicht wie ein toter mathematischer Satz, der die Wahrheit fixiert, sondern wie ein Einzelding, das sich der Allgemeingültigkeit des großen Ganzen nicht beugt. *Aphorismus :* Streitgespräch als Selbstgespräch, das aus wechselnden Perspektiven und zu wechselnden Zeiten in wechselnde Adressaten sich versetzt, um Gottes Blickwinkel zu finden.

Adorno teilte Hegels Methode, jeden dogmatisch verabsolutierten Standpunkt sich aufheben zu lassen, um den Erkenntnisprozeß nicht voreilig abzuwürgen, aber überhegelte Hegel, der diesen Prozeß, anders als Kant und Schlegel, nicht endlos weitertrieb, sondern terminieren und zur Ruhe kommen ließ in einer Schlußsynthese, in der Adorno weitere versteckte Widersprüche entdeckte. Adorno ließ nur Hegels Endversöhnung nicht gelten, wohl aber den historischen Weg dorthin – und darüber hinaus.

Die ästhetische Willkür und unendliche Zerstreuung weltfreier Subjektivität wurde bei Sören Kierkegaard nordprotestantisch und bei Friedrich Schlegel südkatholisch stabilisiert : Zwergenaufstand geistreicher Inventionen gegen den objektiven Geist sozialer Konventionen. Marx erdete die frühromantische Einbildungskraft durch die materielle Produktivkraft und ersetzte dann die Maximen des Handelns durch die Gesetze des Handels. Adorno verwischte den Aufstand der Sklavenarbeiter gegen das Bürgertum durch Revolte des Individuums gegen die Allgemeinheit, und deren Gegensatz schien nicht mehr aufzuheben. – Nietzsches sehr haltlose Wendigkeit aphoristischer Selbstzerstreuung stabilisierte sich gern sozialistisch, szientifisch oder auch durch *spielerische Identifizierung* (Hermann Schmitz) mit Rollenmasken (wie Freigeist, Übermensch, Zarathustra, Albatros, Dionysos etc.), die gefühlte Innenwelt und objektiven Status entwurfstechnisch vereinbaren sollten.

Wir wissen Wirkliches, denken Notwendiges und fühlen Mögliches, "wenn der einfache Strahl der Religion und Moral ein Chaos des kombinatorischen Witzes berührt und befruchtet. Da blüht von selbst die höchste Poesie und Philosophie." (Friedrich Schlegel: "Ideen", 1800) "Religion ist das, was alle Antinomie der Bildung auflöst und zur Einheit bringt", also "Ironie, ewige Agilität, unendlich volles Chaos" und die "ununterbrochene Kette innerer Revolutionen" festmacht an *regulativen Ideen,* die alles schrecklich Vereinfachte wieder verkomplizieren, um Überkomplexes zu fassen. "Der revolutionäre Wunsch, das Reich Gottes zu realisieren, ist der elastische Punkt der progressiven Bildung, und der Anfang der modernen Geschichte." Q. e. d.

"Auch schon zu den Zeiten des Spiels mit Ironie, Witz und paradoxalen Bedeutungen ging es darum, das Divergierende, Dissoziierende und Ephemere, auch das Sinnverlorene und Häßliche an Wirklichkeit und Vorstellung, aufgehoben zu denken in einem Unvorgreiflichen, einem Absoluten und Universalen." *(Harro Zimmermann:* "Friedrich Schlegel", Paderborn 2009, Seite 400) "Die Geistesblitze des hieroglyphischen, gleichwohl selbstreflexiven Wissens, die er vorführt, sollen vermöge der Delikatesse ihrer öffentlichen *Mitteilung* zu hinreißenden Medien und Fermenten von Glaubensidentität und Gemeinsinn verschmelzen." (S. 402)

Fr. Schlegels später Habsburgkatholizismus hatte mit Feudalrestauration so wenig zu tun wie sein früher Volksrepublikanismus mit Vernunftmoderne. Chesterton düpierte wie Schlegel die Mitwelt durch die zwei Kehrseiten derselben Goldmedaille, durch paradoxes Spiel des Konservativen und durch katholischen Ernst des Revolutionärs.

„Herr Friedrich mit der leeren Tasche" konnte es niemandem rechtmachen, bis heute nicht, und lief in die Double-bind-Falle : Dem sinnenfrohen Anhänger der Französischen Revolution warf man die katholische Konversion vor, dem „katholischen Reaktionär" aber dann wieder die „verfressene Frivolität", der es angeblich mit nichts ernst war. Und er, der bis zuletzt für Europa als *christliches Abendland* focht, war einer der raren anti-antisemitischen Intellektuellen des 19. Jahrhunderts gewesen.

Hegel war die Regel, Schlegel war der Flegel

Hegels Dialektik zeigt keinen schlüssigen Weg auf von einem frühromantischen Ideenfragment Schlegels zum nächsten. Ein aphoristischer Selbstwiderspruch löst sich ja keineswegs auf in eine andere Sentenz, um dort einen neuen Selbstwiderspruch hervorzutreiben, der in einem dritten Selbstgegensatz sich auflöst etc. – bis hin zu einer Schlußsentenz, die alle vorigen in sich aufhebt und dann keine neue Ambivalenz mehr produziert, also überhaupt kein Aphorismus mehr ist. Jeder Aphorismus bildet einen „impliziten Schluß" (Klaus von Welser), der sich logisch selbst bestreitet, aber stellt keine Schlussfolgerung aus anderen gnomischen Prämissen dar und bildet auch keine Prämisse zu anderen aphoristischen Konsequenzen. Widersprechen einander nun zwei verschiedene aphoristische Selbstwidersprüche, führt das zu keinem dritten Einzelaphorismus, der ihren Gegensatz dann zwingend in sich aufheben kann, wie etwa in Hegels „Phänomenologie" zwei selbstbewusste Menschen aufgehoben sind in einer selbstbewussten Solidargemeinschaft oder Nation.

Aber die verschiedenen Sentenzen liegen in einem Aphorismenband auch nicht numerisch beieinander wie die Äpfel in einem Obstkorb, sondern wie die Vorstellungen in einem menschlichen Bewusstsein oder die Grammatikregeln in einer beherrschten Sprache. Der Weg von Paradox zu Paradox gerät nicht einmal selber paradox, geschweige denn logisch, sondern meist nur zu einem empirisch kontingenten s(pr)achlichen Nach- und Nebeneinander. Die antinomischen Elemente folgen beziehungslos aufeinander und nicht kausal oder logisch auseinander.

Schlegels Fragment gerät dann auch nicht in jenen performativen Selbstwiderspruch, den Hermann Schmitz dem System Hegels vorrechnen zu dürfen glaubt : Hegel müsse, entgegen seiner eigenen Intention, eindeutige Urteile über eine vieldeutige Welt fällen, um sich verständlich zu machen. Schlegels ambivalente Fragmente sprechen hingegen ambivalent auch über sich selbst und ihre progressive Universalphilosophie, und sie können System und Systemlosigkeit programmatisch verbinden, aber eben weder systematisch noch unsystematisch. Es gibt eine letzte – empirische – Kontingenz in ihrer kontextfremden Ambivalenz, die in keiner dialektischen Konsequenz mehr aufzuheben ist. Aphorismen können sich ihrer dialektischen Vermittlung besser entziehen als empirische Fakten ihrer stimmigen Theorie, denn sie widersprechen nicht nur je sich selbst, sondern oft auch einander und ihrer systematischen Verkettung in übergeordneten Theorien. Der geistige Kosmos lässt sich zerlegen in aphoristisch fassbare Paradoxe, deren Verhältnis zueinander selber aphorismusfähig paradox ausfällt, lässt sich aber nicht wieder aus ihnen zusammensetzen. Aphoristiker wie Schlegel und Novalis waren für Hegel „faule Existenzen“, die ihr rationales Pflichtsoll verfehlen und in sich verfaulen.

Geistige Standpunkte und Gesichtspunkte sind keine mathematischen Punktmengen und physikalischen Elementarteilchen in ihrem numerischen Element, sondern häufig inkonsistent, inkohärent und selbstinkompatibel. Ein gelungener Aphorismus ist ohne Verlust aus keiner Theorie ableitbar, auf keine Axiome zurückführbar und in keine Philosophie integrierbar, weil er die unvermeidliche Divergenz von göttlicher und menschlicher Schöpfung, also die sachliche Diskontinuität von Sprache und Sache sprachlich diskontinuierlich thematisiert. Der kontextfreie Aphorismus kann auch auf gegensätzliche Kontexte verweisen und erweist sich als mehrdeutig, weil er in mehr als einem Kontext Sinn macht, aber in keinem sich voll erfüllt. Die aphoristisch formulierte Grundkluft zwischen Sein und Bewusstsein ist der Abgrund zwischen Gott und Mensch.

Jede Kluft zwischen je zwei Aphorismen ist nur zu überbrücken durch einen weiteren Aphorismus, potentiell ad infinitum, um ein Kontinuum aus Diskontinua (mindestens von der Mächtigkeit der *reellen* Zahlen) zu erzeugen. Wie Achilles die Schildkröte nie erreichen dürfte und dennoch überholt, so können die deutenden Worte laut Quine ihre Bedeutungen nie erreichen und treffen ihre Referenten doch gelegentlich pragmatisch. Der postmoderne *Grammatologe* Jacques Derrida spricht vom unendlichen *Aufschub* (différance) der Interpretationswahrheit über die stets zurückweichende Wirklichkeit, Leibniz von potentiell unendlich vielen und unendlich kleinen infinitesimalen Fortschritten des monadologischen Wissens. Die witzigen Fragmente der Frühromantiker seit Schlegel und Novalis bilden endlose Folgen endlicher Symbole für das unerfaßbar Unendliche. Die romantische Ironie sagt Endliches und meint Unendliches, sagt Eigenartiges und meint Allgemein(gültig)es, sagt etwas Bestimmtes und meint alles, d.h. sagt widersprüchliche Einzelheiten und meint nur ihre unaussprechliche Einheit. Wer alles sagen will, muß etwas Bestimmtes sagen und durch die Art, wie er es niederschreibt, indirekt durchblicken lassen, daß er nicht nur dieses meint, sondern auch dessen Gegenteil gleich mit, denn "jedes Wort erregt seinen Gegensinn" (Goethe). Das kleine Fragment spricht sein Ur-Teil und meint doch das große Ganze. Aphorismen relativieren einander und werden vom Absoluten relativiert, das sie vergeblich und in einer *intentio obliqua* nur allegorisch anzielen. Kleine Gnome sprechen vom großen Ganzen, indem sie einander und sich selbst widersprechen. Sie erheben sich zu ihrem gemeinsamen Grund, indem sie sich selbst und einander aufheben. Wo die endlose Annäherung vollendeter Teilchen an das Unendliche mißlingen muß, empfahl Novalis der "freien Tätigkeit des schwebenden Ich" das freie "Stillstehn bei *einem* Gliede" der Kette und seinen Ausbau zum philosophisch-poetischen Sinnfragment, zu einem in sich reichgegliederten Mikrokosmos, der zu einem unausdeutbaren *Symbol* des unerschöpflichen Makrokosmos taugt, zum kleinsten in sich differenten Ganzen, das den Reichtum des Alls spiegeln will. Für Novalis sind "gebrochene Gedanken Anschauungen und Empfindungen", wie für Leibniz Anschauungen nur verworrene Ideen waren und Begriffe die klareren Ergriffenheiten. Gegen dieses nur graduelle Kontinuum zwischen Gefühlen und Gedanken hatte Kant zu bedenken gegeben, daß es ja auch klare Anschauungen und verworrene Begriffe gebe.

Der Skeptizist Maimon ging gegen Kant und noch *vor* Fichte auf Leibniz zurück und hatte die unsinnlichen "Differentiale des Bewußtseins" lange vor H. Cohen rehabilitiert. Novalis und Schlegel blieben dann bei den fragmentierten Gliedern stehen und machten ein jedes zur mikrokosmischen *Allegorie* des unerkennbaren Makrokosmos. Überall, wo Kant und auch Fichte von subjektiver "Synthesis des Mannigfaltigen" gesprochen hatten, sprach Hegel von einer "Einheit der Gegensätze", sprach Friedrich Schlegel von geistreichem "Witz", der heterogene Glieder verknüpfe. Da nicht nur das Universum ein unerschöpfliches Ganzes von potentiell unendlich vielen Bestandteilen, sondern schon jeder Bestandteil seinerseits ein unerkennbares Ganzes von potentiell unendlich vielen Teilaspekten bildet, läßt sich jedes *Einzel-*

ding an sich als bloß *regulative Idee* von der unerreichbaren Vollständigkeit aller seiner Aspekte verstehen.

Das Wahre an jedem Einzelgegenstand ist durch keinen Erkenntnisakt, das Gute durch keine Handlung, das Schöne durch kein Kunstwerk, das Heilige durch keinen Mythos oder Ritus vollauf explizierbar, aber doch symbolisch andeutbar. Edmund Husserl konnte die Bedeutungsintention aller Zeichen noch anschaulich erfüllen durch die Abschlußevidenz, Derrida zögerte sie immer wieder hinaus durch die endlose *catena aurea* der deutenden Signifikanten, aber er entdeckte, anders als die Jenaer Frühromantiker, nicht in jedem Kettenglied ein vollendetes Symbol des vollen Signifikats. Im Übrigen zählt J. Derrida durchaus zu den verspäteten Frühromantikern, deren prämoderne Postmoderne schon um 1800 die dekonstruktive *différance* der nicht reintegrierbaren Differentiale praktizierte. Die Frühromantiker *potenzierten* unsere Reflexionen über Dinge, in denen wir wurzeln und die unsere Potenzen und Potentiale *radizierten*. Laut Kant ist das große Ganze kein einzelner Erfahrungsgegenstand, aber jedes Einzelobjekt umgekehrt immer ein unendliches Ganzes all seiner möglichen Erscheinungen.

Erst Kants große Antinomienlehre der *transzendentalen Dialektik* wurde zur Keimzelle des subjektiven Idealismus. Wie Hegel sagte Schlegel: "Hat man nun einmal die Liebhaberei fürs Absolute : so bleibt einem kein Ausweg, als sich selbst immer zu widersprechen, und entgegengesetzte Extreme zu verbinden, ... und man hat nur die Wahl, ob man sich dabei leidend verhalten will, oder ob man die Notwendigkeit durch Anerkennung zur freien Handlung adeln will."

Anders als Hegel verbindet Fr. Schlegel die scharfen Gegensätze nur zum Fragment, nicht aber zum System der Fragmente, und die Bruchlinie jedes fraktalen Fragments bestimmt seinen Stellenwert im großen Ganzen. "Der Gedanke des Fragments von Novalis bis zu seinen modernen Formen ist noch eine Sehnsucht nach Totalität. Was ich die Differenz nenne, Dissemination, Teilbarkeit, ist nicht wesentlich fragmentarisch." (*Jacques Derrida*, Interview mit Florian Rotzer 1984) Karl Löwith sah Nietzsches Denken als ein paradoxes "System in Aphorismen", wie auch Fr. Schlegels Fragmentbände das System mit der Systemlosigkeit verbanden.

Hatte Heinz Krüger Recht, wenn er bei den Romantikern jenes blinde Vertrauen in den religiösen Offenbarungscharakter von Sprache sah, das der sprachtrunkene Sprachskeptiker Nietzsche angeblich gar nicht aufbringen konnte? (siehe: "Über den Aphorismus als philosophische Form", München 1988, S. 68 ff.) "Das Fragment im Einklang, der Aphorismus im Widerspruch zur Sprache"? Nietzsche sah schon in jedem Wort (außer seinem eigenen) ein bloßes Vorurteil, Novalis nur in jedem Menschenwort (außer dem falschen) ein Abbild vom Wort Gottes. Der „*linguistic turn*" setzt ja sprachbegabte Sprachkritik geradezu voraus, statt sie auszuschließen. Im Übrigen retotalisiert das Fragment nicht, was der Aphorismus detotalisiert, denn in jenem Fall handelt es sich um das gottgeschaffene *Seiende im Ganzen,* in diesem Fall um totalitäre menschliche Sozialsysteme und ihre Ideologie. Die wortwitzige Synthese des Heterogenen als ironische Allegorie des entgrenzt Unaussprechlichen bildet das Spezifikum des frühromantischen Fragments, die detotalisierende Isolation das Wesensmerkmal der französischen Maxime.

Philosophie handelt von den ersten und letzten Gründen (griechisch: *archai)*. Der tiefste Grund setzt nun keinen obersten Grundsatz voraus, aus dem der systematische Zusammenhang aller abhängigen Momente oder selbständigen Elemente sich ableiten ließe, aber das *Ding an sich* als letzter Grund wird zum Gesetz, das den inneren Zusammenhang seiner potentiell unendlich vielen Erscheinungen regelt zu einem individuellen Ganzen.

Der innere Konnex zerstreuter Züge, der aus dem Aphorismenband ("freie catenation") ausgewandert ist, kehrt in das Einzelfragment zurück. Je universeller, desto individueller, je differenzierter, desto generalisierter: "Je größer und höher das Ganze, desto merckwürdiger das Einzelne". "Die Beschränckungsfähigkeit wächst mit der Schrankenlosigkeit." Jedes Fragment sollte ein ganz unausdeutbarer Repräsentant des unausschöpflichen Absoluten sein, des infinitesimalen Ganzen. Die Frühromantiker lieferten eine seltene, philosophisch strenge Begründung der aphoristischen Form, *nach* Bacon und *vor* Nietzsche, Adorno und Wittgenstein. Sie boten auch eine Art von *generativem* Idealismus zur Erzeugung unvorhersagbar neuer Ideen.

Die rationale Kategorie der Quantität erstreckt sich vom *Einzelnen* über die *Vielfalt* der Fragmente zur unendlichen *Allheit*. Im Lichte der universellen Idee entdecke ich mich als defizientes Individuum, das sich aus diesem zufälligen Prinzip Stück für Stück zur ganzen Welt ergänzen und heranbilden solle. Die ganze Wahrheit als unmögliche Korrespondenz mit der vielspältigen Welt im Ganzen wird frühromantisch ersetzt durch die Inkohärenz (der untereinander inkohärenten und selbstinkonsistenten) Urteilchen mit diesem Ganzen. Je mehr diskontinuierliche Glieder, desto kontinuierlicher wirkt die unendlich lange und feingliedrige Begründungskette, desto lebendiger auch die Freiheit, von einem Glied zum folgenden überzugehen, da anders ein Übergang zur ganzen Kette unmöglich ist. Ein Aphorismenband ist ein "Chaos von Fragmenten", und jedes Fragment bildet eine witzige Einheit von Chaos und Einheit, das kleinstmögliche Ganze aus *unendlicher Einheit* und *unendlicher Fülle* (Schelling). Die menschliche Endlichkeit und Brüchigkeit bezeugt und kompensiert sich in potentiell vollendeter Fragmentalität. Jedes Fragment will ein pars pro toto sein, allegorisches Sinnbild der *produktiven Einbildungskraft,* das Absolute selber aber auch ein totum pro parte. "Jede Allegorie bedeutet Gott, und von Gott kann man nicht anders als allegorisch reden", sagt Fr. Schlegel. Im einzelnen Witz blitzt eine Einheit von Unendlichkeit und Einheit auf, von Absolutem und Freiheit. Die Selbstvernichtung jedes Endlichen fungiert stets als eine Allusion des unabzählbar Unendlichen und seiner chaotischen Diffusion in dem, was Hegel *objektiven Geist* der jeweiligen Kultur nannte.

Der Aphorismus *sprengt* bei Nietzsche und Adorno das Ganze, das er bei Schlegel und Novalis nur *symbolisiert,* aber dieses Ganze meint bei Adorno die gesellschaftliche Totalität als Schöpfung des Menschen und bei Fr. Schlegel im Gegenteil das kosmische All als Schöpfung Gottes. Ist die „Idee" subjektiver oder objektiver Geist ohne Objekte?

Durch different(ial)e Individuierung will Novalis hin zum Universellen und Adorno weg vom Totalitären. Und da Adornos "Eingedenken der Natur" in aller unbeherrschbaren Naturbeherrschung ja ebenfalls das kosmische All gegen jeden geistigen und gesellschaftlichen Totalitarismus ausspielt, will auch er weg von der totalitär verwalteten Welt der Sozialsysteme und hin zum kosmischen Universum der

Sonnensysteme, wenngleich er, anders als Novalis, nur von menschlichen Schöpfungen und nie von Gottes Schöpfung reden will. Adorno kennt kein ewiges Absolutum, sondern nur von den *Sterblichen* unzulässig Verabsolutiertes, kein wirklich Unbedingtes, sondern bestenfalls Unverdinglichtes. "Wir *suchen* überall das Unbedingte, und *finden* immer nur Dinge" oder mit Novalis *Blüthenstaub,* der das Unbedingte in bedingter Form auf je besondere Weise wenigstens "andeutet", wenngleich niemals ganz ausdeuten kann.

Wenn Manfred Frank mit seiner Konjektur Recht hat und die Frühromantiker nicht wie Fichte, Hegel und der frühe Schelling in der "entfremdeten Subjektivität" (Hermann Schmitz) der bloßen Reflexionsphilosophie befangen bleiben, dann ist auch im Vergleich zur absoluten Allgem-Einheit jedes romantische Fragment ein *Nichtidentisches,* wie Adorno es versteht. Fragmente sind nicht miteinander, weil nicht mit dem absolut Systematischen identifizierbar, aber ein jedes so selbstbezüglich paradox wie die vernünftige Vernunftkritik, die sprachliche Sprachskepsis und die systematische Systemaufhebung. Die Seele, Gott und die Welt bedeuten inzwischen keine metaphysischen Ideen mehr wie noch für Kant, sondern nur noch so etwas wie Subjektivität, höchste Macht und Sozialsysteme. Kann die Philosophie mit Adorno das totalitäre System in seinen Ideologien *aphoristisch* sprengen und zugleich mit Novalis das kosmische Ganze in seiner Einheit dennoch *fragmentiert* symbolisieren? Sowohl Adorno als auch Schlegel setzten sich vom Idealismus Hegels ab, der vielleicht nur Fichtes „*entfremdete Subjektivität"* dialektisch verarbeiten wollte.

Fr. Schlegel wird von Hermann Schmitz als Radikalisierer, von Manfred Frank im Gegenteil als ein Widersacher Fichtes gedeutet. Die Frühromantiker haben Fichtes politisierbare *Tathandlung* durch aphoristische Praxis ersetzt. Aus dem Engagement, von totalitären Diktaturen zu befreien und sich vom Objektiven zu emanzipieren, wird die Aktion, freie Fragmente zu diktieren. Die politische Gesellschaft Frankreichs mutierte in Deutschland eher zu „symphilosophierender Geselligkeit". Adornos *Kritische Theorie* legitimiert essayistische Aphorismen als ideologiekritische Spreng-Sätze für verabsolutierte Relationssysteme, Schlegels *progressive* Romantik begründet ironische Fragmente als metaphorische Sinnbilder für das metaphysisch Absolute, d.h. der Atheist Schlegel wurde Katholik, der Atheist Adorno aber nicht wieder Mosaist. Der Rückgang auf ein präreflexiv *„unvordenkliches Seyn"* (bei Hölderlin, Schelling und Fr. Schlegel) korrespondiert dem *Eingedenken* einer *nichtidentischen Natur* bei Adorno. Beides sind sehr energische Einsprüche gegen den leerlaufenden Selbstverdauungsfuror jeder Subjektivitätsmaschinerie, gegen das Herausspinnen des Seins aus dem Bewußtsein. Hier der Vorrang des endlichen Dings in seiner vollen Einzelheit, dort der Vorrang des unendlich Unbedingten in seiner Einheit.

Adornos aphoristischer Spreng-Satz des totalitären Systems (das alles Abweichende integrieren will) lässt sich in diesem Sinne vereinbaren mit Fr. Schlegels fragmentierter *Allegorisierung* des absoluten Ganzen (das stets mehr und anderes ist als die Summe aller Ur-teile darüber). Gerhard Neumann hatte 1976 in seinen „Ideenparadiesen" von einer *transzendentalen Moralistik* im Gefolge des deutschen Idealismus gesprochen. Die Jenenser Frühromantiker um 1800 trugen den unschlichtbaren Konflikt zwischen Logik und Lyrik, Allgemeingültigkeit und Individualität, zwischen nomothetischen Natur- und idiographischen Geisteswissenschaften ganz aphoristisch aus, mit Witz und Ironie, Parodien und Paradoxien. Das Fragment geriet zur „Idealform für ihr poetisches Philosophieren": Das literarische Bild taugte zum Sinnbild für den philosophischen Allgemeinbegriff vom Ganzen der Welt (samt dem menschlichen Selbstbewußtsein darin). Vom Absoluten hatte Hegel ein „absolutes Wissen" in erschöpfenden Reflexionsbegriffen, sein Intimfeind Fr. Schlegel hingegen nur ein rhetorisch indirekt anspielendes Hindeuten in unausdeutbar kunstvollen Hieroglyphen.

Jede fragmentierte Teilsynthese heterogenster Bestimmungen (samt der Konstellation dieser inkompatiblen Bruchstücke) spiegelte mikrokosmisch die ab-solute Einheit in der turbulent unendlichen Mannigfaltigkeit, das „Subjekt-Objekt". Die Wahre ist das Ganze auch für die Romantiker, *schlecht unendlich* für Schlegel, *gut unendlich* für Novalis, und dieses Ganze als „ideal-reale" Idee, als Fundament aller abkünftigen Subjekt-Objekt-Spaltungen, wurde nach dem Zusammenbruch des Idealismus zur Totalität der Geschichte, des Lebens, des Seienden überhaupt und schließlich der Gesellschaft. Zwischen den Aphorismustheoretikern Schlegel und Adorno bleibt festzuhalten, dass die menschlichen Schöpfungen im Ganzen eben mit der göttlichen Schöpfung zwar konkurrieren, aber diese nur karikieren. Aphorismen und Fragmente sollten den eiligen Geist menschlicher Schöpfungen ideologiekritisch sprengen und in und ein derselben Bewegung den heiligen Geist göttlicher zugleich mikrokosmisch spiegeln können.

Jedes Fragment widerspricht sich selbst und jedem anderen und auch dem Absoluten, dieser Totalitätseinheit, die von jedem Einzelstück allegorisch angedeutet und doch von keinem ganz ausgeschöpft wird. Ironie ist die Synthese aus witziger Verbindung der Vielfältigkeiten und allegorischer Entgrenzung der

Bruchstücke. Jedes Fragment hebt sich selber auf, indem es das unerschöpfliche Ganze nur unvollständig symbolisiert und verweist auf das folgende Fragment, das seinerseits hinter der "regulativen Idee" des einen Ganzen ebenso weit zurückbleibt und nun weitere witzige Teilsynthesen hervortreibt, deren Totalsynthese immer nur symbolisch antizipiert werden kann in *unendlicher Annäherung*, die Hegel verwirft. Das „große Ganze" geht weder in einem seiner Ur-Teile noch in deren Summe auf und unter, aber Philosophie bedeutet keine unendliche Annäherung an den Sinn dessen, was unendliche Annäherung an die Wahrheit wäre. *Archipel.* Ein Aphorismus soll isoliert allein aus sich heraus verständlich sein, aber der submarine Zusammenhang gibt jeder dieser Sprachinseln einen zusätzlichen Kunstreiz und Erkenntnisgewinn. Die Sterne am Nachtfirmament haben meist nichts miteinander zu tun und gehören getrennten Galaxien an, doch nicht der punktuelle Einzelstern im leeren Raum, sondern erst die „Konstellation" der Sternbilder gibt Orientierung, Schönheit und einen Eindruck von der kosmischen Majestät. Erst gemeinsam spannen sie einen Himmel aus. Das Buch, das ist nicht nur die immer gleiche Reihenfolge, in der die Aphorismen gedruckt sind, sondern auch die immer neue Reihenfolge, in der sie gelesen werden können. In jedem anderen Werk hat der Autor die Verklammerung seiner Einfälle selber vorgenommen, und will man Maurice Blanchot glauben, durch bloß äußerliches Verketten und Verputzen der Fugen zwischen ihnen zu einer glatt wirkenden, künstlich geglätteten Gebäudewand aus lückenlos ineinander greifenden und zwanglos *aus*einander, nicht nur *auf*einander folgenden Argumenten und Bildern. Ein gewöhnliches Buch sei die bloß *rhetorische Amplifikation* verstreuter

Einzelnotizen, und jeder Aphorismenband verzichtet nur ehrlich auf dieses nachträgliche diskursive Kaschieren der Art, in der die diskontinuierlichen Sinnatome gemeinhin gefunden und gesammelt werden. Ist allerdings alles von allem zu weit isoliert, hängt alles mit allem zu eng zusammen (und umgekehrt), aber nicht durch logische Kohärenz, sondern durch analogische Konstellationen oder atmosphärische Assoziationen des argumentativ Dissoziierten. Jeder Aphorismenband besteht aus beliebig vielen Bänden. Ein ganzer Band davon vereint heterogenste Aphorismen anders, als jeder einzelne Aphorismus die heterogensten Dinge vereint.

Zwischen den philosophischen Basisantagonisten der mathematischen *Logistik* und essayistischen *Moralistik* steht der Indifferenzpunkt einer *Naturbukolik*. Das statisch Exakte des Theoretikers opponiert dem ekstatisch Aktiven des Praktikers, die eindeutige Präzision des Geistes den Paradoxien des vieldeutig Lebendigen. Der Gelehrte steht für Gedankensicherheit und intellektuelle Äquivalenzen, der Künstler für Gefühlsoffenheit und affektive Ambivalenzen, der eine für den Kristall und der andere für den Kuhstall. Es steht nicht nur das Allgem-Eine dem Vielen gegenüber, sondern auch viel Eindeutiges jedem Vieldeutigen und die einzelne Mehrdeutigkeit mehreren Eindeutigkeiten. Ob eine Vieldeutigkeit eindeutig zerfällt (oder zerlegt wird) in wie viele Eindeutigkeiten, ist die Frage, und nicht, wie vieles vereint wird. Auch ein Allgemeinbegriff lässt sich ja begreifen als vieldeutige Abkürzung für Einzelobjekte, die eindeutig unter ihn fallen. Einzelfälle sind dann mögliche Deutungen und Bedeutungen ihres Allgemeinbegriffs, und eine Fehlinterpretation ist ja ein Exemplar, das nicht zu ihm gehört.

Der Begreifende deutet ein Einzelexemplar als den Fall einer Gattung, und diese Deutung kann so ein- oder mehrdeutig ausfallen wie der Oberbegriff selber. Die Begriffe werden gedeutet durch ihre Bedeutungen, die Fälle, die unter sie fallen, doch lässt sich jeder Einzelfall auch deuten durch die Begriffe, unter die er fallen kann? Tendenziell logische Eindeutigkeit der Wissenschaft steht einer analogischen Vieldeutigkeit der Kunst gegenüber, und die mathematische Eindeutigkeit jeder Physik kontrastiert der metaphorischen Mehrdeutigkeit jeder Metaphysik, also der naturwissenschaftliche Versuch dem geisteswissenschaftlichen Essay. Im Aphorismus gibt es keine *eineindeutige Abbildung* von absoluter Sache und relativer Sprache, sondern seine Bedeutung meint die Deutung einer vieldeutigen Andeutung. Ein Satz bedeutet, dass er etwas (Besonderes) als etwas (Allgemeineres) deutet, aber ein Absolutes eben nur durch etwas Relatives *an-deuten* kann. Ist die Sache selber mehrdeutig, darf die Sprache, die sie angemessen ausdrücken will, nicht eindeutig, sondern muß eindeutig vieldeutig sein.

Fragmente der Nachsokratiker

Michel de **Montaigne** nannte sich Schüler von Plutarch, Lukrez und Seneca. Nach dem Ende des Mittelalters war die Anwendung des biblischen Sittengesetzes auf den konkreten Einzelfall zum Problem geworden. Seit 1600 behandelte der spanische Aphorismus des „concepto" den kranken Volkskörper so, wie der griechische Aphorismus des Arztes Hippokrates den menschlichen Körper behandelt hatte und wie später Nietzsche die Geisteskrankheiten seiner Epoche behandeln wollte. Die prägnante Lakonie des römischen Historikers Tacitus wurde sentenziöses

Stilvorbild. Dieser adlige „Hippokrates der Politik"
bekämpfte um 100 n. Chr. Kaiser Domitian schon so,
wie der Herzog von Larochefoucauld in der Fronde
später König Ludwig XIV. bekämpfte.

Der Feldkaplan Balthasar Gracian mußte
sich die Unabhängigkeit des „rester libre", die der
„esprit vagabondant" des französischen Edelmanns
Montaigne in seinem Stand nur verteidigte, am spanischen Hof erst noch erkämpfen, mit einem intriganten
„Kampfstil der Gedanken", mit rhetorischen Strateg-
mata und „Daumenschrauben", bis zu Nietzsches im-
moralischer Moralistik. B. Gracians „Handorakel der
Weltklugkeit" (1647) haben die kurzessayistischen
„Aphorismen zur Lebensweisheit" (1851) seines guten
deutschen Übersetzers Schopenhauer bis in den Stil
hinein beeinflußt. In den „Lettres à un Provincial"
bekämpfte der Anti-Jesuit Pascal die laxe Kasuistik
und den militanten Probabilismus des Ibero-Jesuiten
Gracian. Sein „esprit de finesse" verhielt sich zu seinem „esprit de géometrie" wie sein Aphorismus zur
scholastischen Summentheologie des Mittelalters.

„Ich werde meine Gedanken ohne Ordnung
schreiben, aber vielleicht nicht aus planloser Verwor-
renheit: es ist die wahre Ordnung, die ihr Thema gerade durch die Unordnung bezeichnet. Ich erwiese
meinem Thema zu viel Ehre, wenn ich es nach einer
Ordnung behandeln wollte, da ich zeigen will, daß es
dessen nicht fähig ist." (*Pascal*, Pensées, zitiert nach
„Die französischen Moralisten", hrsg. von Fritz
Schalk, Bremen ²1980, S. 29) „Se moquer de la philosophie, c'est vraiment philosopher." (*Pascal*, Pensées et opuscules, Brunschvicg, Paris 1930, p. 321)

Sind Aphorismen allgemeingültige Urteile,
Ausnahmen von der Regel oder Ausnahmen, die nicht
alte, sondern neue Regeln bestätigen? Der Herzog von
Larochefoucauld war von Gracian und Pascal zugleich

beeinflußt. Wer seine Aphorismen bestreitet, hat sie schon bestätigt. Entkräften kann er sie noch am leichtesten, indem er ihnen recht gibt: Nichts als die Eigenliebe des Lesers und Zensors bestreite, daß er alles nur aus Eigenliebe tut. Die *amour-propre* sei so universal, daß sie sogar sich selbst bekämpfe. Vom absolutistischen Kardinal Richelieu verfolgt, begnügte dieser aufständische Edelmann sich ironisch und vorsichtig damit, „vom Menschen so zu sprechen, wie es die Kirchenväter getan haben." „Mit einem Wort, das Beste, was der Leser tun kann, ist, sich zuerst zu vergegenwärtigen, daß keine einzige dieser Maximen ihn im Besonderen trifft und daß er allein ausgenommen ist, obwohl sie allgemeingültig zu sein scheinen. Dann bürge ich dafür, daß er der erste sein wird, sie zu billigen, und sogar glauben wird, sie ließen dem menschlichen Herzen Gnade widerfahren." („Die französischen Moralisten", a.a.O., S. 62)

„... meine ganze Philosophie entspringt im Herzen ... sie liegt in der Liebe zur Unabhängigkeit; das Joch der Vernunft müßte ihr noch unerträglicher sein als das der Vorurteile." (Brief an Mirabeau) *Vauvenargues*, Luc de Clapier, der Bewunderer Pascals und Montesquieus, sah Tugenden in jenen Leidenschaften, die Larochefoucauld zu Lastern gemacht hatte. Im Grand Siècle verteidigte er den Empirismus John Lockes gegen den zentralistischen Absolutismus des cartesianischen Rationalismus. Listig und vorsichtig sah er antichristliche Maximen nur die christliche Regel bestätigen. Nietzsche lobte in der „Unschuld des Werdens" die „Tapferkeit von Kopf und Herz dieser europäischen Menschen". Die Moralisten wollten den Geburtsadel nicht zum Hofadel von Versailles degradiert wissen, sondern zum Geistesadel verfeinern. Aus der Not politischer Entmachtung suchte der unter Ludwig XIV. funktionslos gewordene Schwertadel die Tugenden einer ständeübergreifenden Bildungsaristokratie, die später Nietzsche gegen bürgerliche *Bildungsphilister* seiner Zeit mobilisierte.

Die unter der zentralabsolutistischen Zensur nur moralpsychologische Salonkritik von Larochefoucauld und Vauvenargues am cartesianischen Zwangssystem wurde bei Montesquieu und Chamfort dezidiert politische Kritik am Ancien Régime, während die deutsche Aphoristik nach 1800 die Gesellschaft nicht mehr politisch, sondern nur noch als urbane Geselligkeit verstand.

Der kaustische Aufklärer *Nicolas Chamfort* (1741-1749) aus dem Umkreis der Enzyklopädisten wollte in seinen „Maximen und Gedanken", die Lichtenberg, Schlegel, Schopenhauer und Nietzsche beeinflußten, den pessimistischen Larochefoucauld und den optimistischen Vauvenargues vereinigen. Das Motto lautete: „Nachsichtige Verachtung mit dem Sarkasmus der Heiterkeit zu verbinden: das ist die beste Philosophie für diese Welt."

Die erste Maxime lautete:

„Maximen, Axiome sind wie Kompendien das Werk geistreicher Leute, die, so scheint es, für die mittelmäßigen und trägen Geister gearbeitet haben ... der Genius, sieht, daß die Natur individuell verschiedene Wesen erschaffen hat, er sieht das Unzulängliche aller Klassen und Unterabteilungen, die den mittelmäßigen oder trägen Geistern so nützlich sind. Zwischen beiden besteht ein Assoziationszusammenhang, sie verhalten sich oft zueinander wie Ursache und Wirkung." („Die französischen Moralisten", S. 345)

Wer glaubt hier nicht schon Adornos Nichtidentitätsphilosophie avant la lettre zu lesen? Aber Hegel verspottete die der Sache äußerlich bleibenden wissenschaftlichen Klassifikationen im Namen substantiellerer Allgemeinbegriffe, sein Erzgegner Adorno hingegen im Namen der subsumierten Einzelfälle.

Der Existenzphilosoph Jean-Paul Sartre hielt 1951 in seinem Camus-Aufsatz das Werk der französischen Moralisten für das vielleicht Beste, was die französische Literatur hervorgebracht habe, und der Lebensphilosoph Wilhelm Dilthey entdeckte sie in Deutschland erst für die Philosophie. Sie begannen zwischen den scholastischen Summen des Mittelalters und den moderneren Systemen der *Konstruktivisten* Descartes, Spinoza und Leibniz, während die deutschen Aphoristiker zwischen der „zweiten kopernikanischen Wende" Kants und den spekulativen Systemen der klassischen deutschen Philosophie entstanden. Die deutsche Sentenzenkunst wie der gleichzeitige deutsche Idealismus sind auch philosophische Säkularisationen des deutschen Protestantismus gewesen. Nicht zufällig waren Lichtenberg, Schlegel, Jean Paul und Nietzsche Pastorensöhne gewesen, Protestanten wie Leibniz, Kant, Fichte, Schelling, Hegel, Marx, Schopenhauer, Husserl und Jaspers, alle evangelisch getauft.

Die Französische Revolution löschte die französische und entzündete die deutsche Aphoristik. Der Franzose brauchte plötzlich die pensées nicht mehr, weil sie durch die Revolution in Paris verwirklicht schienen, und die Deutschen brauchten plötzlich pensées, weil die Grande Révolution an Berlin vorbeigegangen war. Der Kampf gegen die geistigen „Zwangssysteme" des deutschen Idealismus und des deutschen Sozialismus wurde dann von Nietzsche nicht zufällig aphoristisch geführt im Namen der „philosophes" aus Paris.

In seinen „Vorlesungen über die Geschichte der Philosophie" (Theorie Werkausgabe Band 20, Frankfurt 1971, S. 287 ff.) schrieb Hegel:

„Lebhafter, bewegter, geistreicher ist die französische Philosophie; oder vielmehr ist sie das Geistreiche selbst ... Was daher in den französischen philosophischen Schriften ... bewundernswürdig ist, ist diese erstaunliche Energie und Kraft des Begriffs gegen die Existenz, gegen den Glauben, gegen alle Macht der Autorität seit Jahrtausenden ... Bei den Deutschen finden wir Quäkelei ... Die französische Philosophie hat eine negative Richtung gegen alles Positive, gegen Religion, Gewohnheiten, Sitten, Meinungen, gegen den Weltzustand in gesetzlicher Ordnung, Staatseinrichtungen, ebenso gegen Kunst ... Wir Deutschen sind passiv erstens gegen das Bestehende, haben es ertragen; zweitens, ist es umgeworfen worden, wir haben es uns nehmen lassen ... Die Deutschen, die ehrlicherweise die Sache recht gründlich machen wollten und an die Stelle des Witzes und der Lebhaftigkeit eigentlich nicht beweisen, bekamen auf diese Weise einen so leeren Inhalt in die Hände, daß nichts langweiliger als diese Behandlung sein kann ... es ist steife Pedanterie. Die deutsche Aufklärung, welche ohne Geist mit verständiger Ernsthaftigkeit und dem Prinzip der Nützlichkeit die Ideen bekämpfte, brachte auch die Metaphysik zur letzten Leerheit herunter ... bis Kant der Philosophie in Deutschland einen neuen Anstoß gab."

Kants Kategorischer Imperativ: Handle so, daß deine „Maximen" jederzeit allgemeingültig sind. Gerhard Neumann führte in den „Ideenparadiesen" (München 1976) die genuin deutsche Aphoristik auf Pietismus und Kants „zweite kopernikanische Wende" zurück:
„Ich fühle die Erde als unbewegt und muß sie doch als bewegt denken. Ich sehe eine objektive Welt und muß sie doch als subjektiv denken." (Freud hat noch eine dritte kopernikanische Wende eingeleitet: Ich mache mir etwas bewusst, damit mir und anderen doch unbewußt etwas vor.)
Im philosophischen Aphorismus gehen die infinitesimale Monadologie von Leibniz und der Empirismus von Hume, dem sogar das Ich wieder in Bewusstseinsinhalte zerfällt, eine eigentümliche Ver-

bindung ein. Der infinitesimale Rationalismus von Leibniz, auf den Lichtenbergs Aphoristik sich berief, tauchte wieder auf im Antinomien-Kapitel von Kants „Kritik der reinen Vernunft": Die Frage der Vernunft, ob die Welt unbegrenzt erweiterbar und unendlich teilbar sei, erwies sich als ebenso unvermeidlich wie unlösbar. „Das eigentliche philosophische System muß Freiheit und Unendlichkeit oder ... Systemlosigkeit, in ein System gebracht, sein." (*Novalis*, Schriften, Jena 1907, Bd. 3, Seite 156) Friedrich Schlegel schrieb: „Es ist gleich tödlich für den Geist, ein System zu haben, und keins zu haben. Er wird sich also wohl entschließen müssen, beides zu verbinden."

„Jede Wissenschaft wird Poesie – nachdem sie Philosophie geworden ist." (*Novalis*, a.a.O., Seite 88). „Den Satz des Widerspruchs zu vernichten ist vielleicht die höchste Aufgabe der höhern Logik." (a.a.O., Seite 90). Das „Denken in Brüchen", das künstliche romantische Fragment von Novalis und Friedrich Schlegel, ist jener endliche Teil eines Ganzen, welcher das unendliche Ganze andeutend in sich enthält. Die geschlossene französische Maxime ist jener Teil des Ganzen, welcher umgekehrt dieses große Ganze sprengt. Das endliche Fragment zerstört sich selbst, um ins Unendliche aufzugehen; der Aphorismus, latein. *De-finitio*, grenzt sich dagegen vom großen Ganzen ab, um dessen Machtbereich zu begrenzen. Das Fragment bedient sich nicht der Sprache, um die Welt zu erfassen, sondern überläßt sich der Sprache, weil sich in ihr die Wahrheit offenbare. Im Aphorismus dagegen stellt sich die Sprachlogik selbst in Frage, weil sie die Wahrheit *nicht* offenbare. Die Romantiker ließen die Sprache sprechen, und sie sagte ihnen die Wahrheit, während Nietzsche in jedem Wort erst einmal ein Vorurteil sah.

„Mit der Vollständigkeit fällt auch die systematische Anordnung weg, die Langeweile ..." Vielleicht sollte jeder Schriftsteller eine gewisse Spur der Verwandtschaft mit dem Lapidarstil tragen, der ja ihrer aller Ahnherr ist", schrieb Gracian-Übersetzer und auch Chamfort-Bewunderer Schopenhauer „Über Schriftstellerei und Stil" („Parerga und Paralipomena" II, Zürich 1977, Seite 571). – Seine langatmigen „Aphorismen zur Lebensweisheit" waren eher Kurzessays als Aphorismen. „Dies aber ist das Treiben jener falschen Kürze, die heut zu Tage im Schwange ist und darin besteht, daß man das Zweckdienliche, ja, grammatisch, oder logisch, Notwendige wegläßt." (a.a.O., Seite 573) Dieses grammatisch und logisch Notwendige auszusparen, um das „metonymische Potential" eines vielbezüglichen pars pro toto zu erzeugen, ist nach Harald Fricke („Aphorismus", Stuttgart 1984) gerade ein wesentliches Gattungsmerkmal dieses „künstlichen Torsos".

Die Foucault, Deleuze und Derrida, die sich heute auf ihn berufen, wollen „fröhliche Wissenschaft" der „différance" treiben, des endlosen Aufschubs der Referenz, ohne aber wie Nietzsche die aphoristische Tradition der gallischen Moralisten fortzusetzen. „Es gibt Wendungen und Würfe des Geistes, es gibt Sentenzen, eine kleine Handvoll Worte, in denen eine ganze Kultur, eine ganze Gesellschaft sich plötzlich kristallisiert." („Jenseits von Gut und Böse", 235) „Philosophie ... will, was alle Künste und Dichtungen wollen, – vor allem unterhalten ..." („Morgenröte", Nr. 427)

„Warum läßt man sich den reichsten und harmlosesten Stoff der Unterhaltung entgehen? Warum liest man nicht einmal die großen Meister der psychologischen Sentenz mehr? – denn, ohne jede Übertreibung gesprochen : der Gebildete in Europa, der Larochefoucauld und seine Geistes- und Kunstverwandten gelesen hat, ist selten zu finden; und noch viel seltener ist der, welcher sie kennt und sie nicht schmäht." („Menschlich-Allzumenschliches", Band 1, Nr. 35)

„Die Maxime, jederzeit selbst zu denken, ist Aufklärung" auch und gerade durch philosophische Aphoristik. Seit den Moralisten führte die Philosophie die Sprache des Witzes und der Witz die Sprache der Weisheit. Hegel zählte in der „Enzyklopädie" § 455 Geist und Witz unter die produktive Einbildungskraft, deren Bedeutung Kant bestimmt hatte : „Sinnlichkeit und Verstand müssen vermittels der transzendentalen Funktion der Einbildungskraft notwendig zusammenhängen." („Kritik der reinen Vernunft", Leipzig 1971, S. 214) „Einbildungskraft ist eine blinde, obgleich unentbehrliche Funktion der Seele, ohne die wir keine Erkenntnis haben würden." (a.a.O., Seite 148)

Aphoristik war auch philosophische Anthropologie avant la lettre. In der „Zueignung" zu den „Minima Moralia" erinnerte Adorno an den „Bereich, der für undenkliche Zeiten als der eigentliche der Philosophie galt, seit deren Verwandlung in Methode aber der intellektuellen Nichtachtung, der sentenziösen Willkür und am Ende der Vergessenheit verfiel: die Lehre vom richtigen Leben." Adorno wollte sie wiederbelebt wissen und wußte doch auch : „Es gibt kein richtiges Leben im falschen", denn „das Ganze ist das Unwahre", wie das berühmte Schlußglied einer Aphorismenkette in den „Minima Moralia" (Nr. 19) lautet, indem der Aphoristiker „durchaus logisch gegen den Formalismus der Logik angeht." Dieser Befund des Adorno-Schülers Krüger über den Aphorismus deckt sich genau mit dem Befund von Rüdiger Bubner über die dialektische Logik Hegels : „Der spekulative Satz ... ist der Prozeß der Aufhebung der logischen Struktur von Verstandesurteilen ... Freilich muß der Prozeß der Aufhebung seinerseits logischen Charakter besitzen." („Zur Sache der Dialektik", Stuttgart 1980, S. 23). Leistete Hegels Logik hier doch schon selbst, was Adorno an ihr vermißte?

Ein Aphorismus ist zu lesen wie das, was Hegel unter einem „philosophischen Satz" verstand, unter einem „spekulativen Satz" im Unterschied zu „gewöhnlichen Meinungen" und „gemeinen Vorstellungen" des gesunden Menschenverstandes. Er ist der „sinnliche Schein" dieser Idee.

„Der philosophische Satz, weil er Satz ist, erweckt die Meinung des gewöhnlichen Verhältnisses des Subjekts und Prädikats, und des gewöhnlichen Verhaltens des Wissens. Dies Verhalten und die Meinung desselben zerstört sein philosophischer Inhalt; die Meinung erfährt, daß es anders gemeint ist, als sie meinte, und diese Korrektion seiner Meinung nötigt das Wissen, auf den Satz zurückzukommen und ihn nun anders zu fassen." (Hegel : Vorrede zur „Phänomenologie des Geistes", Berlin 1973, S. 47)

„Diese Bewegung, welche das ausmacht, was sonst der Beweis leisten sollte, ist die dialektische Bewegung des Satzes selbst. Sie allein ist das wirklich Spekulative ..." (a.a.O., S. 47) und auch das wirklich Aphoristische. „Der feste Boden, den das Räsonieren an dem festen Subjekte hat, schwankt also, und nur diese Bewegung selbst wird der Gegenstand" (a.a.O., S. 45) der aphoristischen Spekulation auf die gewohnten Lesererwartungen.

Beim spezifisch „philosophischen Satz" geht es wie beim Aphorismus mit der Logik gegen die Logik, also mit der Sprache gegen die Sprache auch im *linguistic turn*.

„Freilich muß der Prozeß der Aufhebung (der logischen Struktur von Verstandesurteilen) seinerseits logischen Charakter besitzen." (*R. Bubner*: „Zur Sache der Dialektik", Stuttgart 1980, S. 23) Sonst wäre der aphoristische Satz kein philosophischer Satz, sondern irrational wie ein Gedicht. Der dialektische Widerspruchsgeist ist bei Hegel organisiert, beim Aphorismus aber auch nicht ungeregelt wie das Leben. Man liest einen Aphorismus wie einen gewöhnlichen Satz und müßte ihn doch wie einen „philosophischen Satz" lesen, der über gewöhnliche Urteile urteilt und ihnen vorrechnet, daß sie nicht das leisten, was sie zu leisten vorgeben. Die Satire unterscheidet sich von Hegels Dialektik dadurch, daß sie bei der demonstrierten „Diskrepanz von Anspruch und Leistung" stehen bleibt und dem Leser überläßt, diese Diskrepanz durch sein Leben aufzuheben. Bei Hegel kommt das Urteil erst ganz zu sich im logischen Schluß. Das richtige Urteil sei eine Sache des gesunden Menschenverstandes, das folgerichtige Schließen aber eine Sache der Vernunft. „Der Schluß ist nicht nur vernünftig, sondern alle Vernunft ist ein Schluß." Er erfülle die leere Kopula des Urteils durch einen konkret vermittelnden 'terminus medius', der in der Konklusion selbst nicht mehr genannt wird. Der Aphorismus ist ein logischer Schluß, der seine Begründung zu erraten gibt. Ursprünglich waren Aphorismen ja unbewiesene wissenschaftliche Lehrsätze, wie bei Hippokrates.

Am Schluß von Hegels Schlußlehre heißt es dazu: „Dieses zuerst noch Geheime kommt im Beweise zum Vorschein. Er enthält, wie angegeben, die Vermittlung dessen, was im Lehrsatze als verbunden ausgesprochen ist; durch diese Vermittlung erscheint diese Verknüpfung erst als eine notwendige." („Logik II", Frankfurt 1981, S. 534)

Aber beim Beweis sei der Grund nur ein „subjektiver Grund". Der Aphorismus überläßt es dem

lesenden Subjekt, ihn zu finden. Er ist in der dialektischen Begriffsbewegung des Aphorismus verborgen.
Was Hegel gegen den Beweis von wissenschaftlichen
Lehrsätzen auffährt, ist genau das, was den Aphoristiker zu sagen hindert, wie er auf seine Behauptungen
kommt. Der Aphorismus beweist nicht seine Allgemeingültigkeit, sondern überläßt es dem Leser, sich
als Ausnahme von seiner Regel zu fühlen, wie de Larochefoucauld 1665 in der Einleitung zu seinen „Maximen und Reflexionen" schrieb. Ein Aphorismus
gelte für alle, außer für den jeweiligen Leser, der ihm
aber ungezwungen recht geben werde, wenn nichts als
seine Eigenliebe sich gegen die aphoristische Unter-
stellung wehrt, jede seiner Regungen sei nur von der
Eigenliebe diktiert.
        Der aphoristische Satz ist sein eigener Be-
weis, und der Beweis tritt als unbewiesene These auf.
Hegel : „Diese Bewegung, welche das ausmacht, was
sonst der Beweis leisten sollte, ist die dialektische
Bewegung des Satzes selbst", aus der ein Aphorismus
besteht, wenn er Gegensätze vereint.
        Der Aphorismus bringt etwas nicht nur auf
den Begriff, sondern auf einen Begriff, der begreift,
warum er etwas nicht begreift. Er fällt ein Urteil, das
Subjekt und Prädikat nur verbindet, um sie zu zerreißen, und sie nur voneinander löst, um sie miteinander
zu vereinigen. Subjekt und Prädikat sind nicht nur
verbunden wie Substanz und Akzidenzen, sondern
wie Sein und Wesen, wie Sache und Ursache, wie der
Gegenstand und sein objektiver Inbegriff.
        Was den vieldeutigen Aphorismus von der
Logik trennt, ist ihre Borniertheit auf Eindeutiges.
Was ihn von den irrationalen Angriffen auf die Logik
trennt, ist seine Logik. Hält der aphoristische Satz,
was Hegels „philosophischer Satz" nur verspricht?

„Als Satz ist das Spekulative nur die innerliche Hemmung, ihn als gewöhnlichen Satz zu verstehen" und die „nicht-daseiende Rückkehr des Wesens in sich", die in Adornos „Negativer Dialektik" als 'Nichtidentität der Identität' das einzig Wahre vertritt. Als Satz ist dieses Philosophische der Aphorismus, den Adorno im Vorwort zur Dissertation seines Schülers Heinz Krüger 1956/1988 als genuine Form des dialektischen Denkens noch einmal anerkannt hat.

„Die Untersuchung von Heinz Krüger, der im Jahre 1956 neununddreißigjährig gestorben ist, gehörte zu den ersten Dissertationen, die von Adorno nach seiner Rückkehr nach Frankfurt angeregt und betreut worden sind ... Immanent liefert seine Arbeit Beiträge zu einer Vorgeschichte der Kritischen Theorie selber, zumal zu ihrer Adornoschen Fassung ..." (*Heinz Krüger* : „Über den Aphorismus als philosophische Form", München [2]1988, Notizen des Herausgebers, Seite 137).

Die Inkongruenz zwischen einer Sache und ihrem eigenen Begriff hat Adorno als Wesen der Wahrheit begriffen, Schopenhauer dagegen als Witz und als Wesen des Lächerlichen. Diesen Witz an der Sache hielten beide nicht für gründliches Wissen vom Ganzen und für der Weisheit letzten Schluß.

Bei Adorno schlägt nicht die individuelle Anschauung der allgemeinen Vernunft ein Schnippchen, sondern die Vernunft selbst vertritt die Anschauung gegen die Vernunft bei der Vernunft. Beide ließen, bei allem Verständnis für diese Form des Denkens, anders als Nietzsche die traurige Wissenschaft systematisch siegen über die Ergötzlichkeit verstreuter Aphorismen.

Was Hegel von den Frühromantikern sagte, hätte Adorno von Hegel sagen können : „Diese Form, die Ironie, hat zum Anführer Friedrich von Schlegel.

Das Subjekt weiß sich in sich als das Absolute, alles andere ist ihm eitel; alle Bestimmungen, die es sich selbst vom Rechten, Guten macht, weiß es auch wieder zu zerstören. Alles kann es sich vormachen; es ist aber nur Eitles, Heuchelei und Frechheit. Die Ironie weiß ihre Meisterschaft über alles dieses; es ist ihr Ernst mit nichts, es ist ein Spiel mit allen Formen ... Die Dialektik ist das Letzte, um sich zu erheben und zu erhalten ... weder Poesie noch Philosophie." (Hegel: Vorlesungen über die Geschichte der Philosophie, Theorie Werke Band 20, Frankft./M. 1971, S. 416 ff.) „... jeder war hochmütig und verachtend gegen andere ... Die Marotte des Selbstdenkens ist, daß jeder Abgeschmackteres hervorbringt als ein anderer." (a.a.O., S. 419) „Diese Sehnsucht einer *schönen Seele* stellt sich in Novalis' Schriften dar. Diese Subjektivität bleibt Sehnsucht, kommt nicht zum Substantiellen, verglimmt in sich ... - das Weben und Linienziehen in sich selbst ... – Die Extravaganz der Subjektivität wird häufig Verrücktheit; bleibt sie im Gedanken, so ist sie im Wirbel des reflektierenden Verstandes befangen, der immer gegen sich negativ ist." (Hegel, a.a.O., Seite 418).

Hegels versöhnliches System von Systemen stand dem romantischen Fragment von Fragmenten unversöhnt gegenüber, aber Existenzphilosoph Kierkegaard hat als erster hingewiesen auf die verblüffende Ähnlichkeit zwischen der romantischen Ironie Friedrich Schlegels und der dialektischen Methode Hegels. Er hätte beider Ähnlichkeit mit seiner eigenen dialektischen Ironie hinzufügen können, denn „die Subjektivität ist die Wahrheit" für ihn. Ob Hegel die vernünftige Objektivität wirklich hielt, die alle romantisch „schönen Seelen" ja auch versprachen, hat nicht nur Marx bezweifelt. Vielleicht verstand Bergbau-Ingenieur Novalis doch mehr von Naturwissenschaft als der Naturphilosoph Hegel.

Das bei allem subjektiven Witz vergleichsweise „objektive" Fragment hat seine Tradition eher von ionischen Vorsokratikern über Mathematiker Pascal, Physiker Lichtenberg und Naturforscher Goethe bis zu Chemiker Canetti. Nietzsche hielt Hegel für den geistreichsten unter denen, die alles andere als geistreich sein wollen. Am Ende unterscheiden sich Schlegel, Hegel und Kierkegaard wohl durch Fragmentalität und Systematik, aber nicht durch die mit dem Anspruch auf Objektivität auftretende Willkürgewalt des dialektischen Verfahrens. Ist es selbst nur sokratische Ironie und „eitle Konversation", daß Novalis ebenso ein idealistischer Dialektiker war, wie Hegel, Marx und Kierkegaard die Vollender der romantischen Ironie wurden? Wenn es den Romantikern laut Hegel an der allgemeingültigen Objektivität fehlte, dann fehlte es Hegels System laut Kierkegaard an wahrer Subjektivität und laut Adorno gerade am „Vorrang des Objekts", laut beiden aber an Individualität. Das Fragment vertritt gegenüber dem objektiven Geiste aber nicht nur das Recht auf Subjektivität, sondern gegenüber dem systematischen Idealismus umgekehrt auch das Recht der realen Fakten. Die synthetische Versöhnung, die Aphorismusphilosoph Adorno an Hegel kritisierte, war auch die „coincidentia oppositorum" der mystischen Vorläufer aller Romantik, deren Paradoxie darin liegt, daß ihre ständigen Synthesen zwischen disparatesten Fragmenten selbst fragmentarisch bleiben wollten. Hegel hatte die Mystik „aufgehoben" als eine nur „subjektive Einheit von Subjekt und Objekt". Wenn Hegel sich vom Romantiker-Vorbild Fichte nur durch den romantischen Naturphilosophen Schelling unterschied, deren Synthese er anstrebte, dann stand seine beanspruchte höhere Objektivität auf nicht viel festeren Füßen als die seiner Gegner. Auch seine Geschichtsphilosophie der „Volksgeister" war den Romantikern nicht gerade ein rotes Tuch gewesen.

Die Vorrede zur ersten Ausgabe 1781 von Kants „Kritik der reinen Vernunft" beginnt mit dem Satz : „Die menschliche Vernunft hat das besondere Schicksal in einer Gattung ihrer Erkenntnisse : dass sie durch Fragen belästigt wird, die sie nicht abweisen kann; denn sie sind ihr durch die Natur der Vernunft selbst aufgegeben, die sie aber auch nicht beantworten kann, denn sie übersteigen alles Vermögen der menschlichen Vernunft." Sobald die Vernunft die Grenzen möglicher Erfahrung überschreite und Metaphysik treibe, „stürzt sie sich in Dunkelheit und Widersprüche". Die transzendentalen Antinomien des „dialektischen Scheins" könne die Vernunft nur vermeiden durch eine Beschränkung auf den Bereich möglicher Erfahrung. Nicolai Hartmann hatte vorgeschlagen, die Philosophiegeschichte als eine Problemgeschichte quer durch die Systemgeschichte zu schreiben. Zum „Systemdenken" steht die Aphoristik aber nicht anders als bei Hartmann das „Problemdenken". Auch er sieht im System eine voreilige Konstruktion, die durch innere Widersprüche oder nichtintegrierbare Fakten permanent problematisiert werde. Hartmann hätte Aphorismen aber nie zu den philosophischen Aporien gezählt, welche die übergeneralisierenden Systemkonstruktionen immer wieder problematisieren. Das liegt auch daran, daß er die Sprache als Bedingung der Möglichkeit von Philosophie und die Philosophie als sprachliche Sprachkritik noch gar nicht (aner)kannte, sondern alle Phänomenologie, Aporetik und Theorienbildung ganz naiv als voneinander unabhängige Stufenschichten auffaßte.

Die Philosophie entspräche ihrem eigenen Begriff besser, wenn sie ihre Fragen als Antworten auf Antworten und ihre Antworten als Fragen nach Fragen nähme. Antworten bringen auf neue Fragen, die auf alte Antworten neues Licht werfen können. Wilhelm Weischedel sah im „Gott der Philosophen" das „Woher aller Fraglichkeit" und gab sogar die mögliche Fraglichkeit der prinzipiellen Fragwürdigkeit von allem zu. Die Antworten, welche offenkundige Widersprüche beheben, enthalten oft unbemerkt neue Widersprüche, die es erst einmal philosophisch zu entfalten gilt. Das System neigt dazu, innere Widersprüche wegzueskamotieren statt auszutragen und sich durch sie hindurch weiterzuentwickeln. Ein „offenes System" ist schon ein Widerspruch in sich. Es ist sein eigener Sprengsatz und nur ein Weg ins nächste System, das wieder nur sein eigener Sprengsatz sein kann. Philosophie könnte sich regenerieren als die Entdeckung verborgener Antinomien im Herzen widerspruchsfreier Gesetzmäßigkeiten. Es bedarf neuer Fakten oder einer Metatheorie, um die inneren Widersprüche zu entdecken, die eine Theorie über sich hinaustreiben.

Der Philosoph, wenn er Metaphysik als solche Metatheorie von Metatheorien betreibt, kann diese Art der Reflexion leisten, die der theoretischen *intentio recta* fern liegt oder sie sogar behindert. Der Philosoph muß ja nicht nur mit Plato von der Doxa der vorwissenschaftlichen Meinung auf die Idee kommen, sondern kann auch Paradoxa in den Ideen selbst entdecken, ohne deshalb die Doxa gegen sie zu rehabilitieren oder die Ideen zu bloß subjektiven Ansichten zu machen. Die Doxa hat kein Monopol auf Paradoxa.

Aporien entstehen und vergehen durch einen Wechsel von Bezugssystemen *(frame-works of reference)*, will sagen, sie sind von ihrer Formulierung nicht unabhängig. Da die internen Paradoxe der vorherrschend gültigen Paradigmen meist nicht auf der

Hand liegen, bedarf es einer je besonderen hermeneutischen Anstrengung, sie aus den theoretischen Konstrukten herauszulesen und zu formulieren. Das Paradox sollte möglichst in einen einzigen Satz komprimiert werden, der den Selbstwiderspruch enthält, in den ein Bezugssystem sich notwendig verstrickt. Aber das Paradox sollte zugleich auch auf ein anderes Bezugssystem hindeuten, in dem es von selbst verschwinden würde. Eine solche Aporetik sollte nicht nur den Unsinn, Blödsinn und Wahnsinn herausarbeiten, sondern auch den möglichen „Sinn im Widersinn" wie ein „Glück im Unglück". Von Hegel war zu lernen, daß Freiheit nicht einfach nur Widerspruchsfreiheit ist, sondern der Widerspruch eine Herausforderung sein kann, die es erlaubt, ein System entwicklungs- und auch lernfähig zu halten. Zenons „ruhender Pfeil" ist ein Paradox, „und er bewegt sich doch". Was existiert, ist nicht vernünftig, sondern paradox zu sehen, oder genauer : Die wirksame Methode schließt die aporetische Ausweglosigkeit nicht aus, sondern ein. Auch das biblische Gesetz ist nach Hegel eine Einheit von Gesetz und A(nti)nomie. Nichts ist paradoxer, als Paradoxien zu vermeiden.

Die sokratische Ironie der *wissenschaftlichen Unwissenheit* und des *bewußten Unbewußten* triumphierte über Platos Versuch, sie ideenphilosophisch zu beheben. Die Aporien kehrten wieder auf der Ebene der Ideen, von denen sie beseitigt werden sollten. Wenn Philosophie ganz paradox den Weg von Gewißheit zu Gewißheit als Weg von Paradox zu Paradox geht, dann wäre die Aphoristik als bevorzugte Form philosophischer Aporetik endlich zu rehabilitieren.

„Erst durch das Bündnis mit dem Paradoxon ist der Aphorismus als eigenständige literarische Kunstform selbständig geworden", schrieb der Philosoph Hans Ulrich Asemissen 1949 in seinen guten

„Notizen über den Aphorismus". Er nannte es allerdings ganz zu Recht erschreckend, wie wenige Aphorismen wirklich wirksam seien. Es ist nicht übertrieben zu sagen, die Zahl der guten Aphorismen sei fast identisch mit der Zahl der Paradoxa unter ihnen. Das Paradoxon ist der Königsweg des Aphorismus, aber der Aphorismus auch der Königsweg des Paradoxons. Harald Fricke zählte den Aphorismus zu den literarischen Formen des Rätsels und das Paradoxon zu Formen des Aphorismus („Aphorismus", Stuttgart 1984). Aphorismen sind ihre eigenen „Metaphorismen" (Bert Berkensträter), und Heinz Krüger rechnete besonders die Aphorismen Nietzsches zu den sprachlogischen Parodien der Sprachlogik. Nicht jeder Aphorismus ist eine Aporie und nicht jede Aporie in einen Aphorismus zu bringen, aber es ist keine ganz aussichtslose Forschungsstrategie, Aphoristik als eine Form von Aporetik zu behandeln und in den Umkreis von Problematisierung, Antinomien und Paradoxien zu stellen.

Daß Fragment und Aphorismus trotz Heraklit, Bacon, Lichtenberg, Nietzsche und Adorno in der Philosophie seit deren Verwandlung in eine konkurrierende wissenschaftliche Methode kein rechtes Bürgerrecht mehr genießen, mag auch daran liegen, daß sie ihrem eigenen philosophischen Begriff kaum noch entsprechen und seit Hegels Kritik an der romantischen Subjektivität von Fr. Schlegel und Novalis als feuilletonistisch windige Formen gelten.

Russells „Typentheorie" ist eine mögliche Lösung von Russells Paradoxien, aber Hegel hätte sofort gezeigt, daß sie eine typische Verstandeslösung ohne Vernunft sei und eine bloße „Reflexionsbestimmung". Die Reflexion hat eine andere Meta-Ebene als das, worüber reflektiert wird, aber die Typentheorie ist selbst das Problem, das sie löst, oder genauer besteht das Problem darin, daß sie als das Problem, das sie löst, eigentlich noch gar nicht richtig formuliert worden ist, als ein Widerspruch zwischen den Meta-Stufen des Diskurses. Die Lösungen sind immer schon in der Sprache der Problemstellung enthalten und das Problem immer schon in der Lösung erhalten. Die Antwort hebt die Frage gut hegelisch auf, beseitigt sie, konserviert sie und verschiebt sie auf eine neue Ebene. Der Anspruch der Theorien auf Auflösung von Aporien ist selbst aporetisch als das Problem der Lösung aller Probleme.

Theorien setzen Probleme voraus, und Probleme setzen Theorien voraus : Dieser Zirkel ist in dem Maße fruchtbar zu machen, wie er nicht zu vermeiden ist – die Hermeneutiker haben es bewiesen. Ein System ist nur dazu da, problematisiert zu werden, also Probleme zu erzeugen durch die Art, wie es Probleme löst. Wer kein System will, will keine Probleme anerkennen, denn sie sind überhaupt nur im Rahmen von Systemkonstruktionen verifizierbar und falsifikabel auszuformulieren. Nicolai Hartmann problematisierte das Systemdenken durch aporetisches Denken, aber er fand diese systemkritische Aporetik nicht in der Aphoristik wieder. Die Philosophiegeschichte ist ja auch fragwürdig, weil sie mehr Antworten als Fragen enthält. Eine Lösung problematisieren heißt, ihre Konsequenzen in die Form eines Paradoxes zu bringen, denn nichts ist paradoxer, als alle Paradoxien zu vermeiden. Entweder umgeht ein Systematiker die Paradoxien, indem er wie Hegel die Negativität des Widerspruchs zum konstituierenden Moment seiner Theoriebildung erklärt, oder er produziert dadurch Paradoxien, daß er widerspruchsfreie Systeme konstruiert.

Hegel verbannte Aphoristik und romantische Fragmente aus seinem System. Paradox kam er den vorhersehbaren Paradoxien zuvor. Adorno wies ihm nach, daß er nur eine widerspruchsfreie Metatheorie widersprüchlicher Theorien geliefert hatte und überhegelte Hegel durch ein System systemsprengender *Minima moralia.* Kants kategorischer Imperativ gilt als das Grundgesetz der praktischen Vernunft, aber wer hat schon bemerkt, daß es nicht weniger auf dem Felde der reinen Vernunft gilt? Als moralisch böse hat eine Maxime des Willens zu gelten, die durch Verallgemeinerung sich selbst widerspricht. Falsifiziert ist aber auch eine Theorie, die durch voreilige Generalisierung auf einen Selbstwiderspruch fährt. Wenn in einem mit Anspruch auf Allgemeingültigkeit auftretenden System von Axiomen und Operationsregeln widersprüchliche Konsequenzen ableitbar sind, entsteht ein „böses" Paradox, also der zu exorzierende Teufel jeder Theorie. Kurz: Aphoristik könnte manche Theorieentwicklungen beschleunigen

Spätestens seit Gadamers Hermeneutik läßt sich der philosophische Gehalt nicht mehr problemlos von der terminologischen Gestalt trennen, ohne ihn zu verändern. Kant konnte noch nicht die Anregung seines Freundes Hamann verwerten, die Sprachlogik als apriorische Form des Philosophierens zu erkennen. In aphoristischer Aporetik geschieht nun genau diese sprachliche Sprachkritik. − Die aphoristische Pointe verdankt sich oft nur einer sprachlichen Kontingenz, die sich zu kaschieren sucht durch gedankliche Notwendigkeit, und macht die Sprachpointe zu einer Sachpointe. Aporetische Philosophie ist auch und vor allem als aphoristisches Philosophieren möglich, denn die Paradoxe entstehen und vergehen mit der sprachlichen Form des Gedankens. Wäre die Philosophie weniger Antwort als Frage, würde sie heute nicht nur ein methodisches System ihres Problembewußtseins sein. Ihre Aufgabe sollte sich paradox nicht darauf beschränken, die wenigen Paradoxe in immer mehr Systeme aufzulösen, sondern immer mehr Paradoxe in immer weniger Systemen aufzudecken. Die Kunst Russells bestand weniger darin, die nach ihm benannten Paradoxien der Mengentheorie zu vermeiden als zu entdecken. Ob er sie nun gefunden oder erfunden hat, seine Paradoxien sind wertvoller als die Typentheorie, die sie auf fragwürdige Weise wieder zum Verschwinden bringt, wie Hermann Schmitz zu zeigen versuchte in seinen „Logischen Untersuchungen" (München 2008). Fragen kann jeder. Viele können sie beantworten, indem sie Fragen zu Problemen machen, aber nur wenige die in den Lösungsversuchen versteckten Aporien explizieren und nun zu fruchtbaren Paradoxen verschärfen.

Philosophie ist als traditionelle Traditionskritik so etwas wie voraussetzungslose Reflexion ihrer eigenen Voraussetzungen, wenn sie die Art reflektiert, wie ihre Gegenstände sich selbst reflektieren. Vorläufige Systeme konstruiert sie nur, um jene Aporie formulieren zu können, die sie zu Modifikationen zwingen kann, in denen die Aporie meist nur verwandelt wiederkehrt.

Aporien wie Aphorismen werden von Bezugssystemen entweder als Gefahren abgewehrt, als Narrenfreiheiten geduldet oder als Lernchancen genutzt. Sie stören den selbstregulierenden Regelkreis, und das System wird versuchen, die Störung folgenlos zu absorbieren, zu eliminieren, zu depotenzieren oder, falls das alles nicht möglich ist, als integralen Bestandteil einzugemeinden. So wird das herausgeforderte System sich auf seinen unbedrohten Kernbestand zurückziehen, oder es wird komplexer und differenzierter, inhaltsreicher und umfassender, vielschichtiger und reizvoller, beweglicher und riskanter. Die 'kleine Vernunft' des Systems, neue Erfahrungen zu neutralisieren, wird in Frage gestellt von einer 'größeren Vernunft', die sich an neuen Erfahrungen bereichert. Aporien werden exkommuniziert, um die Konsistenzstabilität nicht zu gefährden, oder zu harmlosen Randerscheinungen und zu geschützten Reservaten entschärft, falls das Bezugssystem nun von seiner selbstkritischen Selbstüberschreitung und Selbstbestreitung nicht profitieren kann.

Die „Pensées" entstanden als Antworten auf scholastische Systeme des Mittelalters neben den rationalistischen Systemkonstruktionen von Descartes, Spinoza und Leibniz. Wenn Philosophie die Geltungsansprüche von Maximen prüft, indem sie alles Vorreflektierte und sich selbst noch einmal reflektiert, dann ist nicht einzusehen, daß sie sich nicht auch in den „Maximen und Reflexionen" der Moralisten so wiedererkennt, wie die Aphoristiker nie den „Schulbegriff" der Philosophie, aber immer ihren „Weltbegriff" für sich beansprucht haben.

Die Maxime ist ihre eigene Reflexion, und die Reflexion gewinnt die ganze Schlagkraft einer Maxime wie schon beim dunklen Heraklit. Hegel sagte, er habe alle überlieferten Sprüche Heraklits systematisiert, obwohl doch der kurze Aphorismus die philosophischen Begründungszusammenhänge, deren Inbegriff er darstellt, eigentlich schon hinter sich und nicht erst noch vor sich hat.

Philosophische Systeme nehmen ihre Begründungen samt Aporetik in einer einzigen antithetisch formulierten These zusammen. Wie ein Allgemeinbegriff seine Objekte zusammengreift, faßt der *Philosophorismus* die Argumentationsstrukturen pointiert zusammen, damit ihre Aporetik denkökonomisch zum möglichen Ausgangspunkt höherer Reflexionsstufen werden kann. In aphoristischer Form enthüllt sich das ausgebreitet Vorreflektierte erneut als reflektabel und reflexionsbedürftig. Philosophie verzichtet auf zwei nützliche Hilfsinstrumente, wenn sie die aphoristische Form ihrer Aporetik (und die Psychoanalyse ihrer subjektiven Fehlerquellen) gar nicht nutzt. Der Aphorismus bringt philosophische Begriffszusammenhänge auf einen aporetischen Begriff, der philosophischer Weiterreflexion besonders zugänglich und verpflichtet ist. Er faßt Schlüsse in ein Urteil so zusammen, wie das Urteil verschiedene Begriffe und wie der Begriff verschiedene Objekte zusammenfaßt. Als Folgerung aus implizit gehaltenen Schlußketten ist er potent(iell)e Prämisse von neuen Schlußketten, eine pseudologisch witzige Synthese aus These und Antithese. Witzig ist die unvermittelte Vereinigung (oder Analogisierung) von Unvereinbarkeiten, und was ist unvereinbarer als Thesen und Antithesen? Diese Pseudo-Synthese bedeutet dann eine „Lösung zweiter Ordnung" (Paul Watzlawick), ein *Satz* aus dem Double-Bind des Widerspruchs heraus auf eine neue Meta-Stufe und in ein abweichendes Bezugssystem, in dem der Widerspruch aufgehoben ist, wie der Slawist Peter Krupka an der Aphoristik Lecs zeigte. Mit einer Verzögerung von genau hundert Jahren nach der französischen Erstveröffentlichung der stilbildenden „Maximen und Reflexionen" de Larochefoucaulds entstand der im engeren Sinne erste deutschsprachige Aphorismus. Der Göttinger Physik- und Philosophieprofessor Lichtenberg begann seine „waste-books" und „Sudelbücher" 1765 mit dem programmatischen Satz: „Der große Kunstgriff, kleine Abweichungen von der Wahrheit für die Wahrheit selbst zu halten, worauf die ganze Differentialrechnung gebaut ist, ist auch zugleich der Grund unsrer witzigen Gedanken, wo oft das Ganze hinfallen würde, wenn wir die Abweichungen in ihrer philosophischen Strenge nehmen würden."

Lichtenberg erlebte die Geburt des modernen Aphorismus weniger aus dem Geist der literarischen Feudalsalons als aus dem Geist des Infinitesimalkalküls von Leibniz, der sein erster Philosoph gewesen war, bevor er an Kant vorbei Spinoza für sich entdeckte. Es war weder ein Zufall noch ein Mißverständnis, daß die „symphilosophierenden" Romantiker Novalis und Friedrich Schlegel in dem ersten, dem „aphoristischen Jahrzehnt" des 19. Jahrhunderts sich mit ihren „künstlichen Fragmenten" ausgerechnet auf die systematische „Wissenschaftslehre" eines Fichte beriefen, der sich auf einen Maimon berief, der seinerseits Kant wieder auf Leibniz zurückgeführt hatte.

Der Leibnizianer Maimon, das missing link zwischen dem kritischen Idealismus Kants und dem subjektiven Idealismus Fichtes, sprach in seinem „Nichtsystem" von den „Differentialen der Sinnlichkeit und des Bewußtseins". Ihnen ging es um die freie Selbstgesetzgebung der vernünftigen Subjektivität.

Leibniz, der erste deutschsprachige Philosoph von Rang, war kein Aphoristiker gewesen, sondern ein systematischer „Konstruktivist", dessen Werk aber nur unendlich fragmentiert vorliegt. Als er in Paris antichambrierte, beherrschte Larochefoucaulds „jeu de maximes" die liberalen Salons des Ancien Régime.

Die eine Substanz des Spinoza zerfiel bei Leibniz nicht mehr nur in Sein und Bewußtsein, die beiden Substanzen des Descartes, sondern in unendlich viele und infinitesimal kleine Individualisten. Jede einzelne Monade ist gleichsam ein metaphysischer Aphorismus und jeder Aphorismus eine literarische Monade, jede in „vielbezüglicher kontextueller Isolation" (*Harald Fricke*, „Der Aphorismus", 1984). 'L'Univers concentré' : Leibniz dachte an die „Universalität der Individualitäten", und genau das war das Programm aller „grands écrivains" der französischen Moralistik gewesen. Der deutschsprachige Aphorismus mag, wie Gerhard Neumann in seinen materialreichen „Ideenparadiesen" (München 1976) erkannte, wirklich erst aus Kants „kopernikanischer Wende" des pietistischen Subjekts vom empirischen Objekt zur reflektierten Subjektivität entstanden sein, die lebensphilosophischen französischen Maximen entstanden schon, als der zwanzigjährige Barock-Rationalist Leibniz den universellen Individualismus und die mathematische Logik seiner „ars combinatoria inveniendi" zu entwickeln begann.

Die „infinitesimale Differenz" wurde 1765 in Lichtenbergs allererstem Aphorismus zur paradoxen Wahrheit der kleinen Abweichung von der Wahrheit. Diese winzige Abirrung von der Subjekt-Objekt-Einheit sollte nicht zu Irrtum und Irrsinn führen, sondern Pascals „esprit de finesse" mit Pascals „esprit de géometrie" verbinden, um den widersprüchlichen Konsequenzen jeder philosophischen Systembildung zu entgehen. Bei Lichtenberg ist dieser Schritt vom literarischen Salon-Aphorismus und vom bloß empirischen Forschungsaphorismus zur streng philosophischen Aphoristik und zur aphoristischen Philosophie vollzogen. Schopenhauer, der seine eigenen Aphorismen dann schließlich doch einem System unterordnete, sah in dem Aphoristiker Lichtenberg aber einen „wahren Philosophen".

Der Aphorismus ist hier keine embryonale Vorstufe und kein bloßer Baustein eines wissenschaftlichen Gebäudes mehr, sondern selbst eine genuin philosophische Form, die sich philosophisch rechtfertigt und begründet. Lichtenberg ging ausdrücklich zurück auf Francis Bacons „Wissen im Werden", auf die 1625 begründete Bevorzugung der empirisch induktiven „traditio per aphorismos" vor der systemscholastischen „traditio methodica" : „Herrlich, was Bacon sagt, der Mensch, wo er ein bißchen Ordnung sieht, vermutet gleich zu viel." Lichtenberg sah in Aphorismen die „Samenkörner von Wissenschaften" und die fruchtbare „Philosophie unserer Vorfahren". P. Requadt hatte in seiner Monographie „Lichtenberg. Zum Problem der deutschen Aphoristik" (Hameln 1948) die Denkmethoden dieses Aufklärers analysiert.

Nietzsche drückte in mehreren Aphorismen seine Bewunderung für Lichtenbergs aphoristisches Philosophieren aus, so nach der Loslösung von Wagner in seinem aphoristischen Erstling „Menschliches-Allzumenschliches" (MA, Band 2, Nr. 109).

Will man Nietzsche glauben, „macht die aphoristische Form Schwierigkeit; sie liegt darin, daß man die Form heute nicht schwer genug nimmt." („Genealogie der Moral", Vorrede). Das alte metaphysische Problem des Seins im Werden und des „Unvergänglichen inmitten des Wechselnden" (MA II 335) löste Nietzsche, indem er Sentenzen wie „Diamanten" schliff. „Langsam, langsam hart werden wie ein Edelstein – und zuletzt still und zur Freude der Ewigkeit liegen bleiben." („Morgenröte", Nr. 541)

Es ist noch gar nicht genug bemerkt worden, daß sein Philosophem von der „Ewigen Wiederkehr des Gleichen" ohne Aphoristik gar nicht denkbar ist. Nietzsche wollte „Dinge schaffen, an denen umsonst die Zeit ihre Zähne versucht; der Form nach, der Substanz nach um eine kleine Unsterblichkeit bemüht sein – ich war nie noch bescheiden genug, weniger von mir zu verlangen. Der Aphorismus, die Sentenz, in denen ich als der erste unter Deutschen Meister bin, sind die 'Formen der Ewigkeit'; mein Ehrgeiz ist, in zehn Sätzen zu sagen, was jeder andere in einem Buche sagt – was jeder andere in einem Buche nicht sagt..." („Götzendämmerung. Streifzüge eines Unzeitgemäßen", 51) „Montaigne, Larochefoucauld, La Bruyère ... Vauvenargues, Chamfort ...: sie enthalten mehr *wirkliche* Gedanken als alle Bücher deutscher Philosophen zusammengenommen : Gedanken von der Art, die Gedanken macht." („Der Wanderer und sein Schatten", Nr. 214)

Daß Nietzsche die klassischen französischen Moralisten den klassischen deutschen Schulphilosophen von Leibniz über Kant, Fichte, Schelling und Hegel bis zu Schopenhauer vorzog, sollte nicht als Geschmacksurteil eines „Begriffsdichters" abgetan, sondern als philosophisches Urteil eines professionellen Philosophen ernstgenommen werden.

„Der Wille zum System ist Mangel an Rechtschaffenheit ... Was heute gut gemacht, meisterhaft gemacht werden kann, ist nur das Kleine. Hier allein ist noch Rechtschaffenheit", schrieb Nietzsche im „Fall Wagner". Mit diskontinuierlichen und lakonisch hartgefügten Kleinstformen wehrte er sich seit 1876 gegen das „Schwärmerisch-Zuchtlose dieser Romantik, gegen die ganze idealistische Lügnerei, ... unklare Sehnsucht, schwammichte Begehrlichkeit" (MA II, Vorrede) der Wagnerschen Musik. Die „antiromantische Selbstbehandlung" bediente sich der sentenziösen „Entfremdung, Erkältung, Ernüchterung, Vereisung". Die europäische Aphoristik begann mit den medizinischen Lehrsätzen des altgriechischen Gorgias-Schülers Hippokrates. Nietzsche machte den Aphorismus wieder zu einem „Schutz- und Heilmittel" gegen die Wunden, die das System den von ihm erfaßten Einzelfällen schlägt. „Es ist mein Rezept und

meine selbstgebraute Arzenei gegen den Lebensüber-
druß." (Brief Nietzsches an seinen Freund Rohde im
Juli 1882)

Joseph Peter Stern versuchte „Eine literarische Definition des Aphorismus" (Bloomington 1959)
und erkannte auf eine „ausgesprochen philosophische
Form", während Walter Wehe 1939 in „Geist und
Wesen des deutschen Aphorismus" eine „Grenzform
zwischen Dichtung und Philosophie" zu sehen meinte.
1933 sah Franz Mautner, Begründer der deutschen
Aphorismusforschung, eine solche „labile Teilhabe an
den Gebieten der Kunst und des Denkens." (Abge-
druckt in: „Der Aphorismus. Zur Geschichte, zu den
Formen und Möglichkeiten einer literarischen Gattung", herausgegeben von Gerhard Neumann, Darmstadt 1976) Der „Lebensphilosoph" Wilhelm Dilthey
begrüßte in den französischen Aphoristikern die weltklugen *philosophes*, die den Menschen wirklich verstehen und nicht nur naturwissenschaftlich erklären.

„... die Philosophie behandelt Probleme
zweiter Stufe: sie gibt keine Theorie der Welt, sondern eine 'Metatheorie' des sprechenden, erkennenden,
handelnden, moralisch und ästhetisch urteilenden
Verhaltens zur Welt." (*Harald Fricke* : „Aphorismus",
Stuttgart 1984, S. 40).

Aphorismen setzen wie moderne Philoso-
phien den 'linguistic turn' voraus und sind eigentlich
immer 'Metaphorismen' (Bert Berkensträter).

„Die tiefsten und unerschöpflichsten Bücher
werden wohl immer Etwas von dem aphoristischen
und plötzlichen Charakter von Pascals Pensées haben." (Nietzsche: Werke, Bd. 9, Leipzig 1906, „Wille
zur Macht", Nr. 424)

Der Aphorismus wird für Nietzsche ein paradoxer Versuch, mit dem Anspruch auf Allgemeingültigkeit die Wahrheit der individuellen Erfahrung

vor der „objektiven Allgemeingültigkeit" und dem „Herdentrieb" von Sprache und Erkenntnis zu bewahren. Der Aphorismus argumentiert seit Nietzsche mit der Logik der Sprache gegen die Logik der Sprache: „Jedes Wort ist ein Vorurteil".

Lichtenberg, Schlegel, Nietzsche und Adorno, die vier vielleicht bedeutendsten aphoristischen Philosophen, haben die „maximes et réflexions" davor bewahrt, mit nur literarischen Formen verwechselt zu werden.

Adorno erst hat Nietzsches Aphoristik gegen das System- denken Hegels ausdrücklich philosophisch zu begründen und fortzusetzen versucht. „Sein Hauptwerk ist eine Sammlung von Aphorismen", sagte sein erfolgreichster Schüler Jürgen Habermas über Adornos „Minima Moralia", und Wolfgang Pohrt bestätigte das.

Plutarchs „Moralia" wurden dann zu „Minima Moralia", Nietzsches „Fröhliche Wissenschaft" zu „Reflexionen aus dem beschädigten Leben". Adornos „Zueignung" an Horkheimer zum 50. Geburtstag beginnt mit den Worten:

„Die traurige Wissenschaft, aus der ich meinem Freunde einiges darbiete, bezieht sich auf einen Bereich, der für undenkliche Zeiten als der eigentliche der Philosophie galt, seit deren Verwandlung in Methode aber der intellektuellen Nichtachtung, der sentenziösen Willkür und am Ende der Vergessenheit verfiel: die Lehre vom richtigen Leben. So hat Hegel, an dessen Methode die der Minima Moralia sich schulte, gegen das bloße Fürsichsein der Subjektivität auf all ihren Stufen argumentiert. Die dialektische Theorie, abhold jedem Vereinzelten, kann denn auch Aphorismen als solche nicht gelten lassen. Im freundlichsten Falle dürfen sie, nach dem Sprachgebrauch der Vorrede der Phänomenologie des Geistes, toleriert werden als 'Konversation'. Deren Zeit aber ist um. Verschwindet heute das Subjekt, so nehmen die Aphorismen es schwer, daß „das Verschwindende selbst als wesentlich zu betrachten" sei.

Sie insistieren in Opposition zu Hegels Verfahren und gleichwohl in Konsequenz seines Gedankens auf der Negativität." Adornos ganze „negative Dialektik" ist fast aphoristisch konzipiert.

Adorno verhält sich zu Hegel wie das Individuum zur Allgemeinheit und der Aphorismus zum wissenschaftlichen System. Später hat Adorno niemals mehr „Aphorismen und Fragmente" geschrieben, ein Untertitel, den 1965 sein Schüler Hermann Schweppenhäuser dann für seine „Verbotene Frucht" wählte, zum 60. Geburtstag Adornos und zum 70. Geburtstag Horkheimers:

„Die alte Form des Aphorismus ist aktuell wie je unter dem Druck institutionalisierten Bewußtseins, das den Einspruch des einzelnen Bewußtseins nicht zuläßt."

Schweppenhäuser hat bessere und mehr echte Aphorismen unter seinen essayistischen Fragmenten als Adorno, aber seine Gedanken verdanken der Philosophie Adornos alles bis in Stil und Wortwahl hinein. Adorno hat als erster nach Bacon und Nietzsche den Aphorismus wieder philosophisch gerechtfertigt, aber Schweppenhäuser war der erste und bisher einzige wirkliche philosophische Aphoristiker auf dem Boden der „Kritischen Theorie". Und Heinz Krügers Dissertation von 1956 ist die erste und bisher einzig triftige Monographie „Über den Aphorismus als philosophische Form". Sind die Aphoristiker nun Dichter und/oder Denker?

Hegel hatte in der „Phänomenologie des Geistes" von 1807 das „zerreißende Sprechen" der französischen Aphoristiker als eine notwendige geschichtliche Durchgangsstufe auf dem Wege zur Aufklärung und zur bürgerlichen Revolution beschrieben. „Der sich entfremdete Geist" der Bildungsbürger wie Montesquieu sah den Wettstreit der Ideen durch Macht und Geld verzerrt:

308

„... der Begriff ist das herrschende in ihm, der die Gedanken zusammenbringt, welche der Ehrlichkeit weit auseinander liegen, und dessen Sprache daher geistreich ist. Der Inhalt der Rede des Geistes von und über sich selbst ist also die Verkehrung aller Begriffe und Realitäten, der allgemeine Betrug seiner selbst und der andern, und die Schamlosigkeit, diesen Betrug zu sagen, ist eben darum die größte Wahrheit ..." (Hegel : „Phänomenologie des Geistes", Berlin 1973, Seite 296 f.)

Die ergiebigsten aphoristischen 'saillies', 'maximes et réflexions' sah Hegel in Diderots „Enzyklopädie" gut *aufgehoben*. „Indem nun das ruhig auffassende Bewußtsein von diesem ganzen geistreichen Geschwätze der Eitelkeit die treffendsten und die Sache durchschneidenden Fassungen in eine Sammlung bringt, geht... die Eitelkeit des geistreichen Beurteilens zu Grunde. Die Sammlung zeigt den meisten einen bessern, oder allen wenigstens einen vielfachern Witz, als der ihrige ist ..." (a.a.O., S. 303)

„Aphoristisches Nichtwissen ist logische Konsequenz des vollendeten Wissens, wie es sich im absoluten System Hegels darstellt." (*Heinz Krüger*: „Über den Aphorismus als philosophische Form", Promotion 1957, München 1988, Seite 116). „Nicht einfach Spruch oder Maxime, sondern Einspruch gegen die herrschenden Tendenzen seiner Zeit, sofern sie das Leben entstellen, und Maximum philosophisch bedachter Erfahrung, übersteigt der Aphorismus aber Neigung und Kapazität jener üblichen Methoden, die ihn als ein bloß literarisches Phänomen zu erfassen versuchen." (S. 13) „So werden die kanonischen Begriffe der Ratio im Prozeß des Aphorismus dadurch zur Selbstkritik gezwungen, daß der Aphoristiker ihnen, und zwar mit ihrer Hilfe, einen Inhalt gibt, der ihrer Form widerspricht, daß er also durchaus logisch

gegen den Formalismus der Logik angeht" (S. 84) „...
aus jener Diskrepanz, die sich dadurch herausstellt,
daß Sein und Denken offenbar nie völlig zur Deckung
gebracht werden können." (S. 7) „... das aphoristische
Nichtwissen (hat) das Wissen bereits hinter sich, unter
sich; es setzt das ganze Wissen voraus." (S. 112)
Nach dem Tode Heinz Krügers schrieb dann
Adorno 1956 ein berühmt gewordenes Vorwort zu
dessen Dissertation, um noch deren „spezifische Idee
hervorzuheben":
„Es geht nicht um den Aphorismus als sprachliches Phänomen und literarische Gattung. Was ihn sprachlich bezeichnet : Konzision, Pointiertheit, Antithetik, Kürze, war längst herausgestellt. Krüger aber wollte dartun, daß
der Aphorismus ein wesentliches Verhältnis hat zum philosophischen Gehalt; daß er „eine äußerst strenge und autonome Form des Denkens ist..." (a.a.O., S. 7) „Weil der
Aphorismus, um sich darzustellen und sich mitzuteilen,
notwendig auf die Sprache und ihre Logik verwiesen ist,
zugleich aber die logischen Kategorien und Prinzipien, die
in der Grammatik sich niedergeschlagen haben, nicht als
absolut respektiert, geht er über zum 'parodischen' Gebrauch von Sprache und Logik ... Der Aphorismus verwendet Sprache und Wissensprinzipien nicht so, wie sie
sich von sich aus meinen: er macht sie uneigentlich und
sich selber fremd. Er ist das entfaltete Nichtwissen, das die
äußerste Reflexion des Wissens voraussetzt. Dabei nimmt
er regelhaft die Form der Ausnahme an, an der Regel und
begriffliche Systematik scheitern. Die Ausnahme fungiert
als Korrektiv : der Aphorismus „nimmt etwas aus dem
Horizont des Bewusstseins heraus", setzt die eingeschliffene und auch nützliche Ansicht vom Sachverhalt in Frage.
Er möchte etwas von der Deformation wieder gut machen,
welche der herrschaftliche Geist dem Gedachten antut. Er
zielt auf die Negation abschlußhaften Denkens; er terminiert nicht im Urteil, sondern ist die konkrete Gestalt, in der
die Bewegung des Begriffs sich darstellt, der des Systems
sich entschlug. Das aphoristische Denken war von jeher
nichtkonformistisch. Darum ist es bei den Wissenschaften

und der offiziellen Philosophie in Verruf geraten, ist als unverbindlich, unverantwortlich, feuilletonistisch diffamiert worden ... Indem Krüger, im Sinne einer philosophischen „Rettung", den philosophischen Sinn der Form entfaltet, stärkt er nicht bloß den Widerstand gegen das Einverständnis mit den traditionellen Bewußtseinsformen, sondern ermutigt auch das aphoristische Denken zu seinem Verfahren und hält ihm den eigenen strengen Maßstab vor". Er „benennt das Prinzip dessen, was die Prinzipien negiert."
Wenn moderne Philosophie vor allem Sprachphilosophie ist, Reflexion auf das Weltapriori der grammatischen Logik, dann ist der sprachreflexive Aphorismus die genuine philosophische Form des Urteils. Der Aphorismus erfüllt alle Bedingungen, die Hegel an den 'spekulativen Satz' stellt, der mit der Logik gegen die Logik argumentiere. Hegels Dialektik ist auch eine Theorie von Nietzsches Aphorismus: Das System führt zu Konsequenzen, die das System sprengen. Adorno entlarvte die Dialektik als System von Systemsprengsätzen.

Definition der Satire : Etwas widerspricht seinem Begriff durch die Art, wie es ihn zu erfüllen behauptet oder umgekehrt. Ist der Aphorismus eine philosophische Form, die das Kunstwerk parodiert, oder eine literarische Form, die Gedanken nur fingiert und karikiert? Im Aphorismus tut der Gedanke so, als sei er ein Kunstwerk, das so tut, als wäre es ein Gedanke, oder das Kunstwerk tut nur so, als wäre es eine Philosophie, die sich als Kunstwerk verkleidet hat.

Nach Adorno setzt die Satire zwischen Sein und Bewußtsein eine wenn auch noch so minimale Differenz voraus, die heute tendenziell nicht mehr gegeben sei. Jedes sei genau das, was es sei, es ist wirklich so, wie es auftritt, und tut so, als erfülle es seinen eigenen Begriff. Dies behauptet es zu sein, doch das ist es wirklich, hieß es früher beim Satiriker. So behauptet es zu sein, und so ist es auch in Wirklichkeit, heißt es heute. Schopenhauer hat genau diese Eigenschaft der anschaulichen Einzelzüge, dem Begriff zu widersprechen, den sie erfüllen, oder unter den Begriff zu fallen, den sie sprengen, für das Wesen des Witzes reserviert. Für den Adorno von 1950 war nicht mehr der satirische Witz dem 'blutigen Ernst der Wirklichkeit' gewachsen, sondern nur noch die philosophische Selbstkritik des Begriffs. Im Vorwort zur Dissertation seines Schülers Heinz Krüger gab er 1956 aber zu, daß gerade Nietzsches aphoristische Pointe genau diese rationale Selbstkorrektur der Ratio leisten konnte. Nicht die Kunst selbst, sondern der aphoristische Gedanke, der die ästhetische Form nur fingiert, war den gescheiterten Musikern Nietzsche und Adorno für die Wahrheit gerade dialektisch genug. Letztlich aber setzte Nietzsche mehr auf den Aphorismus, Adorno auf essayistisch interpretierte Kunst. Der antithetisch gebaute Aphorismus leistet Hegels „bestimmte Negation" des Konformismus ohne synthetische Versöhnung. Darin arbeitet eher Adornos *negative Dialektik* als Hegels „Kreis von Kreisen". An Neumanns These von der zweiten kopernikanischen Wende zum Aphorismus ist so viel wahr, daß der Aphorismus nicht nur die Arbeit der Erkenntnis hinter sich hat, als ihre Essenz und ihr Konzentrat, sondern auch Kants Metakritik des Erkenntnisvermögens. Er lebte von transzendentaler wie von pietistischer Selbstreflexion des Subjekts.

Adornos „Negative Dialektik" läßt sich auch als Metatheorie des Aphorismus lesen, der Neues aufschließt. Hegels „Logik" läßt sich als philosophische Rechtfertigung eines Aphorismus lesen, der Altes abschließt. Schopenhauers „Theorie des Lächerlichen" (Kapitel 8 seines Hauptwerks) läßt sich lesen als „ästhetische Theorie" der aphoristischen Pointe, wo der Begriff sich vor dem Einzelnen blamiert und ihn nicht lächerlich macht. Der menschliche Geist wird zu einem Metasystem von Aphorismen. Dieser Aphorismus verliert nicht seinen Verstand und kommt nicht zur Vernunft. Er ist eine Parodie nicht auf literarische Formen, sondern auf die Sprache der Logik und die Logik der Sprache. Adorno hat das Kunstwerk und Fricke den Aphorismus als eine Form des Rätsels begriffen. Erraten werden sollen die Gründe für seine Unlösbarkeit. Mächtiger als die Lösung des Rätsels sei immer das Rätsel der Lösung. Schopenhauers „Inkongruenz von Anschauung und Denken", die vom Melancholiker stets als Witz an der Sache erlebt wird, entspricht überraschend genau Adornos „Nichtidentität von Sein und Bewußtsein". Der Witz zwingt nicht nur Entlegenes zusammen. Gewaltsam wird etwas unter den Begriff subsumiert, was ihn sprengt, und was ihn erfüllt, das überschreitet ihn. Verhält sich Philosophie zum Aphorismus wie Wissenschaft zur Kunst oder wie Platonismus zur Sophistik?

Durch die Art, wie **Sokrates** seinen Gesprächspartnern ihre Reden abnahm, gab er ihnen zu verstehen, daß sie selbst nicht wissen, was sie alltäglich tun. Er nahm sie beim Wort, das er ihnen im Mund umdrehte. Von **Plato** lernen wir, auf Ideen zu kommen und durch Ideen dem Bestehenden zu entkommen. Es führt ein Weg von der sokratischen zur romantischen Ironie und ein Weg von platonischen Dialogen zu den dialektischen Volten der mystischen Idealisten.

Platos systematischer Schüler **Aristoteles** läßt den Aphorismus als Einheit von Gehalt und Gestalt verstehen. Die allgemeine Idee steckt im Einzelaphorismus wie die Form im Stoff. Jeder Aphorismus ist eine autarke „Entelechie", die ihr Ziel in sich trägt und nicht von anderen Aphorismen bezieht.

313

Durch Nicolaus **Cusanus** ist der Aphorismus als schöpferische Paradoxie einer „coincidentia oppositorum" zu begreifen, als comprehensio incomprehensibilis. Anders als andere weiß Sokrates aber, daß er nichts weiß. Der Cusanus macht daraus eine *docta ignorantia*. „In omnibus partibus relucet totum."

Montaigne leitete seine 'politique du sage' und sprunghafte 'allure poétique des essais' von der platonischen Dialektik her und verstand sich ganz als Schüler des Platonikers Plutarch, des Stoikers Seneca und des Epikureers Lukrez.

Francis Bacon verteidigte die empirisch-induktive 'traditio per aphorismos' gegen scholastisch-deduktive 'traditio methodica'.

Pascals 'ordre du coeur' / 'esprit de finesse' verhält sich zum 'esprit de géometrie' wie das offene Fragment zur scholastischen Summentheologie.

Seit **Descartes** zerlegt das Ego cogito die geistige Welt in Fragmente und rekonstruiert sie aus ihnen zum synthetischen System von Aphorismen.

In jedem seiner Teile ist das Ganze ganz enthalten. Egon Friedell nannte **Leibniz** einen philosophischen Pointillisten. Die Monade läßt sich recht gut als ein metaphysischer Aphorismus und der Aphorismus als eine literarische Monade verstehen. Auch der Aphorismus ist ein 'metaphysischer Punkt' und eine 'individuelle Form', 'un petit monde', 'un univers concentré' und ein 'miroir vivant de l'univers'. Seine S(pr)achpointe ist ein 'point de vue'. 'Fensterlose' Aphorismen wirken nicht aufeinander ein und hängen nicht durch den Satz vom Grund voneinander ab. Die *fragments* von Leibniz sind aktive Weltspiegel. Der Geist wird zur 'prästabilierten Harmonie' unabhängiger Fragmente, ein Kontinuum infinitesimaler Diskretionen. Jedes Fragment ist ein Kraftzentrum mit kräftigem Appetit, von einer Vorstellung zur nächsten fortzuschreiten, also die Repräsentanz einer Vielfalt in einer Einheit. Fragmente sind perspektivische Denkbarkeiten, gestaffelt nach Graden ihrer Bewußtheit. Ein *Fragment von Fragmenten* spiegelt die *Kompossibilität* der Dinge und ist gleichsam „die beste aller möglichen (philosophischen) Welten" in darwinistischen Konkurrenzkämpfen.

Der Aphorismus lebt von der Dialektik des Einzelnen und der Allgemeinheit. Ein Aphorismenband ist das literarische Bild der sich selbst differenzierenden Einheit des selbstbestimmten Ich, das Fichte über Maimon von Leibniz bezog. Die Jenaer Romantiker Novalis und Schlegel spannen ihre progressive Universalpoesie aus Fichtes selbstdifferenter „absoluter Ichheit" heraus.

Schelling schrieb *Aphorismen zur Naturphilosophie* und bestimmte die Kunst als „Organon der Philosophie" zwischen Natur, Geschichte und Geist.

Hegel verstand sein System nicht als System systemsprengender Fragmente, aber seine Dialektik des 'spekulativen Satzes' ist als logische Aufhebung der Logik selbst eine Philosophie des Aphorismus, obwohl er die Fragmente der Romantiker als bloße Konversation und Produkte eitler Subjektivität abtat. In den französischen Moralisten erkannte er die geistigen Vorbereiter der französischen Revolution an. Existenzialist Kierkegaard betonte die Ähnlichkeit von Hegels idealistischer Dialektik und Fr. Schlegels romantischer Ironie.

Nietzsches apodiktische Aphorismen verteidigen den Machtwillen des großen Individuums gegen den 'Herdentrieb' von logischen Allgemeingriffen.

Die „intellektuelle Anschauung" Schellings und Schlegels wurde am Ende zur „phänomenologischen Wesensschau". Husserl will weg von den Begriffsabstraktionen und hin „zu den Sachen selbst", aber das intendierte Wesen der Sache entpuppt sich dann doch als eine „sinnstiftende Leistung der transzendentalen Subjektivität" à la Descartes.

Was sein Schüler Heidegger vom menschlichen Dasein sagt, gilt auch für den Aphorismus: Seine „jemeinige Eigentlichkeit" und „Unbezüglichkeit" sagt ja nicht, was „man" so sagt. Jeder ist „Entwurf des Seienden im Ganzen", mit jedem ist eine ganze Welt da, in jedem Fragment ist das ganze System schon ganz da.

Für Adorno, den Busenfeind Hegels und Heideggers, spiegeln Aphorismen und Fragmente den Vorrang individueller Subjektivität vor jeder verdinglichten Welt und des Einzelobjekts vor jedem geistigen Zwangssystem zugleich. Die „Minima Moralia" wollen Individuen nicht unter Allgemeinbegriffe subsumieren, sondern durch vielfach gebrochene „Konstellation von Universalien" umkreisen. Adornos Fragmente versuchen die rationale Selbstkritik der Ratio, um die Systemhierarchie von Ober- und Unterbegriffen systematisch aufzuheben. Seine Aphorismen sind wie romantische Fragmente unter „Vorrang des Objekts", also *Zen-Koans* als selbstbezügliche Meta-Sätze aus Widersprüchen heraus, mithin auch „Lösungen zweiter Ordnung" (Paul Watzlawick).

Wenn der Einzelfall die Regel widerlegt, die er belegen soll, und die Regel bestätigt, deren Ausnahme er bildet, wirkt er komisch. Für den Aphoristiker Jean Paul war Humor die schlecht passende Verkörperung einer Idee. Das Allgemeine sitzt schief im Einzelnen, das unter seinen Begriff fällt und zugleich aus ihm herausfällt. Der Einzelfall blamiert die Regel, indem er sich vor ihr blamiert. Davon leben Witz, Komik und Humor.

Die Aphorismen sind schlecht integrierte philosophische Differentiale. Sie schließen die Systeme, die sie voraussetzen und sprengen, auf und ab. Nur der eine Satz, der das ganze System zusammenfaßt, entspringt seinem Bannkreis, und nur in einen Satz, der das System sprengt, ist es ganz zusammengefaßt. In einem aphoristischen Satz ist ein ganzes System so kondensiert wie die Individuen in ihrem Allgemeinbegriff, aber der Aphorismus läßt ein geistiges System hinter sich, während der abstrakte Begriff seine Erfahrungsobjekte voraussetzt. Jeder Aphorismus ist die paradoxe Nahtstelle zwischen dem kompletten Ganzen und einer Außenwelt, die das Ganze gar nicht haben dürfte. Jedes Ganze muß endlich ein Ende haben, räumlich wie zeitlich, und der Aphorismus als Grenze des Ganzen ist ein Widerspruch in sich, denn ein Ganzes, das eine Grenze hat, ist eben kein Ganzes. Als ein selbstbewußtes Bewußtsein vom Ganzen ist der Aphorismus integraler Teil dieses Ganzen, Teil des Ganzen aber nun gerade als distanziertes Selbstbewußtsein vom Ganzen. Als reflektierter Teil des Ganzen steht er außerhalb des Ganzen, jenseits des Ganzen aber nur als Teil des Ganzen.

Wenn der einzelne Aphorismus so etwas wie der geistige Differentialquotient ist, dann kommt der ganze Aphorismenband auf seine Integralrechnung. Lichtenberg entdeckte Leibniz noch vor Spinoza.

Der Einzelaphorismus sprengt jedes System, welches seine Einzelfälle „vergewaltigt" und „kastriert", wie Adorno sagt, aber Aphorismen bilden so wenig ein System, wie ein Aphorismenband in eine Detailsammlung zerfällt. Der ganze Aphorismenband ist weder ein wildes Durcheinander von Kraut und Rüben noch der Eintopf, in dem alles bunte Gemüse verschwindet.

317

Wenn der Aphorismus das System sprengt, das ihn ausschließt, dann nur so, daß eher der Aphorismus das System in sich schließt als umgekehrt das System den Aphorismus. Wenn aber der einzelne Aphorismus das ganze System so in sich zusammenfaßt wie ein Inbegriff seine Objekte, dann kehrt sich alles um und der Aphorismus wird selbst das ganze System, das ihn ausschließt. „Die Maxime bestimmt der Urteilskraft den Fall, der unter der Regel ist." (*Kant*, Nachlass) „Von dem Willen gehen die Gesetze aus; von der Willkür die Maximen. Die letztere ist im Menschen eine freie Willkür." (*Kant*, „Metaphysik der Sitten", A 26 f.) Ist das die „freie Willkür" der bei den Frühromantikern dominierenden Einbildungskraft und ihrer „Ideen"?

Der bereits zitierte Bubner sieht in den moralistischen Aphorismen auch „praktische Maximen" und nicht nur geistreiche Reflexionen. „Der kategorische Imperativ lässt sich nämlich nur aussprechen, wenn Maximen schon vorliegen." (*Rüdiger Bubner*: „Handlung, Sprache und Vernunft. Grundbegriffe praktischer Vernunft", Frankfurt/M. 1976, S. 188)

Für Bubner „muß alles Handeln, das Ziele verfolgt, im Prinzip maximenfähig sein." „Der Bereich möglicher Maximen und der Bereich dessen, was Handlung heißt, sind deckungsgleich." (a. a. O., Seite 195) Mit Habermas können wir ja beliebig lange diskutieren, was wir gemeinsam tun *wollen*, doch was ist damit wirklich schon *getan*?

„Eindeutig *praktischen* Sinn haben die Maximen dann insbesondere in der *Moralistik*, die seither und bis heute den Wortgebrauch prägt. Die Maximen und Reflexionen des späten Goethe treten das moralistische Erbe an. Maximen sind kurzgefasste Lebensweisheiten, die Erfahrungen kondensieren und auf Anwendung gestellt sind. Die *morale provisoire* des Descartes formuliert sich bereits in Maximen." (S. 197) „Die generellen Regeln politischer Klugheit betreffen also grundsätzliche Bedingungen sozialen Lebens und vernünftigen Tuns." (S. 199) „... der Geltungsbereich der Maximen reicht im Alltagsleben sicher sehr viel weiter und tiefer in triviale Verrichtungen hinab, als die glanzvolle Herkunft des Terminus aus der standesbewussten Moralistik vermuten lässt ... von stehenden Usancen zur Marotte." (Seite 194) „Vernünftiges Handeln ist keine Conclusio wahren Wissens." (S. 247) „Da der praktische Syllogismus nicht subsumiert, folgt statt des Schlusssatzes die Tat ..." (S. 250)

Eine Handlung ist für Kant so weit moralisch, wie sie vernünftig ist, und ihr Vernunftgehalt entspricht dem widerspruchsfreien Generalisierbarkeitsgrad ihrer Maximen, die ihren Vernunftgehalt nicht erst durch den kategorischen Imperativ empfangen, sondern nur geprüft und bestätigt bekommen. „In den Maximen äußert sich die einfache praktische Vernunft" (S. 210), die vom Sittengesetz nur auf ihren Reinheitsgehalt hin überprüft, aber davon nicht erst in die Maximen hineingebracht werde. Für Kant sei „die Maximengestalt praktischer Vernunft die unverzichtbare Voraussetzung des Sittengesetzes" (S. 187), die „relative Allgemeinheit, die in Maximen ohnehin schon steckt" (S. 213). Das Motiv, „statt der einfachen praktischen Vernunft *reine* Vernunft auf Praxis Einfluß nehmen zu lassen, entzieht sich weiterer philosophischer Aufhellung." (S. 215) „Ist Praxis einmal nach der Relation von Ursache und Wirkung ausgelegt, dann erwächst von selbst die Suche nach einer Regelung von der Strenge des Naturgesetzes." (S. 216) Handlungen müssen maximenfähig und Maximen für Kant gesetzesfähig sein, um vernunftgeprüft und d.h. moralisch wirken zu können. Subjektive Maximen gelten als *reine Sittengesetze*, sofern sie die Form von allgemeingültigen *Naturgesetzen* annehmen können. Kant setze vernunftgeladene Maximen schon voraus und ersetze sie dann – anders als Aristoteles – durch noch vernünftigere Gesetze. Bubner spricht von der „Systematisierung einer Pluralität von Maximen zur Einheit des Lebensganzen" (S. 279) im Gegensatz zur Norm, die stabile Sozialkonformität schaffe: „Wenn viele Subjekte dieselbe Maxime befolgen, ... dann gilt die Norm." (S. 278) Die intersubjektive (oder die für jedermann systematisierte) Geltung der Maximen sei immer schon eine unaufhebbare Mixtur aus praktischer Vernunft und empirisch historischen Kontingenzen.

Zurückgewiesen werden die bloß sophistischen Sozialtechniker: „Je perfekter eine Theorie auf Praxis projiziert wird, je mehr das Tun einer Verwissenschaftlichung unterliegt, desto weniger decken sich die rationalen Begründungen und das faktische Verhalten." (S. 264) Diese Kluft pflegen ja moralistische Aphoristiker zu thematisieren, wenn sie die partikularistische Instrumentalisierung der *nicht*instrumentellen Rationalität, also den Mißbrauch des beanspruchten Gemeinwohls für Sonderinteressen aufdecken. „Das Allgemeine und das Einzelne sind daher gleichermaßen vernünftig zu beurteilen." (S. 249)

Jean Paul : „Der Witz ist ein Priester, der jedes Paar kopuliert", aber auch ein Verführer, der jedes Paar scheiden kann. – „Aphorismen sind die Einfälle der Philosophen." (*Vauvenargues*)

Weiterführendes vom Autor

„Martin Heidegger –
Versuch einer Psychoanalyse seines *Seyns*", 1993

„Objektivität durch Subjektivität oder umgekehrt?
*Phänomenologischer Entwurf
einer dekonstruierten Erkenntnistheorie*", 1999

„Künste und Wissenschaften
als verlorene Paradiese – *Essays zur Bedeutung
der Kultur-Idyllen*", 2000

„Der Mensch ist, was er verg-isst /
Kosmostheorie oder Gemeinschaftspraxis", 2007

„Philosophische Formelsammlung : *Ambivalente
Gedankenexperimente und nachsokratische Fragmente*", Würzburg 2012

„Die Liebhaber der Sophie – *Philosophie-
geschichte in Philosophengeschichten*", 2013

„Aphorismen zur Zeitaltersweisheit –
Kopfverdreher, Kopfzerbrecher ", 2014

„Ist *Philosophical Correctness*
eine Kommunikationswissenschaft? –
Versuch über moderne Versuchungen", 2015

„Zur Dialektik und Phänomenologie
der Natur- und Kultur-Idyllen", 2015

„Esprit und Geisteswissenschaften –
*Wechselwirkungen zwischen Kunst, Philosophie
und Psychologie*", 2016

„Mit einem Satz ins Freie – *Reflexionen,
Urteile und Sentenzen*", 2. Auflage, 2016

„Quanten, Quarks und Strings im Kopf –
Abertausend ewig neue Aphorismen", 2017

„Zwergrätsel, Satiren und Zwickmühlen –
Auswahl von Aphorismen", 2017

„Wenn die Seele auf den Geist geht –
Chronik der unbewussten Weltbilder", 2018

„Aphorismen, Bonmots und Reflexionen –
Neue Auswahl aus mehreren Bänden, 2019

„Originell sein heißt, Vergessenes plagiieren –
Philosophische Essays", 2019

„Angeln beruhigt – weder Fische noch Würmer",
Erzählungen, 2019

„Wer sich selber kennt, wird nichts mehr –
Hohes Alter hat jedes Alter zugleich",
Essays, 2019